Hans-Ludwig Krechel (Hrsg.)

Französisch-Methodik
Handbuch für die
Sekundarstufe I und II

Die Autorinnen und Autoren

Otto Michael Blume ist Fachleiter für Französisch am Studienseminar Düsseldorf und unterrichtet Französisch und Geschichte am Wilhelm-Heinrich-Riehl-Kolleg in Düsseldorf. Er ist Fachberater und Moderator bei der Bezirksregierung Düsseldorf, Lehrwerkautor und Fortbildner. Fachdidaktische Schwerpunkte: Förderung der sprachlichen Grundfertigkeiten im Französischunterricht, Methoden der Textarbeit, Wörterbucharbeit

Heidi Denzel de Tirado ist Dozentin an der Georgia State University und hat zahlreiche Materialien für das Training interkultureller Kommunikation entwickelt, die sie europaweit in vielen Ländern bei Fortbildungsveranstaltungen an diversen Bildungsinstitutionen einsetzt. Forschungsschwerpunkte: Kultur- und Kommunikationsdifferenzen, Biographik und Kulturtransfer

Anette Fritsch ist Pädagogische Leiterin der Johann-Textor-Schule in Haiger, Projektleiterin „Neue Sprachen" im Amt für Lehrerbildung in Frankfurt, arbeitet in der Lehrerfortbildung und ist in der Lehrbuchentwicklung tätig. Fachdidaktische Schwerpunkte: Methodenlernen, projektorientiertes Arbeiten, Umgang mit französischer Kinder- und Jugendbuchliteratur

Dorotea Höner unterrichtet Französisch und Spanisch an der Poelchau-Oberschule in Berlin-Charlottenburg. Fachdidaktische Schwerpunkte: Sprach- und Textarbeit, Sprechen und Schreiben im Fremdsprachenunterricht

Andrea Kärmer unterrichtet die Fächer Französisch und Sport am Gymnasium Kerpen. Fachdidaktische Schwerpunkte: mehrsprachige Module, fachübergreifendes Arbeiten, Evaluation von Lernleistungen

Nina Küpper unterrichtet die Fächer Französisch und Sport am Karl-von-Ossietzky-Gymnasium in Bonn. Fachdidaktische Schwerpunkte: bilinguale Module, fachübergreifendes Arbeiten, Hör- und Sprechförderung im Fremdsprachenunterricht

Aurélie Lamers-Etienne ist Fachleiterin für Französisch am Zentrum für schulpraktische Lehrerausbildung Bonn und unterrichtet die Fächer Französisch und Deutsch am Albertus-Magnus-Gymnasium in Bensberg. Fachdidaktische Schwerpunkte: Projektarbeit, Mehrsprachigkeit im Französischunterricht

Jochen Momberg unterrichtet Französisch und ist Sprachenkoordinator an der Regenbogen-Gesamtschule Spenge. Fachdidaktische Schwerpunkte: Interkulturelles Lernen, E-Learning, Zwei- und Mehrsprachigkeit, Schüleraustausch, DELF-Prüfungen

Sabine Münchow unterrichtet Französisch und Geographie, arbeitet in der Lehrerausbildung und ist Lehrbeauftragte für die Lehrerfortbildung am Wissenschaftlichen Institut für Schulpraxis. Fachdidaktische Schwerpunkte: kreatives Schreiben, Vermittlung von Lesestrategien, Einsatz von Computer und Internet im Französischunterricht

Annette Scheersoi hat Unterrichtserfahrungen in den Fächern Französisch und Biologie (bilingual) und arbeitet als Professorin im Bereich der Fachdidaktik der Biologie an der Universität Bonn. Fachdidaktische Schwerpunkte: bilingualer Unterricht, Evaluation von Lernleistungen, Lernen an außerschulischen Standorten

Nicola Schulze Wettendorf unterrichtet die Fächer Französisch, Englisch und Erdkunde (bilingual) am Heinrich-Heine-Gymnasium in Hamburg. Fachdidaktische Schwerpunkte: bilingualer Unterricht, fachübergreifendes Arbeiten, Förderung der Kommunikationsfähigkeit im Fremdsprachenunterricht

Herausgeber

Hans-Ludwig Krechel ist Kernseminarleiter und Fachleiter für Französisch am Zentrum für schulpraktische Lehrerausbildung Bonn und unterrichtet Französisch und Erdkunde (bilingual) am Gymnasium Kreuzgasse in Köln. Er ist Lehrerfortbildner und Lehrbuchautor. Fachdidaktische Schwerpunkte: Konzepte der Lehrerbildung, Curriculumsentwicklung, Wortschatzarbeit, bilingualer Unterricht, Erziehung zur Mehrsprachigkeit

Hans-Ludwig Krechel (Hrsg.)

FRANZÖSISCH
Methodik

Handbuch für die
Sekundarstufe I und II

Cornelsen

Projektleitung: Gabriele Teubner-Nicolai, Berlin
Redaktion: Daniela Brunner, Düsseldorf
Umschlaggestaltung: Lemme DESIGN, Berlin/Magdalene Krumbeck, Wuppertal
Layout/technische Umsetzung: FROMM MediaDesign, Wiesbaden

www.cornelsen.de

5. Auflage

Druck und Bindung: CPI – Clausen & Bosse, Leck

ISBN 978-3-589-16312-0

Inhalt gedruckt auf säurefreiem Papier aus nachhaltiger Forstwirtschaft.

Inhalt

Webcode: Sie können die Kopiervorlagen aus dem Internet als PDF-Datei herunterladen. Sie finden dazu eine Zahlenkombination jeweils unten auf der Buchseite. Geben Sie diese unter www.cornelsen.de/webcodes ein. Achten Sie bitte darauf, dass beim Ausdrucken bei Seitenanpassung „In Druckbereich einpassen“ aktiviert ist, damit Sie eine DIN-A4-Seite bekommen.

Vorwort

Die politische, kulturelle und wirtschaftliche Entwicklung Europas stellt heute besondere Anforderungen an das schulische Fremdsprachenlernen und damit auch an den Französischunterricht. Der Französischunterricht leistet einen wichtigen Beitrag zur Erziehung zur Mehrsprachigkeit. Er wirkt dabei mit, Schülerinnen und Schüler auf eine **mehrsprachige und multikulturelle Wirklichkeit** in einem sprachenteiligen Europa vorzubereiten, und zwar auch unter Einbeziehung des Studiums, der Ausbildung und der beruflichen Perspektive. Der *Gemeinsame europäische Referenzrahmen für Sprachen* hat dazu Leitlinien formuliert; er hat zu erreichende Kompetenzen und Kompetenzstufen einheitlich definiert und die Basis für die Entwicklung neuer curricularer Vorgaben wie Kernlehrpläne sowie für die Entwicklung von Bildungsstandards für den fremdsprachlichen Bereich in den Ländern Europas gelegt.
In diesem Kontext ist die **Weiterentwicklung des Französischunterrichtes** heute gekennzeichnet durch

- eine verstärkte **Orientierung an Verwendungssituationen** im Alltag sowie innerhalb der Aus- und Weiterbildung und der berufsbezogenen Kommunikation;
- den **Ausbau kommunikativer Kompetenzen** der Schülerinnen und Schüler durch die Förderung fremdsprachlicher Fähigkeiten und Fertigkeiten wie Hörverstehen/Hör-Sehverstehen, Leseverstehen, Sprechen, Schreiben, Sprachmittlung;
- die **Erweiterung landeskundlicher Kenntnisse** zu interkultureller Handlungsfähigkeit: Auf der Basis eines Orientierungswissens entwickeln die Lernenden Verständnis und Toleranz für andere kulturspezifische Denk- und Handlungsweisen, Werte, Normen und Lebensbedingungen sowie eine kritische Distanz zur eigenen Lebenswirklichkeit;
- die **Förderung methodischer Kompetenzen** für die Arbeit mit Texten, für die mündliche und schriftliche Textproduktion, für Formen des selbstgesteuerten und kooperativen Sprachenlernens als Grundlage für das lebenslange Lernen weiterer (Fremd-)Sprachen.

Vor diesem Hintergrund sollen im heutigen Französischunterricht aktuelle methodische Unterrichtsprinzipien Anwendung finden, und zwar insbesondere Prinzipien wie **Schülerorientierung, Handlungsorientierung, Kommunikationsorientierung, Prozessorientierung, Kompetenzorientierung** und **Inhaltsorientierung** zur Förderung der Interkulturalität. Wichtig ist

auch das **Prinzip der funktionalen Mehrsprachigkeit**: Nach Möglichkeit wird im Unterricht die Fremdsprache als Kommunikationssprache eingesetzt. Aus didaktischen und methodischen Gründen kann aber ebenso der Einsatz der Muttersprache bzw. der Herkunftssprache sinnvoll sein und das Sprachwissen bereits belegter Fremdsprachen genutzt werden.
Nicht zuletzt leistet der Französischunterricht auch einen Beitrag zur **Herausbildung von methodischen Kompetenzen** und von allgemeinen **Schlüsselqualifikationen** wie selbstständiges Denken, Problemlösefähigkeiten, Kooperations- und Teamfähigkeit, Eigenverantwortlichkeit, Fähigkeit und Fertigkeit zur Selbstorganisation sowie Medienkompetenz.
Die veränderten Rahmenbedingungen, Zielsetzungen und Qualitätsansprüche sowie die Berücksichtigung moderner Erkenntnisse von Lernpsychologie, Zweitsprachenforschung und Sprachlehrforschung setzen die **Offenheit gegenüber möglichen Vorgehensweisen** voraus. Das **selbstgesteuerte Lernen**, das in die Kernlehrpläne Eingang gefunden hat und auf lebenslanges Fremdsprachenlernen vorbereitet, ist Teil dieser Entwicklung: Schülerinnen und Schüler können an der Auswahl der Inhalte, an der Mitplanung, Mitgestaltung und Evaluation von Lernwegen und Arbeitsprozessen beteiligt werden. Die Lehrkraft moderiert, berät, organisiert, initiiert und ist verantwortlich für die Gestaltung einer entsprechenden Lernumgebung, die Bereitstellung von Materialien, die Förderung von Lernstrategien und die Vermittlung von Lern- und Arbeitstechniken, die Vermittlung von Formen und Techniken der Selbstevaluation und die sinnvolle Gestaltung von Arbeitsprozessen unter Nutzung der Breite aller Sozialformen (Einzel-, Partner-, Gruppenarbeit). **Lehrergesteuertes Lernen** kann ebenfalls sinnvoll sein, zum Beispiel, wenn Lehrkräfte in kurzer Zeit kompakte Informationen an die Lernenden weitergeben müssen, wenn die Übermittlung von Kenntnissen durch die Lehrenden im Lehrervortrag oder Lerngespräch im Vordergrund steht, die selbstständige Arbeit der Lernenden in unterschiedlichen Gruppierungen vorbereitet wird, Ergebnisse zusammengefasst, gesichert und Ergebnisse gefestigt, erklärt, neue Impulse gegeben und weitere Suchprozesse angeregt werden.
Während in früheren Jahren auch der Französischunterricht von der Suche nach der „einen" Methode gekennzeichnet war, nach der alle Schülerinnen und Schüler optimal lernen sollten, ist heute **Vielfalt**, **Variabilität** und **Offenheit im Einsatz von Methoden** angesagt. Was wir in einem erfolgreichen Französischunterricht brauchen, ist die sinnvolle und sich gegenseitig stützende Einbeziehung der unterschiedlichen Methoden. Die Entscheidung über die jeweilige Auswahl dieser Methoden setzt pädagogische und fachliche Reflexion voraus.

Offenheit in der Methodenauswahl stellt hohe Anforderungen an die Lehrkräfte, weil der Erfolg bestimmter Methoden vor allem in einer sinnvollen Balance von fachlichen bzw. fachdidaktischen Anforderungen und den individuellen Lernvoraussetzungen der Schülerinnen und Schüler liegt. Lehrkräfte müssen die Methoden in ihren jeweiligen Lerngruppen erproben und daraus selbstständig Konsequenzen für weitere methodische Entscheidungen treffen.
Hierfür will das Handbuch *Französisch-Methodik* Hilfen anbieten. Es richtet sich an neu einsteigende wie erfahrene Lehrkräfte des Französischunterrichtes der Sekundarstufe I und II, ferner an Studierende bzw. Referendarinnen und Referendare mit dem Fach Französisch. Es will Anregungen geben und über Methoden informieren, deren Einsatz heute einen **erfolgreichen Französischunterricht** ermöglichen, und orientiert sich an folgenden allgemeinpädagogischen und didaktischen Leitlinien:

- **Kompetenzorientierung:** Orientierung an internationalen **Standards des Fremdsprachenlernens** und an aktuellen Bildungsstandards sowie Kernlehrplänen bzw. curricularen Vorgaben;
- **Outputorientierung** und **effiziente Gestaltung** von Lernprozessen; Unterscheidung zwischen Lernaufgaben und Testaufgaben;
- **Vorbereitung auf Lernstandserhebungen, zentrale Abschlussprüfungen**, aber auch auf **internationale Zertifikate**.
- **Förderung des selbstständigen wie auch des kooperativen Lernens und Arbeitens in heterogenen Lerngruppen;**
- **Förderung von interkulturellen Kompetenzen; Vermittlung von Orientierungswissen sowie von Werten, Haltungen und Einstellungen;**
- **Stärkung von kommunikativen Kompetenzen** durch die Förderung von Lese- und Hör- bzw. Hörseh-Kompetenzen, von Sprech- und Schreibkompetenzen und von Kompetenzen der Sprachmittlung;
- Förderung des variablen und effektiven **Einsatzes moderner Medien und Kommunikationstechnologien**.

Ein solcher Band kann keinen Anspruch auf Vollständigkeit erheben. Entscheidend ist der fachliche Fokus, daher werden im Folgenden mehr fachbezogene als allgemeine Methoden beschrieben. Insgesamt soll eine **breite Palette von bewährten wie innovativen Methoden** für zentrale Bereiche des Französischunterrichtes vorgestellt werden, die theoriegeleitet in der unterrichtlichen Praxis erprobt sind: Methoden des interkulturellen Lernens, der Wortschatz- und der Grammatikarbeit, des Umgangs mit Texten, Methoden zur Förderung des Lese- und Hörverstehens, von Schreib- und Sprechkompetenzen, des Umgangs mit Neuen Medien, der Evaluation und

Bewertung von Schülerleistungen, ferner Methoden des fachübergreifenden Arbeitens sowie der Einsatz von besonders schüleraktivierenden Verfahren in der Unterrichtspraxis und im Rahmen des Schulprogramms. Der Band stellt ein Angebot für erfahrene und weniger erfahrene bzw. künftige Lehrkräfte dar und bietet **für viele unterrichtliche Situationen das passende methodische Rüstzeug**.

Die Kapitel folgen alle einem ähnlichen Aufbau: Zunächst werden theoretische Informationen zum jeweiligen Thema gegeben. Anschließend werden wichtige Methoden vorgestellt und eingeordnet, bevor besonders erfolgreich erprobte Methoden exemplarisch in ihrer Realisierung in der konkreten unterrichtlichen Praxis in ein bis zwei Unterrichtsbeispielen beschrieben werden. Am Ende der Kapitel finden sich neben der verwendeten Literatur wertvolle Tipps, auch für die weitere Internetrecherche.

Die Autorinnen und Autoren dieses Bandes sind Ausbilderinnen und Ausbilder in der ersten und zweiten Phase der Lehrerausbildung, jüngere und sehr erfahrene Lehrkräfte, die sich schwerpunktmäßig mit der Thematik ihres jeweiligen Kapitels beschäftigt und die vorgestellten Methoden in ihrem Unterricht – auch gemeinsam mit Auszubildenden – erprobt haben. Ihnen ist die unterrichtliche Relevanz der präsentierten Methoden, deren Realisierbarkeit und Effizienz ein besonderes Anliegen. Für die stets konstruktive Zusammenarbeit sei allen sehr herzlich gedankt.

Möge dieses Methoden-Handbuch allen Leserinnen und Lesern Mut machen zum Einsatz bewährter Methoden, aber vor allem auch Anregungen geben zur Erprobung innovativer Verfahren in ihrem Französischunterricht sowie für die weitere Diskussion in den Fachgruppen und Ausbildungsseminaren.

Königswinter, im Dezember 2013
Hans-Ludwig Krechel

1 Interkulturelle Kommunikation

von Heidi Denzel de Tirado

Einführung

Die Begriffe „Interkulturelles Lernen" und „Interkulturelle Kompetenz" sind heute aus keinem Lehrplan, keiner curricularen Empfehlung, keiner *Charte des langues vivantes* mehr wegzudenken. Kulturorientierte Lehransätze werden als besonders effizient und effektiv angesehen, um die Schülerinnen und Schüler auf Europa und eine globalisierte Welt vorzubereiten. Sprach- und Kulturwissenschaftler sind sich einig, dass die reine Beherrschung der Sprache der Kommunikationspartner nicht mehr ausreicht; das **Wissen um Normen, Werte und Traditionen anderer Kulturen** wird heute als unabdingbar angesehen.
Der Begriff „Interkulturelle Kommunikation" wurde erstmals von dem Anthropologen Edward T. Hall in seinem Kommunikationslehrwerk *The Silent Language* aus dem Jahr 1952 verwendet. In den letzten Jahren übernahmen verschiedene Fachrichtungen diesen Begriff, sodass heute ein interdisziplinärer Mix von theoretischen Ansätzen aus der Psychologie, Anthropologie, Linguistik, aus den Kommunikationswissenschaften, Wirtschaftswissenschaften etc. besteht, die interkulturelle Kommunikation unter jeweils anderen Gesichtspunkten definieren und analysieren. Eine häufig zitierte Definition der Sprachwissenschaften stammt von Knapp und Knapp-Potthoff:

■ „Interkulturelle Kommunikation ist die interpersonale Interaktion zwischen Angehörigen verschiedener Gruppen, die sich im Hinblick auf die ihren Mitgliedern jeweils gemeinsamen Wissensbestände und sprachlichen Formen symbolischen Handelns unterscheiden." (Knapp und Knapp-Potthoff 1990: 66) ■

Schon seit den 80er-Jahren hat ein kommunikativer Ansatz im Fremdsprachenunterricht eine zentrale Rolle erhalten, der seit Ende der 80er-Jahre durch interkulturelle Komponenten ergänzt wurde. Ziel des interkulturellen Lernens und interkulturellen Kommunikationstrainings ist die sogenannte „interkulturelle Kompetenz".

Was ist eigentlich interkulturelle Kompetenz?

Unter interkultureller Kompetenz versteht man eine **Kommunikations- und Handlungskompetenz**, die von **Ambiguitätstoleranz**, **Empathiefähigkeit** und einer ständigen **Differenzierung von Wahrnehmungsschemata** geprägt ist. Eine interkulturell kompetente Person weiß um kulturelle Codes und Spezifika, kann Gemeinsamkeiten und Differenzen zwischen der eigenen und der Fremdkultur einschätzen und kann sich – im Idealfall – offen und vorurteilsfrei in der Fremdkultur bewegen.

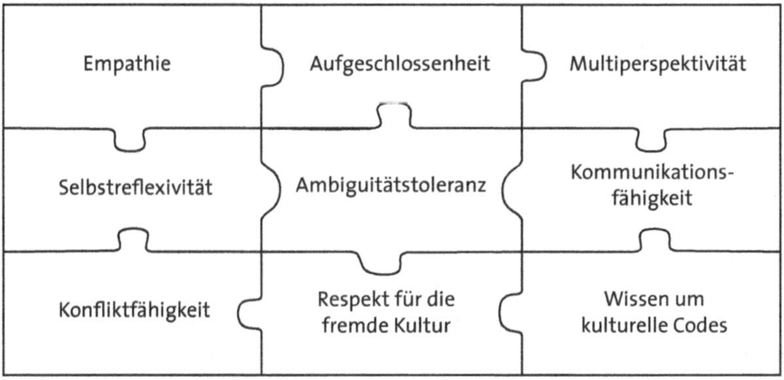

Interkulturelle Kompetenz

Allgemein wird davon ausgegangen, dass diese Kompetenz geschult werden kann. Hier werden meist **vier Lernziele** genannt:

- **Sensibilisierung für kulturelle Unterschiede** und interkulturelle Angelegenheiten;
- **Wissen um kulturspezifische Eigenheiten** der eigenen und anderer Kulturen. Dies beinhaltet das Verstehen von eigen- und fremdkulturellen Orientierungssystemen wie Kulturdimensionen und Kulturstandards;
- **Sensibilisierung für eigene Gefühle** im Umgang mit dem Fremden und die Entwicklung von Empathie für andere;
- **Erlernen von Verhaltensstrategien** für divergente Handlungsschemata in der Fremdkultur.

Zur Realisierung dieser Lernziele werden oft **vier Grundtypen interkultureller Bildungsmaßnahmen** aufgeführt, die auch meist miteinander kombiniert werden (cf. FLECHSIG 1998):

1. **Thematisierender Orientierungsansatz:** Dieser Ansatz geht davon aus, dass Wissen über die Fremdkultur den Umgang mit interkulturellen Situationen erleichtert.

2. **Erfahrungsbildender Trainingsansatz:** Hier geht es um Verhaltensveränderung und das Erlernen von Handlungsstrategien via interaktiver, handlungsbezogener und emotionaler Lernstrategien.
3. **Länderspezifischer Ansatz:** Dieser Ansatz bezieht sich auf die länderspezifischen Eigenheiten der Fremdkultur.
4. **Länderunspezifischer Ansatz:** Bei diesem Ansatz geht es allgemein um die Sensibilisierung für den Umgang mit anderen Kulturen.

	länderspezifisch	länderunspezifisch
Orientierung (thematisierend)	Landeskunde	Kulturverständnis Kulturbegriffe Kulturtheorien
Training (erfahrungsbildend)	länderspezifisches interkulturelles Training	länderunspezifisches, allgemeines interkulturelles Training

Interkulturelle Lernmethoden und Anwendungsbeispiele

In interkulturellen Trainings tauchen vier didaktische Grundformen häufig auf, da sie als besonders effektiv angesehen werden: Fallstudien, also die Analyse von tatsächlich stattgefundenen oder potenziellen Missverständnissen, stellen eine eher kognitiv ausgerichtete Methode dar. Simulationen, also Rollenspiele und Interaktionsspiele, lokale Erkundungen und interkulturelle Lernprojekte vor Ort zielen verstärkt auf affektive und emotionale Lerneffekte.

Da interkulturelle Kompetenz zu einem Großteil als soziale Fertigkeit verstanden wird, gelten handlungsorientierte Methoden als besonders geeignet, um neben **kognitiven Elementen** auch **affektive und emotionale Kompetenzen** zu fördern. Aus diesem Grund setzt interkulturelles Lernen im Gegensatz zur traditionellen Landeskunde bei der **Sensibilisierung für die eigene Identität** an, bei der Bewusstwerdung der eigenen individuellen und kulturellen Prägung und der daraus resultierenden Sichtweise. Denn um den in der interkulturellen Kommunikation angestrebten **Perspektivenwechsel der Innen- und Außenperspektive** vollziehen zu können, muss den Lernenden erst einmal bewusst gemacht werden, dass wir fremde Kulturen immer durch den Filter unserer eigenen kulturellen Prägung wahrnehmen.

Im Folgenden sollen nun zwei Übungen vorgestellt werden, die wenig zeitaufwändig sind und daher durchaus auch im Unterricht angewendet werden können. Die erste Übung ist eine länderunspezifische sensibilisierende Wahrnehmungsübung, die zweite eine kulturspezifische Ausdrucksübung.

Beispiel 1

Kino im Kopf – Ein Unterrichtsbeispiel für individuell und kulturell geprägte Wahrnehmung[1]

Diese Übung ist ein sehr einfaches und eindringliches Beispiel für **länderunspezifische Sensibilisierung** zur Selbstwahrnehmung und zur Wahrnehmung des anderen. Im Mittelpunkt steht die Interpretation von Informationen und damit die „Konstruktion" einer eigenen kulturell und individuell geprägten „Realität".

Lernziele dieser Übung:

- Erkennen, dass Sprache ein Medium ist; dass ein Wort eine Reise in die eigene Erfahrungsvergangenheit darstellen kann, und daher die Idee, die verschiedene Menschen mit demselben Wort verbinden (z. B. „Geburtstagsparty") sehr unterschiedlich sein kann, sich jeder somit eine eigene „Realität" kreiert.
- Erkennen, dass Muster, Präzedenzen und Bilder aus dem Langzeit- und Kurzzeitgedächtnis immer den Ausgangspunkt jeglicher Analyse bzw. Interpretation bestimmen: „Man sieht, was man kennt." (Goethe)
- Erkennen, dass Wahrnehmung selektiv ist und subjektiv aktiv konstruiert wird.
- Erkennen, dass Wahrnehmung von individuellen und kulturellen Erfahrungs- und Erwartungshorizonten beeinflusst wird.
- Erkennen, dass wir Berichte und Mitteilungen oft erahnen und ergänzen müssen, um den Informationen einen Sinn zu geben.
- Erkennen, dass Informationen zur Orientierung oft in Kategorien und standardisierte Raster eingeordnet werden.

Ablauf:

1. Ein Schüler schaut sich eine beliebige kurze Filmsequenz ohne Ton an (ca. 2 Min.), ohne dass die anderen Schüler den Bildschirm zu sehen bekommen. Er soll dabei seinen Mitschülern beschreiben, was er sieht. Den Informationen des Erzählers folgend, stellen sich die anderen Schüler das Beschriebene vor und kreieren sich so eine eigene Version des Films in ihrer Imagination.
2. Anschließend erhalten die Schüler den Auftrag, sich in 2er-Gruppen ihre „Gedankenfilme" zu erzählen. Erfahrungsgemäß divergieren die jeweiligen Geschichten erheblich.
3. Die Lehrkraft und der Erzähler-Schüler können im Raum herumgehen und den einzelnen 2er-Gruppen Detailfragen zu der Kleidung der Perso-

[1] Diese Übung ist in Zusammenarbeit mit Britta Bendieck im Kontext des von der Europäischen Kommission geförderten *MEMO*-Projektes (Comenius 2.1) entstanden.

nen, den Möbeln etc. stellen. Dadurch wird das Kurzzeitgedächtnis noch einmal gezielt aktiviert und die Phantasie der Schüler angeregt.

4. Nach ca. 5–10 Minuten – je nach Gesprächsbedarf der Schüler – wird die Diskussion im Plenum zusammengeführt. Die Lehrkraft sollte mit allgemeinen Fragen an die Gruppe beginnen, wie „Was ist in eurem Film vorgefallen?“ „Wie stehen die Personen zueinander?“ „Gab es große Unterschiede zwischen euren Gedankenfilmen?“ etc. Anschließend können Details aus dem Film wie Kleidung, Alter der Personen, Sinn der Handlung, Kontext, Ambiente etc. angesprochen werden. Hier kann auch thematisiert werden, ob sich die Schüler bekannte Personen, Gegenstände, Orte etc. vorgestellt haben. Meist haben sich die 2er-Gruppen auf eine Version geeinigt, die von den anderen Versionen abweicht, und so kommt es zu interessanten Debatten.
5. Nun wird den Schülern der Filmausschnitt gezeigt und gefragt, wo die Unterschiede und Ähnlichkeiten zwischen der Filmversion und der eigenen gedanklich konstruierten Version liegen.
6. In der Abschlussdiskussion ist es besonders spannend, auf Gemeinsamkeiten einzugehen, die vom Erzähler nicht erwähnt wurden. Wie sind diese zu erklären? Hier können folgende Schaubilder zur Verdeutlichung eingesetzt werden.

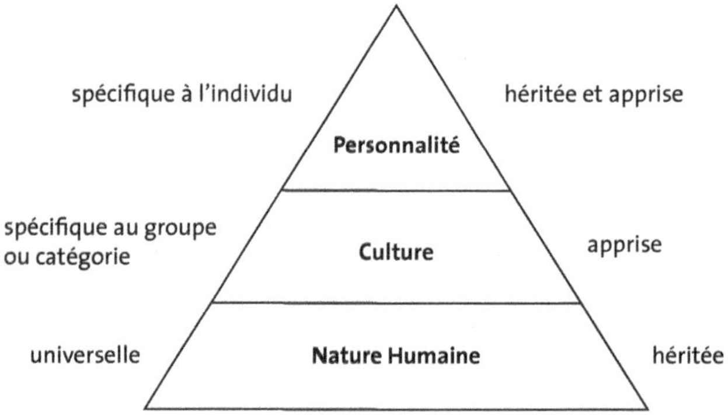

„Programmation mentale“ nach Geert Hofstede (1997): Lokales Denken, globales Handeln – Kulturen, Zusammenarbeit und Management; © C. H. Beck, München

Erklärung zur Abbildung: Hofstedes Bezeichnung für kulturelle und individuelle Prägung als *software of the mind* ist mittlerweile weltweit bekannt. Er unterscheidet hier unter angeborenen und angelernten Eigenheiten, universellen, gruppenspezifischen und persönlichen Charakteristika. Frage:Welche Beiträge der Schülerinnen und Schüler fallen eher in den Bereich „kulturelle Prägung", welche eher in den Bereich „individuelle Prägung"?

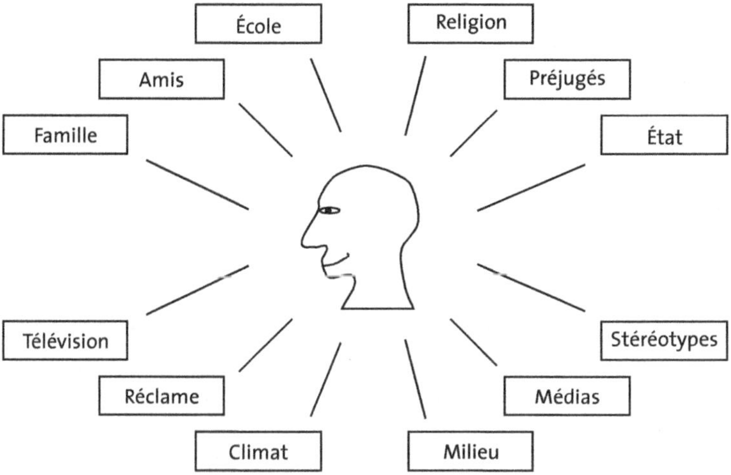

Éléments d'une programmation mentale

Beispiel 2

Stimmungsmacher – Ein Unterrichtsbeispiel für nonverbale und paraverbale Kommunikation

Erfolgreiches Kommunizieren hängt von einer guten En- und Decodierung von Botschaften ab. Sprache übermittelt dabei permanent eigenkulturelle Standards und aktiviert unbewusste Wertungsprozesse.

Da in der Fremdsprache aufgrund mangelnden Vokabulars Inhalte oft nur schwer vermittelt werden können, werden nonverbale und implizite Mittel meist stärker eingesetzt und auch stärker rezipiert und interpretiert.

In interkulturellen Lernmodulen nehmen daher neben kulturspezifischen Sprechakten und Diskurskonventionen auch nonverbale und paraverbale Aspekte eine wichtige Rolle ein, weil sie oft unbewusst als unverfälschter, zuverlässiger und unmittelbarer als Worte gedeutet werden. So neigen wir dazu, eher der Körpersprache und dem Gesprächston zu glauben und verlassen uns auf unser **intuitives Interaktionsverstehen**. Hier kommt es jedoch besonders häufig zu Missverständnissen, da nonverbale Informationen besonders empathisch interpretiert werden müssen, um ihren Sinn zu entschlüsseln. Viele Kommunikationswissenschaftler schätzen den Kom-

munikationsanteil von nonverbalen und paraverbalen Elementen auf 70 %. Einige sprechen sogar von einem Anteil von 90 %. Selbst wenn dieser Prozentsatz sicherlich nur schwierig messbar ist, wird doch klar, wie stark der Einfluss dieser Elemente ist, die im Fremdsprachenunterricht meist vernachlässigt werden (cf. HERINGER 2004: 81).
Zum Einstieg in die Thematik der Gestik und Mimik eignet sich eine vergleichende Analyse von Pressefotos von Politikern oder Schauspielern. Die Schülerinnen und Schüler sollen darüber diskutieren, ob die unterschiedliche Körpersprache der Personen auf individuelle oder kulturelle Charakteristika zurückzuführen ist, und ob die Expressivitätserwartungen an Staatsoberhäupter und Schauspieler in verschiedenen Ländern anders sein könnten.
Zur Sensibilisierung für paraverbale Aspekte der Kommunikation bietet sich die Analyse einer französischen Talkshow an. Die Schüler sollen sich hierbei nicht auf Inhalte konzentrieren, sondern auf Gesprächs- und Diskurskonventionen. Wie gehen die Diskussionspartner miteinander um, unterbrechen sie sich, gibt es lange Pausen, ist die Unterhaltung eher formal oder eher entspannt?
Die Schüler sollen nun raten, welchen Anteil nonverbale und paraverbale Komponenten in der Kommunikation ausmachen. Dazu kann das Schaubild „Die drei Kommunikationskomponenten“ (s. Abb.) aufgelegt werden. Sind die Schüler mit der Einschätzung der Kommunikationswissenschaftler, einem Anteil von 70 % bzw. 90 %, einverstanden?

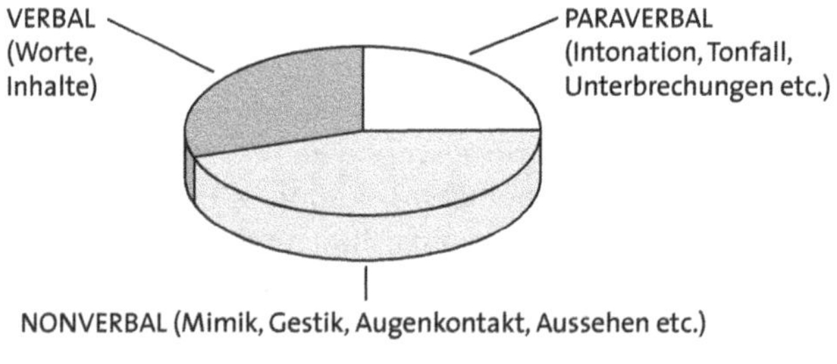

Die drei Kommunikationskomponenten

Da paraverbale Elemente meist automatisch wahrgenommen und unbewusst nach bekannten Regeln gedeutet werden und in den Kulturen unterschiedlich etabliert sein können, muss bei den Lernenden zunächst ein

Bewusstsein dafür entwickelt werden, am besten auf affektiver und emotionaler Ebene. Dafür ist es wichtig, dass die Schülerinnen und Schüler selbst aktiv werden. Die folgende Übung ist gut für einen Schüleraustausch geeignet und besonders in Form eines Wettbewerbs zwischen zwei Gruppen reizvoll.

Lernziele:
- Schaffung eines Bewusstseins für den Einfluss von nonverbalen und paraverbalen Faktoren auf die Wirkung des Sprechers.
- Erkennen, dass wir paraverbale Merkmale hören und deuten können, diese aber oft nicht eindeutig und nur schwer zuzuordnen sind.
- Vorsicht mit vorschneller Deutung.
- Sensibilisierung für kulturell unterschiedliche Gesprächskonventionen und Standards.
- Erlernen von Ausdrucksmöglichkeiten verschiedener Stimmungslagen in der Fremdsprache.

Ablauf:
1. Es bilden sich zwei Teams, die eine gleiche Anzahl von deutschen und französischen Schülern aufweist. Alle Schüler bekommen ein Kärtchen. Die Franzosen bekommen ein Kärtchen mit dem Satz „Seine/ihre Mutter kommt ...“ und einem Adjektiv, das angibt, wie der Satz gesprochen werden soll (z. B. „wütend“, „enttäuscht“ etc.). Die Deutschen haben die gleichen Adjektivanweisungen mit dem Satz « C'est sa mère ... ».

Beispiel für ein Anweisungskärtchen für Franzosen
Situation: Ihr seid bei Tom auf einer Party. Plötzlich klingelt es. Tom geht an die Sprechanlage und sagt daraufhin **wütend**: „Meine Mutter kommt.“ Du musst den anderen sofort die Situation klarmachen (**wütend**). Du darfst aber nur den Satz „Seine/ihre Mutter kommt ...“ sagen und dies mit Mimik, Gestik, Intonation, Lautstärke betonen. Nur eine Person der Deutschen innerhalb deiner Gruppe hat dieselbe Anweisung **wütend** wie du. Finde ihn/sie.

Beispiel für ein Anweisungskärtchen für Deutsche
Situation: Vous faites la fête chez Tom. Tout à coup, on sonne. Tom va répondre à l'interphone et revient, **fâché**, en disant : « C'est ma mère ... » Tu dois expliquer la situation aux autres (**fâché/e**). Tu n'as pas le droit de dire autre chose que la phrase : « C'est sa mère ... », tu peux souligner cette phrase avec des gestes, des intonations de voix, des mimiques, etc. Parmi les Français, il n'y a qu'une personne qui a reçu la même instruction (d'être **fâché/e**) que toi. Trouve la.

2. Die Schülerinnen und Schüler sollen nun die anderen innerhalb ihrer Gruppe mit ihrem Satz ansprechen, diesen paraverbal und nonverbal unterstreichen und die Person mit ihrem Adjektiv in der anderen Sprache finden.
3. Die Lehrpersonen sollten am besten selbst mitmachen und die Übung vor allem am Anfang stark animieren. Schüchternen Schülern sollten am besten Anweisungen wie „enttäuscht", „nachdenklich" oder „gleichgültig" gegeben werden.
4. Sobald sich mehrere deutsch-französische Entsprechungspaare gefunden haben, stellen sie sich in einem Kreis auf, und die Paare sagen nacheinander ihre Sätze auf. Nach einem Erstdurchlauf wird nun innerhalb der Gruppe entschieden, ob die zwei sich zusammengefundenen Personen wirklich dieselbe Stimmung ausdrücken. Falls die Gruppe anderer Meinung ist, werden sie gegebenenfalls noch einmal anderen Personen zugeordnet.
   Achtung! Die Paarschüler, um die es geht, dürfen sich nur mit ihrem Satz paraverbal und nonverbal äußern und dürfen der Gruppe in keiner Weise Hilfestellung geben.
5. Gewonnen hat die Gruppe, die am schnellsten die meisten richtigen Stimmungspaare ermittelt hat. Wichtig ist, dass jede Gruppe dieselben Stimmungsadjektive erhält.

Vorschläge für Stimmungsadjektive

« C'est sa mère ... »	„Seine/ihre Mutter kommt ..."
aufgeregt	agité/e
enttäuscht	déçu/e
verzweifelt	désespéré/e
erleichtert	soulagé/e
hysterisch	hystérique
enthusiastisch	enthousiaste
gleichgültig	indifférent/e
ärgerlich	fâché/e
wütend	enragé/e
glücklich	heureux/heureuse
traurig	triste
schlechter Laune	de mauvaise humeur
hektisch	hectique
belustigt	amusé/e
nachdenklich	pensif/pensive
besorgt	inquiet/inquiète
erstaunt	étonné/e

In der Abschlussdiskussion sollte thematisiert werden, welche Stimmungen besonders schwierig zu erraten waren. War es einfacher, die Stimmungen in der Muttersprache zu erraten oder in der Fremdsprache? Gibt es Unterschiede bei Deutschen und Franzosen, Gefühlslagen zu intonieren? Gegebenfalls kann auch die Abbildung von Ernst Apeltauer (siehe unten) eingesetzt werden. Was halten die Schüler davon? Wird es wirklich so kompliziert, wenn zwei Nationalitäten aufeinandertreffen? Oder sind die Unterschiede gar nicht so groß?

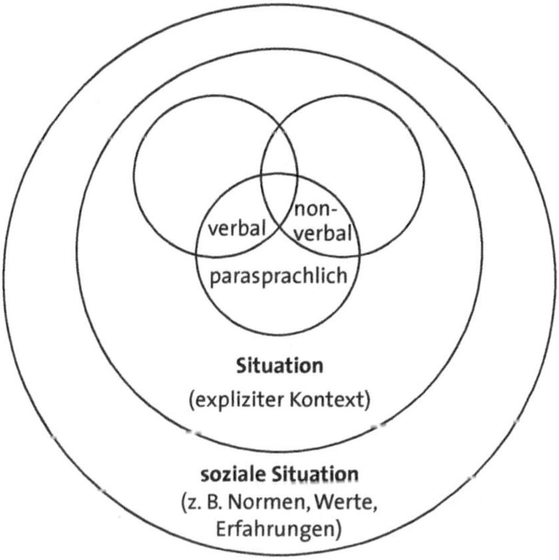

Nonverbale Aspekte intrakultureller Kommunikation nach Ernst Apeltauer (2000); © Schneider-Verlag, Hohengehren

Erklärung zur Abbildung:
In **intrakulturellen** Kommunikationssituationen stützen sich die Interaktionspartner auf ziemlich identische Codes und werden vermutlich auch den Kontext der sozialen Situation ähnlich deuten. Daher ist eine schnelle Verständigung möglich. Trotzdem sind auch hier, Missverständnisse durch Zweideutigkeiten und Unklarheiten möglich.

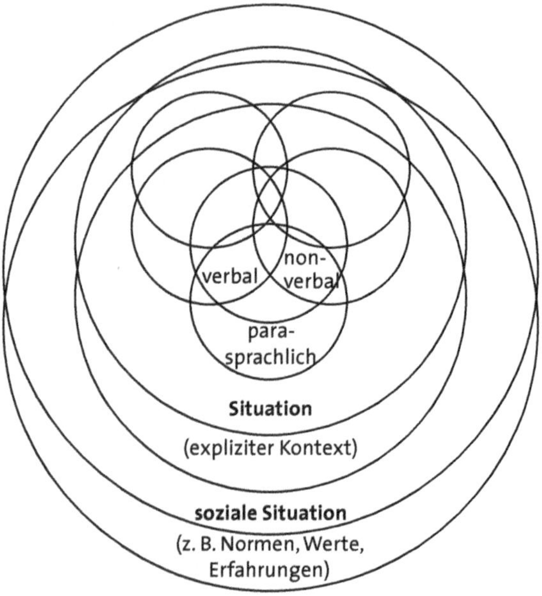

Nonverbale Aspekte interkultureller Kommunikation nach ERNST APELTAUER (2000);
© Schneider-Verlag, Hohengehren

Erklärung zur Abbildung:
In der **interkulturellen** Kommunikation wird es sogar noch komplizierter, wie die Grafik „interkulturelle Kommunikation“ nur allzu deutlich darstellt. Alles ist unklar, alles ist verschwommen. Hier kann nun alles zu einem potenziellen Missverständnis werden. Doch gibt es, wie APELTAUER veranschaulicht, auch einige Schnittmengen, die er „Verständigungsbrücken“ nennt. Diese sind auf der Wortebene zu finden (z.B. ähnliche Wörter wie „Theater – théâtre“ oder sogar gleiche Wörter wie „Baguette“, „charmant“ etc.). Im paraverbalen Bereich (z.B. Intonationsfragen im Deutschen und im Französischen) und im nonverbalen Bereich (z.B. die Geste „Vogel zeigen“). Doch Vorsicht mit „Scheinverständigungsbrücken“. *Faux Amis* bestehen nicht nur auf der Wortebene („Jalousie“, „ordinär“, „Tresor“ ...), sondern auch im paraverbalen und nonverbalen Bereich (Das „Ringzeichen“, auch „OK-Zeichen“ genannt – also Kreis mit Daumen und Zeigefinger, die anderen Finger abgespreizt – das im Deutschen für die meisten für „alles klar“ und „exzellent“ steht, bedeutet im Französischen „Null“ bzw. „wertlos“ ...).

Ausblick

Wortbedeutungen, Gesten, Normen und Werte ändern sich ständig. Interkulturelles Lernen ist demnach als lebenslanges Lernen zu verstehen und stellt Lernende und Lehrende immer wieder vor neue Herausforderungen, weil sich die interkulturelle Welt, in der wir leben, konstant verändert. Daher wird es auch immer wichtiger, Stereotypen und Generalisierungen stets zu hinterfragen. Der Fremdsprachenunterricht bietet hier viele Möglichkeiten, die Schülerinnen und Schüler auf eine multikulturelle Welt vorzubereiten. Die besten Lerneffekte sind dabei sicherlich immer noch im direkten Kontakt mit anderen Kulturen zu erzielen. Lehrkräften kommt im Schüleraustausch insofern eine wichtige Rolle als Mediatoren zu, denn schon so mancher Austausch wurde zu einer negativen Erfahrung aufgrund von kulturellen und sprachlichen Missverständnissen. Eine gute Vorbereitung der Schüler auf mögliche Differenzen erweist sich als ebenso sinnvoll wie eine zurückblickende Nachbesprechung.

Tipps und Literatur

Projektarbeiten

Thema/Methode	Zielsetzung	Quelle/Link
Projektarbeiten zum Interkulturellen Lernen	– Viele interessante handlungsorientierte Beiträge mit detaillierten Projektskizzen für die Schule	Petra Hölscher (1994): Interkulturelles Lernen. Projekte und Materialien für die Sekundarstufe I. Cornelsen Verlag Scriptor. Frankfurt/Main
Ein Beispiel für ein Projekt: Lokale Kulturerkundungen/kulturelle Stadtwanderungen	– Die Schüler sollen sich der kulturellen Vielfalt in ihrer Heimat bewusst werden (auf dem Plan steht der Besuch einer Moschee, eines orthodoxen Gottesdienstes, eines Holocaustdenkmals etc.)	Die internen Arbeitspapiere von Karl-Heinz Flechsig „Methoden interkulturellen Lernens" auf der Homepage des *Instituts für interkulturelle Didaktik:* http://www.ikud.de/iikdiaps1-98.htm#9

Analyse von interkulturellen Missverständnissen

Thema/Methode	Zielsetzung	Quelle/Link
Fallmethode	– Die Schüler sollen einen Fall analysieren und selbst Hypothesen aufstellen, warum es zu einem interkulturellen Missverständnis kam	Karl-Heinz Flechsig: http://www.ikud.de/iikdiaps1-98.htm#9

Vorbereitung und Durchführung von Austauschprojekten

Thema/Methode	Quelle/Link
Austauschtipps und Informationen zum Jugendaustausch mit der französischsprachigen Schweiz	http://www.echanges.ch/index.fr.html
Schulische Austausch- und Kooperationsprojekte: Theoretische und praktische Informationen	Die Seite des deutsch-französischen Jugendwerks: http://www.ofaj.org (...)

Didaktische Hintergrundinformationen und Inspirationen

Thema/Methode	Quelle/Link
Zeitschrift für interkulturellen Fremdsprachenunterricht. Beiträge zu Didaktik und Methodik	University of Alberta: http://www.ualberta.ca, Suchbegriff „ejournal" eingeben
Interessante Links zu Themen der interkulturellen Kommunikation mit französischem Kontext	Der französische Zweig der „Society of Intercultural Education, Training and Research": http://www.sietar-france.org
Auszüge aus Geert Hofstedes Klassiker der Interkulturellen Kommunikation auf Französisch	http://marketing.thus.ch

Überlegungen, Berichte und Praxisbeispiele zum Interkulturellen Lernen aus Schule und Weiterbildung: http://www.saarland.de/dokumente/thema_bildung/Sprachenbuch1.pdf

Literatur

APELTAUER, ERNST (2000): „Nonverbale Aspekte interkultureller Kommunikation", in: Rosenbusch (2000), S. 100–166.

BRUNZEL, PEGGY (2002): Kulturbezogenes Lernen und Interkulturalität. Zur Entwicklung kultureller Konnotationen im Französischunterricht der Sekundarstufe I. Gunther Narr Verlag. Tübingen.

FLECHSIG, KARL-HEINZ (1995): Kleines Handbuch Didaktischer Modelle. Neuland-Verlag. Eichenzell.

DOVERMANN, ULRICH (1998): Interkulturelles Lernen – Arbeitshilfen für die politische Bildung. Bundeszentrale für politische Bildung. Bonn.

HALL, EDWARD T. (1959): The Silent Language. Doubleday. New York.

HERINGER, HANS JÜRGEN (2004): Interkulturelle Kommunikation. Grundlagen und Konzepte. A. Francke Verlag. Tübingen und Basel.

HOFSTEDE, GEERT (1997): Lokales Denken, globales Handeln – Kulturen, Zusammenarbeit und Management. dtv. München.

HÖLSCHER, PETRA (1994): Interkulturelles Lernen. Projekte und Materialien für die Sekundarstufe I. Cornelsen Verlag Scriptor. Frankfurt/Main.

ILTIS-PROJEKTPARTNER (2002): Sprachen lernen – Interkulturelles Lernen in Schülerbegegnungen. Hueber Verlag. München.

JONACH, INGRID (1998): Interkulturelle Kommunikation. Ernst Reinhardt Verlag. München.

KNAPP, KARLFRIED/KNAPP-POTTHOFF, ANNELIE (1990): „Interkulturelle Kommunikation", in: *Zeitschrift für Fremdsprachenforschung*, Heft-Nr. 1, S. 62–93.

LAURENZ VOLKMANN (2002): Interkulturelle Kompetenz – Konzepte und Praxis des Unterrichts. Gunther Narr Verlag. Tübingen.

LOSCHE, HELGA (2003): Interkulturelle Kommunikation. Sammlung praktischer Spiele und Übungen. ZIEL. Augsburg.

LÜSEBRINK, HANS-JÜRGEN (2005): Interkulturelle Kommunikation. Interaktion – Fremdwahrnehmung – Kulturtransfer. Metzler. Stuttgart – Weimar.

MALETZKE, GERHARD (1996): Interkulturelle Kommunikation. Zur Interaktion zwischen Menschen verschiedener Kulturen. Westdeutscher Verlag. Opladen.

ROCHE, JÖRG (2001): Interkulturelle Sprachdidaktik. Eine Einführung. Gunther Narr Verlag. Tübingen.

ROSENBUSCH, HEINZ S. (2000): Körpersprache in der schulischen Erziehung: pädagogische und fachdidaktische Aspekte nonverbaler Kommunikation. Schneider-Verlag. Hohengehren.

VATTER, CHRISTOPH (2011): Interkulturelles Lernen im internationalen Schüleraustausch zwischen Deutschland und Frankreich. Röhrig. St. Ingbert.

VATTER, CHRISTOPH/ZAPE, ELKE (2012): Interkulturelle Kompetenz Französisch. Erkennen – Verstehen – Handeln. Klett. Stuttgart.

2 Wortschatzarbeit

von Hans-Ludwig Krechel

Einführung

Das Thema Wortschatzarbeit hat in der heutigen methodisch-didaktischen Diskussion große Bedeutung. Für einen kommunikationsorientierten Umgang mit einer Fremdsprache, wie ihn *Gemeinsamer europäischer Referenzrahmen*, Bildungsstandards und Kernlehrpläne fordern, ist die Beherrschung eines umfangreichen Wortschatzes entscheidend. In den neueren Lehrwerken für den Französischunterricht nimmt die Wortschatzarbeit deshalb heute einen deutlich größeren Raum als früher ein. Lehrwerke geben wertvolle Anregungen für die Einführung und Erarbeitung neuer Wörter und bieten vielfältige Übungen, damit Lernende das neue und alte Vokabular in unterschiedlichen Kontexten verwenden können.
Was wissen wir heute über das Lernen des Wortschatzes, über seine Speicherung und seine Verarbeitung?

1. Lexikalisches Wissen wird im sogenannten mentalen Lexikon gespeichert. Das mentale Lexikon ist derjenige Teil des Langzeitgedächtnisses, in dem die Wörter einer Sprache mental repräsentiert sind. Die Repräsentation von Wortschatzeinheiten im mentalen Lexikon ist sehr komplex.

Jeder Eintrag ins mentale Lexikon besteht aus vier Komponenten:
- die phonologische Komponente (Informationen zur Aussprache, Intonation),
- die morphologische Komponente (Informationen zur Wortbildung),
- die syntaktische Komponente (Informationen zu Wortverbindungen und Integration von lexikalischen Einheiten in Satzstrukturen),
- die konzeptuelle Komponente (Informationen zu Wortbedeutungen) (cf. Wolff 2002: 12).

Beim Erwerb von Wörtern müssen Lernende neue lexikalische Einheiten/Strukturen in ihr gesamtes lexikalisches Wissen (auch das der Ausgangssprache) integrieren, und zwar so, dass sie diese im Gedächtnis für das Verstehen mündlicher und schriftlicher Äußerungen/Texte, für das Schreiben und Vermitteln zwischen zwei Sprachen/Kulturen abrufbar halten und anwenden können (cf. Scherfer 2003: 280).

2. Das mentale Lexikon weist **vernetzte Strukturen** auf. Es ermöglicht dem Benutzer, von verschiedenen Stellen aus auf seine Informationen zurückzugreifen. Wenn ein Wort für die Sprachproduktion gebraucht wird, durchläuft ein Suchimpuls das Netzwerk bis hin zu dem gewünschten Konzept. Wortkonzepte sind mehrfach miteinander verknüpft, mehr oder weniger engmaschig und gleichen einem Netz aus vielen Knoten und Strängen. Ihre Verbindungen folgen bestimmten Ordnungsprinzipien:

- **Organisation in Wort- oder Begriffsfeldern**
  - Koordinationen *(pommes, poires, prunes ...)*
  - Subordinationen *(animal : chien, chat, vache ...)*
- **semantische Prinzipien**
  - Synonymie *(revue : magazine)*
  - Antonymie *(grand – petit)*
  - Komplementarität *(mâle – femelle)*
  - Konversion *(acheter – vendre)*
- **Organisation in Wortfamilien** *(frais – fraîcheur – rafraîchir)*
- **syntaktische Organisationsprinzipien**
  - Kollokationen *(dresser/établir un clou ; se souvenir de, se mêler de, la question de savoir si ...)*

(cf. Neveling 2005: 28–29; Scherfer 1999: 182–187).

3. Die **mentalen Lexika der Muttersprache** und **der Fremdsprache(n)** sind nach dem heutigen Forschungsstand nicht vollständig getrennt, aber auch nicht vollständig integriert. Zumindest gibt es zwischen den Wortspeichern Verbindungen über den gemeinsamen konzeptuellen Speicher. Die Beziehungen zwischen den Einzelwörtern von Herkunftssprache und Fremdsprachen sind je nach Individuum verschieden. Sie hängen aber von der Erwerbsgeschichte der einzelnen Wörter, von der Verarbeitungstiefe des fremdsprachlichen Wortes und von den formalen und semantischen Ähnlichkeiten ab, die die Lernenden zwischen den Wörtern erkannt haben (cf. Wolff 2002: 13, 14).

4. Das mentale Lexikon ist **offen, flexibel** und **dynamisch**, das heißt, es verändert seine Netzwerkstrukturen permanent, vor allem wenn ein neues Wort gelernt ist. Das mentale Lexikon von Fremdsprachenlernern ist je nach Sprachniveau mehr oder weniger lückenhaft und instabil, ferner schnell veränderbar, es können leicht Elemente hinzutreten oder andere auch verloren gehen, wenn sie nicht fest genug im Netz eingebunden sind. Wörter, die sowohl semantisch als auch formal dem gesuchten Wort nahe stehen, werden besonders stark aktiviert, der Aktivierungsgrad anderer Wörter schwächt sich nach gewisser Zeit ab (cf. Neveling 2005: 28–29; Wolff 2002: 14).

5. Es muss zwischen **aktivem und passivem Wortschatz** unterschieden werden: Die Auswahl des aktiven Wortschatzes richtet sich nach seiner Verwertbarkeit in kommunikativen Situationen. Passiver Wortschatz erleichtert das Erfassen mündlicher und schriftlicher Informationen in der Zielsprache. Das Inventar des passiven Wortschatzes der Lerner ist deutlich größer als das des aktiven Wortschatzes. Der Zuwachs erfolgt nicht synchron, denn aktives Vokabelwissen entwickelt sich langsamer als passives. Der Lerner verfügt zudem über einen **potenziellen Wortschatz**. Er umfasst diejenigen Wörter einer Sprache, die die Lernenden zwar nie gehört oder gelesen haben, aber dennoch bei einer eventuellen Begegnung verstehen würden: zum Beispiel Wörter der Mutter- und Fremdsprachen mit Ähnlichkeiten in der Wortbildung (cf. LEUPOLD 2002: 265–269; RAMPILLON 1989: 34; DE FLORIO-HANSEN 1996: 6, 7).

6. Vokabular, das Schüler **mit möglichst vielen Sinnen** erfassen, wird relativ einfach gelernt und in den aktiven Wortschatz überführt. Zudem werden Wörter, die eine Ähnlichkeit mit dem Deutschen haben oder der Erlebniswelt der Schüler entstammen, leichter gelernt und nicht so schnell wieder vergessen (*les maths, le prof, la fête, la boum*). Besondere Schwierigkeiten zeigen sich bei abstrakten Begriffen und kurzen Wendungen (cf. KIEWEG 2002a: 5, 8; FROESE 1996: 17).

7. Von der ersten Aufnahme bzw. Einführung der neuen Wörter bis hin zur ihrer Verankerung im Langzeitgedächtnis und der sicheren Anwendung neuer Wörter müssen die Lernenden **einen langen Prozess** durchlaufen, in dessen Verlauf verschiedene Verfahren und Techniken eingesetzt werden. Unerlässlich für das Einprägen der neuen Wörter ist, dass der Wortschatz aktiv und bewusst gespeichert wird und nicht mechanisch. Wichtig ist, wie man Vokabeln lernt. Nur der selbsttätige und eigenverantwortliche Umgang mit dem Wortschatz schöpft die Lernmöglichkeiten aus, und nur durch weitgehende Selbsttätigkeit wird der Fremdsprachenlerner zum lebenslangen Wortschatz- bzw. Fremdsprachenlernen befähigt (cf. DE FLORIO-HANSEN 1996: 6, 9).

8. Neben der Worthäufigkeit im **Input des Lerners** ist auch die **Worthäufigkeit im Output** für die Verankerung des Wortes im mentalen Lexikon verantwortlich. Je häufiger Fremdsprachenlerner ein Wort in ihrer Sprachproduktion verwenden, desto besser integrieren sie es in ihr mentales Lexikon. Insofern kommt der Schaffung von Situationen zur Anwendung des neuen Vokabulars innerhalb und außerhalb des Unterrichtes eine besondere Wichtigkeit zu (cf. WOLFF 2002: 13).

Methoden der Wortschatzarbeit

Wortschatzarbeit im Französischunterricht sollte so gestaltet sein, dass sie die Verankerung der neuen Wörter im mentalen Lexikon möglichst effektiv unterstützt, und die soeben formulierten Grundsätze zum Lernen, Speichern und Verarbeiten von neuem Vokabular berücksichtigt. Erfolgreiche Wortschatzarbeit erfordert ein hohes Maß an Engagement von Seiten der Lernenden und der Unterrichtenden. Oft werden Schüler aber mit dem Auftrag, die Wörter aus dem Buch abzuschreiben und zum nächsten Tag zu lernen, allein gelassen; ineffektives Abschreiben und Memorieren hat trotz des hohen Zeitaufwandes häufig dürftige Ergebnisse und Frustration bei den Lernenden und Lehrkräften zur Folge. Wenn Wortschatzarbeit erfolgreich sein soll, muss der Lernende mehrere Phasen durchlaufen: Nach einer effektiven Worterschließung bzw. Wortschatzeinführung sollte eine abwechslungsreiche Umwälzung im Unterricht und in der häuslichen Arbeit in verschiedenen Übungs- und Verwendungszusammenhängen erfolgen, bevor der Wortschatz aktiv gefestigt und frei verfügbar wird. Für jeden Lerner gestaltet sich dies je nach Lerntyp anders. Die folgenden Phasen und Arbeitsprozesse haben sich dabei in der Unterrichtspraxis bewährt.

1. Aufnahme des fremdsprachlichen Wortes

Die Wortschatzarbeit wird oft organisiert im Zusammenhang mit der Lektüre eines Textes oder zur Vorbereitung der Textarbeit. Dabei werden heute bei der Aufnahme neuer Wörter eine Reihe von Arbeitstechniken erfolgreich eingesetzt:

Worterschließungstechniken

Schüler können, wenn sie dies geübt haben, relativ viele unbekannte Wörter in einem Text mithilfe von **Inferierungstechniken** (Ableitungstechniken oder Dekodierungstechniken) selbstständig aus dem Potenziellen erschließen, und zwar:

- **mithilfe der Muttersprache** (Hochdeutsch oder auch mit dem Dialekt), auch wenn die Wörter nicht identisch, sondern akustisch oder graphisch ähnlich sind *(la pause = die Pause)*;
- **mithilfe weiterer Fremdsprachen** (meist Englisch oder Latein), indem sie die Bedeutungen unbekannter Wörter von ihnen bekannten Wörtern mit gleichem oder ähnlichem Wortstamm aus anderen Sprachen ableiten *(la surprise → surprise (E))*;

- **mithilfe der Zielsprache bei Wörtern der gleichen Wortfamilie**, indem sie Wörter segmentieren, ähnliche Wortstämme erkennen und die Bedeutungen von wichtigen Präfixen und Suffixen kennen (*le désordre* → *dés* (= „Gegenteil") + *ordre* (= „Ordnung") → („die Unordnung");
- **mithilfe internationaler Fremdwörter**, die in verschiedenen Sprachen in relativ hoher Zahl starke Ähnlichkeiten im phonologischen und morphologischen Bereich haben (information → Information);
- **mithilfe des Kontextes,**
  a. wenn sie **den Sinnzusammenhang des Textes**, in dem das Wort vorkommt, verstehen;
  b. wenn sie **ihr Weltwissen und themenbezogenes Wissen** abfragen und benutzen.

Die Unterrichtenden können Hilfen bereitstellen, die Schülern das Erschließen von Bedeutungen in einem Text erlauben, zum Beispiel durch beigefügte (visuelle) Materialien wie Fotos, Zeichnungen, Pläne oder auch akustische Hilfen. Es ist wichtig, dass die Inferierungstechniken gründlich eingeübt werden (vgl. S. 46).
Bei der Anwendung der Inferierungstechniken stellen sich jedoch einige nicht zu unterschätzende Probleme. Die Lernenden müssen Ähnlichkeiten zwischen bekannten und unbekannten Wörtern erkennen. Zudem sollten sie in der Lage sein, Wörter in ihre Bestandteile zu zerlegen, bekannte Wortteile zu nutzen, die Bedeutungen von Vor- und Nachsilben einzubeziehen, den Wortartenwechsel zu berücksichtigen, die Stellung im Satz zu überdenken und einen Bezug zu anderen Sprachen herzustellen. Bei den Internationalismen stellt sich häufig das Problem, dass Schüler die Bedeutung des Wortes auch in der Muttersprache nicht kennen oder falsche Konnotationen knüpfen und Unterrichtende ihre Schüler hierbei überschätzen. Es muss im jeweiligen Kontext auch überprüft werden, ob die gefundene Bedeutung oder welche der gefundenen Bedeutungen in dem jeweiligen Kontext passt.

Wörterbücher

Die Arbeit mit **zwei- oder einsprachigen Wörterbüchern** ist anspruchsvoll, erfordert sehr komplexe Arbeitsprozesse und muss häufig geübt werden: vor allem die Nutzungsmöglichkeiten, der Aufbau der Einträge und die Bedeutungen wichtiger Abkürzungen. Die Arbeit wird vorbereitet durch die Arbeit mit dem Vokabelverzeichnis und der Arbeit mit der alphabetischen Wortschatzliste am Ende des jeweiligen Lehrbuchbandes.

Im Sinne einer **angemessenen Progression** sollten die Schüler lernen,

- zunächst mit den Wortschatzlisten im Schulbuch umzugehen (nach Lektionen geordnet: Listen mit den Entsprechungen, eventuell Beispielsätzen und Lautschrift für die richtige Aussprache);
- Listen im Anhang eines Schulbuches in alphabetischer Reihenfolge als erste Schritte auf dem Weg zur Wörterbuchbenutzung zu nutzen;
- anschließend ein zweisprachiges Wörterbuch zu handhaben;
- ab Ende der Sek. I bzw. ab Anfang der gymnasialen Oberstufe auch das einsprachige Wörterbuch zu benutzen.

Die Arbeit mit dem Wörterbuch setzt voraus, dass die Schülerinnen und Schüler Teilfertigkeiten in verschiedenen Bereichen beherrschen, um mit dem Wörterbuch sinnvoll und richtig arbeiten zu können:

- Kennen der alphabetischen Reihenfolge und der Zeichenerklärung;
- Umgang mit der Lautschrift;
- Suche nach Wörtern bei mündlicher und schriftlicher Textproduktion;
- Umgang mit den in den Wörterbüchern vorkommenden Beispielsätzen, um die richtige Bedeutung oder Entsprechung in der jeweils anderen Sprache zu finden;
- Auffinden passender Wörter, Bedeutung polysemer Wörter;
- Nachschlagen anderer wichtiger Informationen

(cf. KIEWEG-KIEWEG 2002: 24).

Dabei muss berücksichtigt werden, dass zweisprachige und einsprachige Wörterbücher andere Funktionen erfüllen.

Die Arbeit mit dem zweisprachigen Wörterbuch

Zweisprachige Wörterbücher entsprechen den wortschatzmäßigen Voraussetzungen der Schüler der Sekundarstufe I und kommen deren privaten Bedürfnissen entgegen. Im Einzelnen sind sie besonders **in den früheren Spracherwerbsphasen** nützlich

- beim schnellen Verstehen und Erschließen von geschriebenen Texten, von gehörten Texten und Gesprächen;
- bei der Herstellung von Texten;
- zum Ermitteln von Entsprechungen in der Muttersprache (bei Texten in der Fremdsprache; bei der Übersetzung muttersprachlicher Einheiten in die Fremdsprache, bei Übersetzungs- und Sprachmittlungsübungen);
- zum Herausfinden der Aussprache;
- zum Auffinden grammatischer Hinweise (Wortart, grammatische Anschlüsse, Unregelmäßigkeiten);
- zur Überprüfung der Rechtschreibung;

- zum Herausfinden unvollständiger Wörter;
- zur Benutzung von Verzeichnissen (Namen; Maße ...)

(cf. RAMPILLON 1989: 41–45).

Die Arbeit mit dem einsprachigen Wörterbuch
Erst wenn ein relativ großer Wortschatz bei den Schülern vorhanden ist und die Voraussetzungen für das Verstehen der Erklärungen gegeben sind, ist die systematische Nutzung des einsprachigen Wörterbuches sinnvoll. Zusätzlich zu den in zweisprachigen Wörterbüchern gemachten **Angaben** finden Lernende **im einsprachigen Wörterbuch** unter anderem:

- Definitionen und Worterklärungen;
- Synonyme und Antonyme, um den Ausdruck zu variieren;
- Angaben zur Herkunft der Wörter;
- Wörter der gleichen Wortfamilie;
- Beispiele (Minikontexte) für den Gebrauch der Wörter;
- mehr Angaben zu den Kollokationen *(prendre des photos, se souvenir de ...)*, um einen sicheren Wortgebrauch zu ermöglichen.

Das einsprachige Wörterbuch bietet sich insbesondere an:

- beim Finden bzw. Überprüfen der Aussprache und der Rechtschreibung von Wörtern;
- beim Herausfinden von Bedeutungen schwierigerer, z.B. polysemer Wörter, wo ein genauer Kontextvergleich mit den Beispielen im Wörterbuch bedeutungserhellend ist;
- beim Verfassen bzw. Überarbeiten von anspruchsvolleren Texten in der Oberstufe, wobei die Schüler auch Wörter der gleichen Wortfamilie, Synonyme oder Antonyme bzw. angemessene Wortverbindungen finden müssen; hierbei empfiehlt sich auch der Einsatz von Kontextwörterbüchern und thematischen Vokabularien.

Folgende **Tipps zum Gebrauch von Wörterbüchern** haben sich in der Unterrichtspraxis besonders bewährt, um Fehler und Schwierigkeiten zu vermeiden:

- Sucht bei Wortverbindungen Verb + Substantiv den Ausdruck zuerst immer unter dem Substantiv.
- Schaut euch bei Wortverbindungen mit zwei Substantiven zunächst die Bedeutungen der jeweiligen Substantive an und sucht dann nach einer entsprechenden Wortverbindung im Deutschen.
- Achtet auf die Wortartbestimmung der jeweiligen Wörter.
- Wenn ihr ein Wort nicht sofort bei den alphabetischen Einträgen findet, sucht nach Wörtern der gleichen Wortfamilie: Eine Reihe von Wörtern sind unter einem anderen Wort derselben Wortfamilie eingetragen.
- Lest die Einträge in eurem Wörterbuch immer bis zum Ende.
- Vergleicht euren Satz mit den Beispielsätzen in den Wörterbüchern und sucht den richtigen Kontext, um die richtige Bedeutung zu finden.
- Sucht beim Schreiben von Texten nicht nur nach den Entsprechungen im Französischen. Auch hier müsst ihr nachschauen, ob der Kontext passt.
- Schaut euch genau den Gebrauch der Wörter an, um Fehler zu vermeiden. Schaut genau nach, welche Verben bei bestimmten Substantiven gebraucht werden, welche Präpositionen dahinter stehen.

Techniken zur Einführung neuer Wörter und Semantisierungstechniken

Bei der **lexikalischen Vorentlastung** eines Textes und bei der Beantwortung von Fragen der Schüler bei der Textarbeit müssen Unterrichtende über ein breites Methoden-Repertoire verfügen, um die Bedeutungen von Wörtern anschaulich und effektiv zu vermitteln oder den Verwendungsrahmen von Wortschatzeinheiten abzustecken.
Im Sinne einer funktionalen Mehrsprachigkeit sollten die neuen Wörter zwar nach Möglichkeit in der Zielsprache erläutert werden, allerdings sollten die Muttersprache/Herkunftssprache und auch bereits gelernte Fremdsprachen zu Hilfe gezogen werden, falls die Bedeutungserklärung in Französisch zu schwierig, zu wenig klar und zu umständlich ist.
Bewährt haben sich hier folgende Techniken:

Definitionen Umschreibungen	***Un acteur*** *est une personne qui joue sur scène.* ***Un cahier de textes :*** *c'est pour noter les devoirs.*
Beispielsatz	*Prends ton* ***imperméable****. Il pleut.*
Oberbegriff Unterbegriff	***Le métro*** *est un moyen de transport.* *Les bananes et les oranges sont* ***des fruits****.*

Synonym Antonym	***Un copain :*** *c'est un autre mot pour ami.* ***Froid*** *est le contraire de chaud.*
Wort der gleichen Wortfamilie	***Rafraîchir*** *est le verbe de fraîcheur.*
Muttersprachlich ähnliches Wort	***le commissaire :*** *der Kommissar*
Ähnliches Wort in einer anderen Fremdsprache	***un exemple :*** *en anglais, an example*
Übersetzung in die Muttersprache	***un embouteillage :*** *ein Verkehrsstau*
Verweis auf Dinge/Objekte, Realgegenstände, passend zum Wort	***Voilà*** *un livre, un cahier.*
Konkretes Vormachen	***signer une lettre***
Mimik, Gestik, Pantomine, Demonstration, in einer kleinen Szene spielen	***sourire, baisser la tête, faire la bise***
Zeichnungen, Illustrationen, Bilder	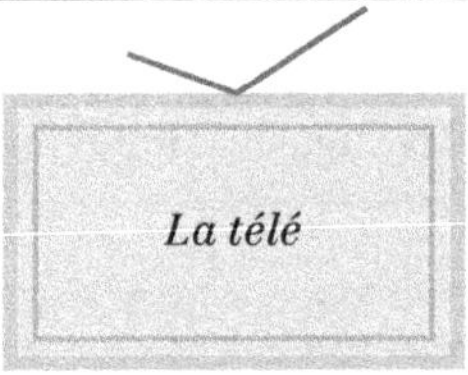

Es empfiehlt sich, möglichst früh in sinnvoller Progression den **Definitionswortschatz** zumindest in Teilen im 2./3. Lernjahr einzuführen, um die Semantisierung der Wörter und das Verstehen von Worterklärungen zu erleichtern:

C'est	un mot dérivé de …	C'est	un endroit où …	
	le substantif de …		un bâtiment qui/où …	
	le verbe de …		une personne qui …	
	l'adjectif de …		un animal qui …	
	l'adverbe de …		une organisation qui …	
	un synonyme de …		un appareil qui …	
	un autre mot pour …		un objet/une chose	qui sert à …
	un antonyme de …			qu'on utilise
		…	pour	
	… : un exemple : …		l'action de …	
… :	en allemand/en anglais …			
			(Oberbegriff)	qui/que/dont
			(Unterbegriff)	

Zu jedem Wort passt oft eine eigene Einführungstechnik. Aus Gründen der Effizienz sollte dies nicht zu vorbereitungs- und arbeitsintensiv sein.
Bei der Einführung neuer Wörter in den ersten Spracherwerbsphasen sollte nur eine sinnvoll reduzierte Zahl von Wortschatzeinheiten eingeführt werden und dies gründlich. Unterrichtende sollten besonders auf ein Nachsprechen der neuen Wörter, eine relativ genaue Aussprachekorrektur und auf eine erste Anwendung in kleinen Sätzen achten. Zudem sollten sie auf ein übersichtliches und effizientes Tafelbild Wert legen, das z. B. thematisch geordnet ist, um die Verankerung im Gedächtnis zusätzlich zu fördern. Einzelne Bereiche können auch in Satzbautafeln geordnet sein, um die rasche Bildung von Sätzen zu erleichtern. Wichtig ist auch das Markieren von Lernschwierigkeiten (z. B. die farbliche Markierung von orthographischen Schwierigkeiten (*un exercice, la mer*) oder schwierigen Wortverbindungen (*se souvenir de qc*, aber *se rappeler qc*) (cf. Leupold 2002: 264–265).

2. Verarbeitung neuer Vokabeln

Die Verarbeitung neuer Wörter beginnt bei der Wortschatzeinführung und setzt sich beim Notieren der Wörter fort (cf. Rampillon 1989: 45).

Vokabelnotierungen

Das Notieren neuer Wörter

Die Nutzung des **Vokabelheftes** wird in der fachdidaktischen Literatur fast immer sehr kritisch bewertet. Es wird vor allem angemerkt, dass das Lernen von Vokabelgleichungen im Vokabelheft mechanisch geschieht: Neue Wörter werden nicht kognitiv verarbeitet, Vokabeln nur im Kurzzeitgedächtnis gespeichert.
Es ist sinnvoller, die neuen Wörter mit flexibleren Ordnungsmöglichkeiten und weiteren Ergänzungsmöglichkeiten von der Tafel oder aus den Texten zu notieren. Nützlich ist, neue Wörter, wenn sie eingeführt sind, z. B. in Form eines **Vokabelprotokolls** auf DIN-A4-Blättern, zusätzlich mit kleinen Zeichnungen oder anderen Eintragungen wie Wort-, oder Sachfeldern, Assoziogrammen, Tabellen, Lerntipps, Eselsbrücken, Merksätzen, Lernstrategien, -techniken zu ergänzen. Diese können in den folgenden Stunden ständig erweitert werden. Die Vokabelprotokolle lassen sich in Loseblattsammlungen in offener Form einordnen.
Eine klare Struktur weist **der systematische Vokabelschnellhefter/das systematische Vokabelringbuch** auf, der/das in allen Lernstufen eingesetzt werden kann. Wichtig ist, dass die Schüler die Wörter eines Textes, wenn möglich, in semantisch zusammenhängenden Gruppen/Untergruppen ordnen. Die jeweiligen Seiten können z. B. in **3 Spalten** aufgeteilt werden:

- in die linke Spalte werden neu zu lernende Wörter und Wendungen eingetragen (mit Genusangaben bei Substantiven, mit Angaben der männlichen und weiblichen Formen bei Adjektiven, Angaben zu Wortverbindungen mit Substantiven und Präpositionen bei Verben);
- in der rechten Spalte stehen aus Gründen der Klarheit und Transparenz die deutschen Entsprechungen;
- in die mittlere Spalte tragen die Schüler alle Einheiten im Französischen, in der Muttersprache, in weiteren Fremdsprachen, einen Minikontext in Französisch, eine Eselsbrücke, einen Merksatz, eine kleine Zeichnung usw. ein, mit denen sie das Wort verbinden.

Besonders beim Ausfüllen der mittleren Spalte erfolgt eine Verknüpfung mit bereits vorhandenem Sprachwissen. Die Unterschiede zu ähnlichen Wörtern anderer Sprachen können farblich gekennzeichnet oder durch Unterstreichen markiert werden, um Lernschwierigkeiten deutlich zu machen.

Beispiel aus der Unterstufe

À plus 2, Unité 6, Approches		
mot nouveau	**mots associés**	**significa-tion**
la côte	– coast (E)	die Küste
le rocher	– rock (E)	der Felsen
la plage	Zeichnung: Strand mit Palme	der Strand
le sable	Ex.: une plage de sable blanc	der Sand
l'horizon (m)	– hori-zon (E)	der Hori-zont
le ciel, les cieux	– cae-lum (L)	der Himmel
…	…	…

Beispiel aus der Oberstufe

A. Robbe-Grillet: Le rendezvous, chapitre 1, p. 8–9		
mot nouveau	**mots associés**	**significa-tion**
l'atmosphère (f)	atmosphere (E)	die Atmo-sphäre
l'obscurité (f)	– obscur, obskur (D) # la clareté, # la lumière	die Dun-kelheit
la pénombre	– l'ombre (f)	Halb-schatten
éclairer	– clair, – la clareté	aufhellen, aufklären
distinguer	– to dis-tinguish (E)	unter-scheiden
enregistrer	– registrie-ren (D); = aperce-voir, = remar-quer	erkennen, wahrneh-men
…	…	…

In unteren Spracherwerbsphasen (Unter-, Mittelstufe) werden die Kategorien sinnvoll nach den Leitthemen, wie sie die Curricula bzw. die jeweiligen Lehrbücher vorgeben, ausgewählt. Vor allem in späteren Spracherwerbsphasen wird häufig der thematische Teil des Vokabelringbuches häufig nach Sachgebieten geordnet, in der Oberstufe nach Leitthemen unter Berücksichtigung curricularer Vorgaben. Hinzugefügt werden Kategorien, die sich besonders in der Unterrichtspraxis bewährt haben:

- *mots grammaticaux* : grammatische Wörter
- *discours en classe* bzw. *discussion en classe* : Wendungen zum Klassenzimmerdiskurs und zu Klassen- bzw. Gruppendiskussionen
- *parler sur des textes* : einfaches Textbesprechungsvokabular; *Explication de textes* : komplexes Textbesprechungsvokabular.

Beispiele

Vokabelschnellhefter (Grundstufe, Mittelstufe)	**Vokabelschnellhefter (Oberstufe)**
Vocabulaire général	Vocabulaire général
Vocabulaire thématique 1. maison 2. faire des achats 3. vêtements, mode 4. santé/hygiène 5. sports et loisirs 6. école et métiers 7. circulation 8. politique, histoire	Vocabulaire thématique 1. styles de vie 2. école et loisirs 3. monde du travail 4. vie en ville/en banlieue/ à la campagne 5. conflits sociaux/criminalité 6. l'homme et son existence 7. politique, histoire
Discours en classe Parler sur des textes Mots grammaticaux	Discussion en classe Explication de textes Mots grammaticaux/charnières

Webcode: FM163120-002

Die Wörter werden zunächst in die Rubrik *Vocabulaire général* eingetragen. Später, zum Beispiel am Ende einer Unterrichtssequenz oder -reihe, werden (wichtige) Wörter, die einem Themenfeld zugeordnet werden können, unter der jeweiligen Kategorie ein zweites Mal notiert. Grammatische Wörter, Wörter zum Klassengespräch oder zum Gebrauch in komplexeren Kommunikationssituationen bzw. Redemittel zur Textbesprechung und zur Textanalyse werden sofort unter der jeweiligen Kategorie eingetragen. In die jeweiligen Kategorien können auch Zusammenstellungen von Teilvokabularien, die von Lernenden beispielsweise in Gruppenarbeit oder von Unterrichtenden erstellt wurden, eingeheftet werden.

Die Arbeit mit dem Vokabelringbuch hat den Vorteil, dass jeder Schüler im Laufe des Lernens der Fremdsprache sein individuelles Lexikon, sein „vocabulaire individuel" aufbaut, dass sich nicht zuletzt auch in sprachheterogenen Klassen, wie zum Beispiel zu Beginn der Oberstufe besonders anbietet. Die Zuordnung der Wörter zu den Kategorien kann zum Teil Schwierigkeiten bereiten. Wichtig ist, dass der Lernende sein eigenes System der Zuordnung klar hat, damit er Wörter auch wiederfinden kann.

In der Fachliteratur wird auch oft die Arbeit mit der **Vokabelkartei**, eine Sammlung von Kärtchen, beschrieben, aber recht unterschiedlich bewertet. Mehrere Formen haben sich bewährt. Die einfachste Form ist die folgende: Auf der einen Seite stehen die französischen Wörter, Wortformen, eventuell Wortverbindungen, Synonyme, Antonyme, ein Beispielsatz; auf der Rückseite die deutschen Entsprechungen, Fremdwörter, Eselsbrücken, Merksatz oder Zeichnung. Dabei kann die Wortschatzkartei in die *zone bleue* (Aufbewahrungsbereich) und *zone rouge* (Arbeitsteil) untergliedert werden. In der *zone rouge* werden die Wörter eingeordnet, die nach eigener Auffassung der Lernenden noch nicht beherrscht werden, in der *zone bleue* sind die Wörter nach thematischen Kategorien und Sonderkategorien aufbewahrt (vgl. die Einteilung im Vokabelschnellhefter, S. 37). Beispiel:

Vorderseite	Rückseite
Lire	*Lesen*
je lis, nous lisons, ils lisent	
< la lecture, le livre	*Lektüre, Buch*
Je lis un livre.	

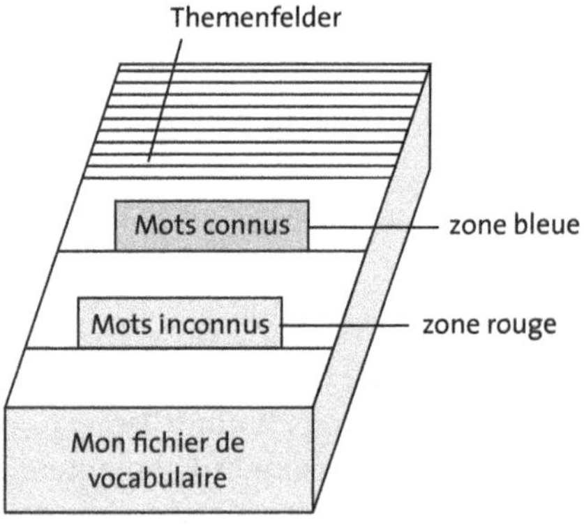

Die wesentlichen Vorteile der Vokabelkartei bestehen darin, dass Vokabeln in sinnvollen Päckchen zusammengestellt werden können, dass gelernte Vokabeln ausgesondert werden und dass die Konzentration auf die noch zu lernenden Wörter gelenkt werden kann. Besonders schwer zu lernende Vokabeln können zum Zweck häufiger Wiederholungen zusammengestellt werden. Insgesamt sind die Ordnungsmöglichkeiten noch flexibler als beim Vokabelringbuch. Zudem können die einzelnen Wörter in einem gewissen

Rahmen kontinuierlich ergänzt werden. Aber einige praktische Probleme sollten bei der Arbeit mit der Vokabelkartei nicht unterschätzt werden. Es stellt sich das Problem der Kontrolle, ob der Schüler die Karten angefertigt und auch eingeordnet hat, zum Beispiel wenn er die Kartei nur zu Hause benutzt: Es gibt Probleme, die Karten zu transportieren. Zudem ist die Arbeit mit der Vokabelkartei insgesamt sehr aufwändig und wird nicht selten nach einiger Zeit weniger sorgfältig durchgeführt und schließlich aufgegeben. Es hat sich auch die Arbeit mit einer **Klassenvokabelkartei** bewährt, in die Schlüsselwörter und wichtige Wörter übernommen werden. Sie wird geführt wie die Einzelkartei. Über die Aufnahme der Wörter entscheidet die Klasse. Jeweils zwei Schüler verwalten die Klassenvokabeldatei einige Wochen und übergeben sie dann an eine andere Partnergruppe, die sie weiterführt. Mitglieder der Lerngruppe können diese immer wieder zum Nachschlagen benutzen, z. B. in Erarbeitungsphasen bei Gruppen-, Partner- oder Einzelarbeiten; sie kann also erfolgreich in die Arbeit im Klassenzimmer integriert werden. Besonders in späteren Spracherwerbsphasen ist der Einsatz der Klassenvokabelkartei zu empfehlen.

Memorierungstechniken

Techniken zum Behalten neuer Wörter

Empfehlungen zum Vokabellernen

Konzentriere dich auf das Lernen der Vokabeln!

- Lerne deine Vokabeln regelmäßig. Nicht 30 Vokabeln auf einmal, sondern ca. 5–10.
- Lerne nicht eine halbe Stunde lang Vokabeln, sondern besser dreimal 5–10 Minuten.
- Mache zwischen dem Lernen Pausen.
- Leg dir einen Plan an, wann/welche Vokabeln du lernen möchtest.
- Finde heraus, welche Methode am besten für dich ist. Manche Schüler lernen leichter durch Lesen, Schreiben oder durch Hören, andere, indem sie dabei etwas tun, andere mithilfe eines Kassettenrekorders oder eines Computerprogramms.

Hier einige **Tipps:**

1. Sprich die Vokabeln in Silben und klopfe einen Rhythmus dazu.
2. Sing die Vokabeln nach einer dir bekannten oder einer von dir erfundenen Melodie.
3. Unterstütze das Sprechen der Vokabel durch rhythmische Bewegungen, z. B. mit dem Oberkörper oder Kopf, mit den Armen, oder durch Hin- und Hergehen.
4. Zeichne ein kleines Bild, das zur Bedeutung des Wortes passt.
5. Stelle dir selbst kleine Kombinationen, kurze Sätze und Eselsbrücken zusammen, die du dir gut merken kannst.

Webcode: FM163120-003

Das Eintragen der neuen Wörter, ein erstes *Travailler avec le vocabulaire*, vorzugsweise in Vokabelprotokoll, Vokabelschnellhefter und Vokabelkartei führt dazu, dass die neuen Wörter mit vorhandenen Wissensstrukturen verknüpft werden, sodass diese im Kurzzeitgedächtnis gespeichert sind. Es stellt sich aber die Frage, welche Methoden hilfreich sind, die neuen Wörter langfristiger im Gedächtnis bzw. im mentalen Lexikon zu verankern. Wichtig dabei ist, dass das Lernen als Prozess verstanden wird, der weitgehend von den Lernenden selbsttätig durchgeführt wird.
Den Schülerinnen und Schülern können folgende Empfehlungen zum Lernen neuer Wörter an die Hand gegeben werden:
Besonders bei Eselsbrücken ist viel Phantasie und Kreativität gefragt: Man spricht die fremdsprachige Vokabel einmal deutsch aus und stellt dazu eine Gedankenverbindung her. Zum Schluss verbindet man dieses Bild mit der Bedeutung der Vokabel (cf. www.eselsbruecke.ch/Sprachen-Daten.htm).

Arbeiten mit neuen Vokabeln und Einüben dieser Einheiten

Um die „gelernten" Wörter so im Gedächtnis zu speichern, dass sie zur freien Anwendung zur Verfügung stehen, müssen Schüler die Wörter in möglichst vielen Bezugssystemen abspeichern und individuell ordnen. Wichtig ist dabei auch die beständige Wiederholung bzw. Umwälzung des erworbenen Wortschatzes. Es ist sinnvoll, den neuen Wortschatz in immer größeren Zeitabständen zu wiederholen. Entscheidend ist zudem die Qualität der Übungs- und Umwälzkorpora.

Die Übungen sollten ...

- einen klaren Übungsanlass aufweisen (fehlerprophylaktisch oder -therapeutisch);
- ein realistisches Übungsziel anstreben;
- sinnvolle Übungssignale anbieten;
- eine Progression in den Schwierigkeitsgraden aufweisen;
- ein bestimmtes Medium ansprechen (mündlich, schriftlich, medienspezifisch);
- vertraute, aber auch moderne Übungsformen enthalten;
- in den möglichen Übungszeiträumen zu schaffen sein;
- Phasen verschoben wiederholt werden können;
- in unterschiedlichen Sozialformen zu erledigen sein;
- sie sollten eine kontrollierbare Effektivität suchen.

(Cf. KIEWEG 2002b: 33 ff.)

Lehrkräfte brauchen, so KIEWEG, eine umfangreiche Übungstypologie mit motivierenden Übungsaufgaben:

Trotz Lernens bedarf es zahlreicher Wiederholungen. Dabei geht es nicht um das Wiederholen der Lernschritte, nicht um das mechanische Abfragen von Vokabelgleichungen, sondern es kommt darauf an, mit diesen Vokabeln zu arbeiten, mit ihnen umzugehen.
Verschiedene Formen des Arbeitens mit neuen Wörtern und deren Einübung und Anwendung werden in der Fachliteratur beschrieben (cf. RAMPILLON 1989: 50–52; SCHERFER 1999: 182ff.; SCHERFER 2003: 280ff.).

1. Wörter ordnen

Es lassen sich eine Reihe von Übungen ausweisen, in denen es um die Integration der neuen Wörter in bestimmte Ordnungssysteme geht:

Die Reihengliederung, z. B. Elemente eines Wortfeldes.

Ex.: *Le champ sémantique ‹ dire ›*

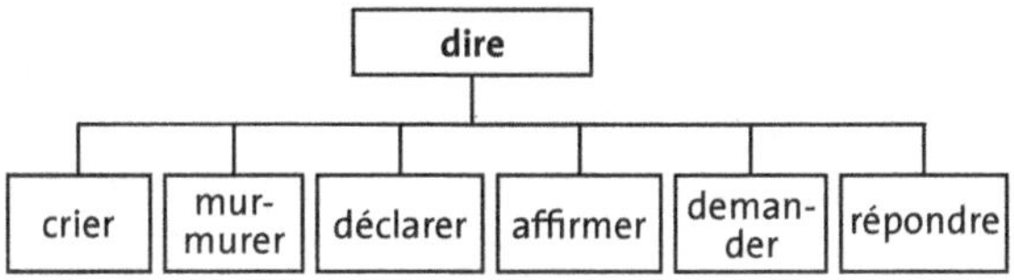

Die Klassifizierung, z. B. Überordnung/Unterordnung.

Ex.: *Les moyens de transport*

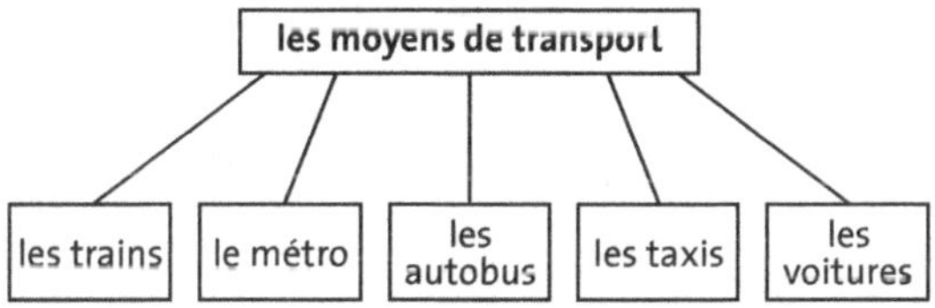

Die Treppengliederung, besonders bei unterschiedlichen Intensitätsgraden.

Ex.: *Les températures*

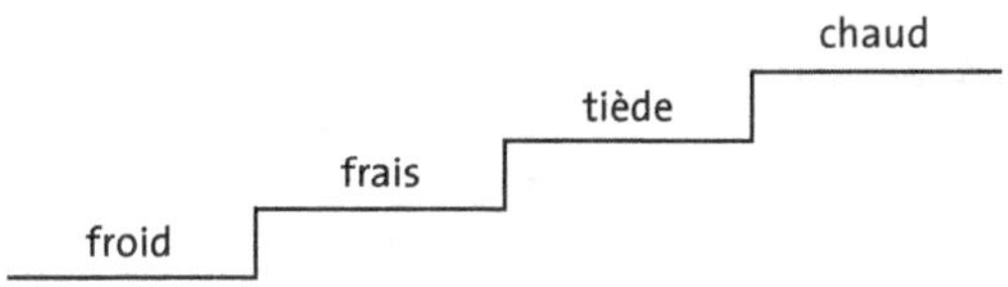

Die Assoziationen – das Ordnen in Assoziogrammen:

a. Der Wortigel:
Hier gruppieren sich die Wörter eng um ein Schlüsselwort.

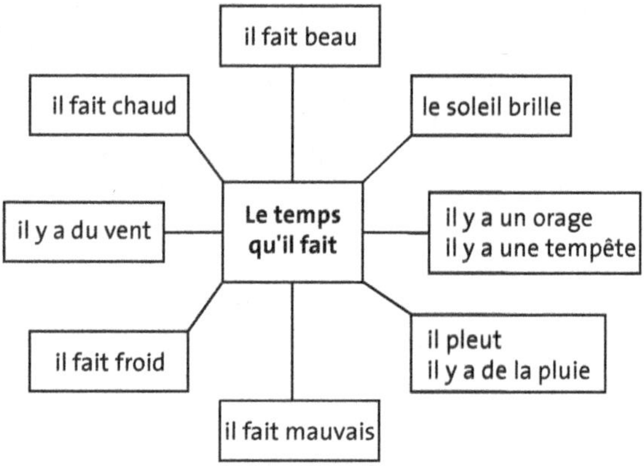

b. Das Vokabelnetz:
Hier gruppieren sich die Wörter um mehrere Schlüsselwörter.

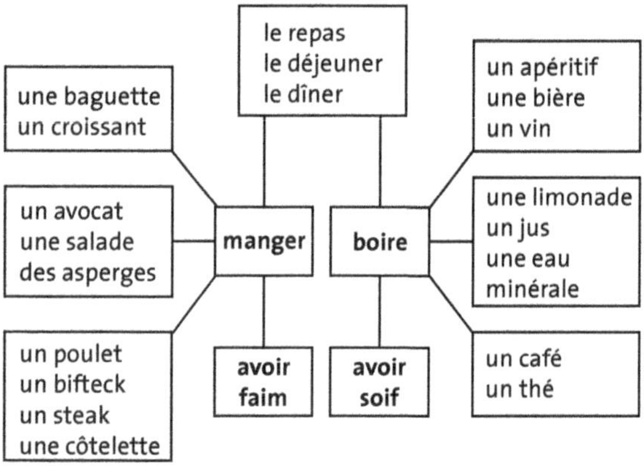

Die Ablaufgliederung beschreibt die Schritte einer Handlungskette.

Ex.: *Comment préparer des truffes au chocolat*

Porter – crème fraîche – ébullition
→ faire fondre – chocolat –
→ mélanger – chocolat crème –
→ ajouter – beurre –
→ mettre – froid
→ faire – petites boules –
→ rouler – boules – cacao.

2. Übungen zum Erkennen und Verstehen

- Übungen, die die Schüler dahin führen, auf der Basis ihrer Sprachkenntnisse und mithilfe des Weltwissens und des Kontextes die Vokabeln selbstständig zu erschließen (s. Worterschließungsblatt, S. 47);
- *Cherchez l'intrus;*
- Ergänzungsaufgaben: Cloze-Test/Übungen (jedes n-te Wort fehlt); C-Test-Übungen: jedes 2. Wort ist nur zur Hälfte vorgegeben; Einsetzen von Wörtern in Lückentexten, in Organigrammen;
- Übungen zum Erkennen und Verstehen lexikalischer Kontraste;
- Ersatzübungen: Synonyme finden, Wörter erklären, Wörter umschreiben.

3. Übungen zum Bewusstmachen bestimmter lexikalischer Eigenschaften

- Erklären von Vokabeln;
- Wortbildungsübungen;
- Übungen zur Bildung von Kollokationen:
  classer une affaire, faire des yeux ronds.

4. Übungen zum Gebrauch von Vokabeln

- Dolmetschübungen, Erklärungen in der Zielsprache (Spielanleitungen, Badeordnungen);
- kommunikatives Hin- und Herübersetzen, mehr oder weniger gelenkte Rollenspiele, Dialogübungen;
- nach Fehlern und ausgelassenen Wörtern suchen;
- Verfahren der gebundenen und freien Textproduktion:
  - Lückentexte ausfüllen
  - Textproduktionen mithilfe von Schlüsselwörtern
  - Resümees anhand einer Stichwortliste oder ohne lexikalische Vorgaben
  - Reconstituez-le-texte-Aufgaben
  - Ausfüllen von Sprechblasen in Comics
  - Bildbeschreibungen
  - Briefe, eigene Geschichten verfassen

Wortschatzerwerb in der Sprachanwendung/in der Interaktion

Spracherwerb findet im Kopf, Sprachgebrauch aber im sozialen Kontext statt. Lernprozesse bei der Wortschatzarbeit entstehen zwischen den am Unterricht Beteiligten. Bedeutungen werden im Gedankenaustausch mit anderen ausgehandelt. So stellen sich bei der Bedeutungserschließung eines Textes beim Verfassen eines Briefes, beim Füllen von Leerstellen und Fortführen der Geschichte, beim Schreiben einer Geschichte, bei der Durchführung einer E-Mail-Korrespondenz, bei der Bearbeitung eines fiktionalen Textes eine Reihe von Fragen, die den Wortschatz betreffen:

- unbekannte Vokabeln in Texten, deren Bedeutung Schüler sich nicht selbst erläutern können;
- fehlende zielsprachliche Wortformen beim Verfassen der Texte;
- fehlende Synonyme und Kollokationen;
- Fragen zur stilistischen Einbettung der Wörter in den Kontext;
- Verbindungs- und Gliederungspartikel (*charnières/articulateurs*).

Hier sind es die Lernenden, die die Lehrkraft um Erklärung bitten. Wichtig in diesem Zusammenhang sind die Schüler-Schüler-Interaktionen bei der Aushandlung von Bedeutungen und Formen (cf. De Florio-Hansen 2004: 2244 ff.).

Wortschatzarbeit und interkulturelles Lernen

Wortschatzarbeit kann zu einem zentralen Anliegen eines interkulturell geprägten Französischunterrichtes werden. Den Schülern sollte von Anfang an Gelegenheit gegeben werden, fremde Wörter als Ausdruck der anderen Kultur zu begreifen und zu hinterfragen. Unterrichtende dürfen es nicht versäumen, in geeigneter Form auf *Faux amis* eingehen, um semantischen Irrtümern als auch formalen Fehlern vorzubeugen. Wörter, wie *M.J.C. (Maison des jeunes et de la culture), départements, faire la bise, manger/repas, école, la météo* etc., können Ausgangspunkt zur thematischen Erschließung und eigenen Produktion fremdsprachlicher Texte sein, z. B. bei E-Mail-Kontakten oder im Rahmen von Austauschbegegnungen, bei denen bestimmte Begriffe in Gesprächen zwischen deutschen und französischen Schülern miteinander verglichen werden (cf. Rampillon 1996: 35–37; Brunzel 2004: 17 ff.).

Beispiele für intensive Wortschatzarbeit

Beispiel 1: Wortschatzarbeit im 1. Lernjahr

Die Wortschatzarbeit setzt sich hier vor allem zwei Ziele:

1. das Vokabular zum Schulleben und Schuljahr zu erweitern bzw. auszubauen und Lernschwierigkeiten zu beheben;
2. systematisch in die Arbeitstechnik „Inferieren von Wortbedeutungen" einzuführen.

Phase 1: Brainstorming zum Thema. Die Schülerinnen und Schüler zeichnen ein Assoziogramm zum Thema *Notre année scolaire*. Damit wird sprachliches Wissen und Weltwissen der Schüler aktiviert (siehe Abb.).

Dessinez un associogramme au sujet de votre année scolaire.

Beispiel 1: Wortschatzarbeit im 1. Lernjahr

SÉQUENCE SUPPLÉMENTAIRE 4 facultatif

C'est la vie: nous parlons de nous

Un évènement a marqué votre année scolaire? Des jeunes ont répondu. ...

❶ Beaucoup de choses ont marqué mon année scolaire, mais surtout les spectacles de notre chorale. Ça a très bien marché parce que nous avons beaucoup travaillé: On va faire un CD avec notre prof et une tournée dans le Beaujolais avec une chorale de Dijon! *Pauline, 6e D*

Mon correspondant, mon frère et moi

❷ La fête d'anniversaire de mon copain Nasser. Je suis nouveau au collège et dans la ville. Quand on arrive dans une ville, trouver des copains, c'est très important. La fête a été géniale, on a mangé des gâteaux, on a écouté des CD ... et surtout, on a fait une LAN partie. Comme ça, j'ai vite trouvé des copains. *Nicolas, 3e B*

❸ Ma mère a été malade. Mon père rentre tard. Alors, j'ai fait la cuisine pour mes frères et sœurs pendant quinze jours. D'abord, j'ai préparé des œufs au plat ou des frites. Ensuite, j'ai regardé dans le livre de cuisine de ma mère et j'ai appris des tas de trucs. Quand ma mère est rentrée de l'hôpital, j'ai préparé un dîner de fête. Ma mère a été très contente. *Tarik, 5e C*

❹ J'ai invité mon correspondant allemand. Il est venu. Maintenant, nous sommes super copains. J'apprends l'allemand depuis deux ans et maintenant je sais pourquoi. *Nathan, 5e A*

❺ Je suis partie chez mon oncle en Normandie. Mes parents ne sont pas venus. Quand je suis arrivée, mon oncle a dit: «Lucie, j'ai un cadeau pour toi. C'est une surprise.» Alors, nous sommes allés jusqu'à l'aérodrome de Deauville, et là, j'ai eu mon cadeau: le baptême de l'air. Fantastique! *Lucie 6e D*

C'est la vie : nous parlons de nous; entnommen aus: À Plus 1, Séquence supplémentaire 4: 122; © Cornelsen Verlag, Berlin

Phase 2: Die Lehrkraft spielt den Text ein- oder zweimal auf einem Tonträger vor. Die Schülerinnen und Schüler äußern, was sie bereits verstanden haben. Anschließend ordnen sie die Untertitel den Textteilen zu. Hier geht es um das Globalverständnis des Textes.

Ableitungen von Wortbedeutungen

Verstehensinseln

Satz:	***Beaucoup de choses***	***ont marqué***	***mon année scolaire,***	***mais surtout***	***les spectacles***	***avec notre chorale.***
Vorwissen:		markieren	l'an + école/ school		Spektakel/ spectacle	Choral
Kontext:					(„Schulprogramm“)	(„Gruppe“)
Bedeutungen:	*Viele Dinge*	*haben gekennzeichnet*	*mein Schuljahr*	*aber besonders*	*die Aufführungen*	*mit unserem Chor*

Webcode: FM163120-004

Quel titre va avec quel texte ? Trouvez l'intrus.

Phase 3: Das Buch wird aufgeschlagen. Der Unterrichtende erarbeitet an der Tafel oder auf einer Folie gemeinsam mit den Schülern an einem Beispielsatz das Ableiten von Wortdeutungen mithilfe des sprachlichen Vorwissens, des Weltwissens und des Kontextes.

Phase 4: Die Lehrkraft bittet die Schülerinnen und Schüler, den Text zu lesen und die Bedeutungen der unbekannten Wörter in Partnerarbeit herauszufinden und in die Worterschließungsblätter einzutragen. Die Einträge werden anschließend der Klasse vorgestellt und diskutiert. Dabei kann es in der Mittelspalte zu unterschiedlichen Einträgen kommen. Die Unterschiede zu Wörtern anderer Sprachen sollen die Schüler farblich markieren.

Worterschließungsblatt

Unbekanntes Wort		Bekannte Wörter	Kontext		Bedeutung
une tournée	→	le tour, die Tournee		→	die Gastspielreise
l'hôpital	→	hospital (E)		→	das Krankenhaus
un dîner de fête	→				
la surprise	→				
la Lan-partie	→				
un œuf au plat	→				
préparer	→				
inviter	→				
génial,e	→				
fantastique	→				
important,e	→				

Webcode: FM163120-005

Phase 5: Die Schülerinnen und Schüler lesen den Text ein zweites Mal und versuchen die wesentlichen Informationen der Textstelle zu verstehen. Bei noch unbekannten Wörtern benutzen sie das Vokabelverzeichnis des Lehrbuches, das zweisprachige Wörterbuch oder befragen ihren Lehrer. Anschließend notieren sie die neuen Wörter mit entsprechenden Ergänzungen in ihrem Vokabelschnellhefter oder in ihrer Vokabelkartei (siehe S. 35).

Phase 6: Die Schüler erstellen in Partnerarbeit selbstständig *Maximots*, Buchstabenrätsel oder Kreuzworträtsel zum neuen Vokabular. Die Übungen werden ausgetauscht, verglichen, korrigiert und anschließend zwischen den Partnergruppen besprochen (siehe S. 44).

Phase 7: Die Schülerinnen und Schüler lesen den Text in Einzelarbeit ein drittes und eventuell ein viertes Mal, suchen sich eine Figur im Text aus (Pauline, Nicolas, Tarik, Nathan, Lucie) und notieren sich stichwortartig wichtige Wörter zu deren Schuljahr auf einer Karteikarte oder auf einem Stichwortzettel. Anschließend berichten sie ihrem Nachbarn/ihrer Nachbarin über Ereignisse des Schuljahres aus der Sicht der jeweiligen Lehrbuchfigur.

Phase 8: Die Lernenden bereiten ein Simulationsgespräch zwischen den Protagonisten im Lehrbuchtext und 2–3 Schülern aus der Klasse vor über das Schuljahr an der französischen und an ihrer deutschen Schule und präsentieren dieses vor der Lerngruppe.
Alternative: Die Schüler formulieren weitere Fragen zum Schuljahr in Frankreich, die sie ihren französischen Partnern per E-Mail stellen können.

Beispiel 2: Wortschatzarbeit in der Oberstufe

Die Wortschatzarbeit anhand einer Textstelle erfolgt im Rahmen der Behandlung von *La pipe de Maigret* von G. Simenon (Presses de la Cité. Paris 1949; für das nachfolgende Beispiel cf. 236–238). Das Grundprinzip in der Progression ist: vom Ordnen, Wiedererkennen und Erschließen der Wörter zur gesteuerten Anwendung.

Die Wortschatzarbeit setzt sich hier zwei Ziele:

1. Wiederholung, Vertiefung und Ausweitung des Vokabulars zu den Themenfeldern *atmosphère, aspect extérieur* bzw. *gestes et mouvements des personnages*;
2. innerhalb der Behandlung der Lektüre eine wichtige Szene zu verstehen und die wesentlichen neuen Informationen zur Romanhandlung mündlich und/oder schriftlich zusammenzufassen. Hierbei werden Wortschatzarbeit und Textarbeit miteinander verzahnt.

Phase 1: Die Schülerinnen und Schüler formulieren in Partnerarbeit Hypothesen, was sie sich unter *un endroit inquiétant* vorstellen und halten ihre Hypothesen in Form eines Assoziogramms fest.

> Formulez des hypothèses concernant cet endroit inquiétant.
> Formulez aussi ce qui va se passer.

Phase 2: Die Lernenden überprüfen ihre Hypothesen, lesen den Text ein erstes und zweites Mal und vergleichen ihn in seinen Grundaussagen mit ihren Hypothesen. Dabei versuchen sie, neue Wörter, wenn möglich mithilfe ihres sprachlichen Vorwissens und Weltwissens bzw. mithilfe des Kontextes zu erschließen.

> Lisez le texte pour le comprendre. Essayez de trouver le sens des mots nouveaux à l'aide d'autres mots français, de mots allemands, anglais, latins ou d'autres langues. Le contexte vous aidera aussi.

Phase 3: Die Schüler suchen in der Textstelle nach ihnen bekannten Wörtern und ordnen diese den Kategorien *atmosphère des lieux, aspect extérieur des personnages* bzw. *mouvements et gestes des personnages* zu. Dabei reaktivieren sie bereits bekanntes Vokabular. Damit werden sie auf die Lektüre der Textstelle sprachlich und inhaltlich vorbereitet.

Relevez des mots dans le texte d'après le schéma suivant:

un endroit inquiétant

l'atmosphère des lieux	aspect extérieur des personnages	mouvements et gestes des personnages
sinistre	mystérieux	jaillir

Webcode: FM163120-006

Phase 4: Die Lernenden versuchen, wichtige Wörter für das Textverständnis und für die Versprachlichung der Inhalte mit bereits bekannten lexikalischen Einheiten zu verbinden (Wiedererkennen und Finden von Synonymen, Antonymen, Wörtern der gleichen Wortfamilie).

Mots à étudier	Mots dérivés			Synonymes	Antonymes
	substantifs	adjectifs	verbes		
le désordre					
l'abandon					
l'obscurité					
inquiétant					
immobile					
éclairé					
machinalement					
rafraîchir					
murmurer					

Phase 5: Die Bedeutungen einiger Wörter im Text sind schwieriger herauszubekommen. Es handelt sich um polyseme Wörter, deren Kontextbedeutungen die Schüler jetzt herausfinden sollen. Hierbei sollte das einsprachige Wörterbuch eingesetzt werden. Die Phase dient zur Sicherung des Textverständnisses.

> Utilisez votre dictionnaire unilingue et essayez de trouver le sens des expressions suivantes dans ce contexte : *le rendez-vous des pêcheurs, le café, chose curieuse, une méchante lampe à pétrole, une bouteille douteuse.*

Phase 6: Ein Begriffsfeld wird spezieller aufgegriffen: die Lichtausdrücke. Die Schülerinnen und Schüler sollen in der obigen Liste die Wörter herausschreiben und ordnen, die den Helligkeitsgrad des Lichtes kennzeichnen. Es bietet sich hierfür eine Treppengliederung an.

Cherchez dans la liste des mots qui expriment un degré de lumière et essayez de les classer dans un schéma qui a la forme d'un escalier.

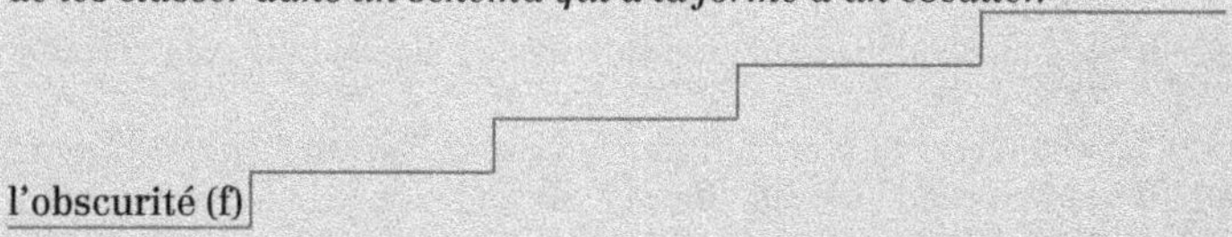

Phase 7: Anschließend vervollständigen die Lernenden die Tabelle (Phase 3), unterstreichen oder markieren farblich besonders wichtige Wörter und beschreiben kurz schriftlich oder mündlich die Atmosphäre des Ortes, das Äußere der Personen und deren Gestik und Bewegungen im Raum.

Complétez le tableau avec des mots que vous trouvez dans le texte. Soulignez les mots importants et décrivez l'atmosphère du lieu ainsi que l'aspect extérieur, les gestes et la mimique des personnages.

Phase 8: Im Sinne einer gesteuerten Anwendung komplettieren die Schülerinnen und Schüler das Organigramm mit Schlüsselwörtern aus ihrer Liste bzw. aus dem Text und resümieren anschließend mündlich oder schriftlich die wesentlichen Inhalte der Textstelle.

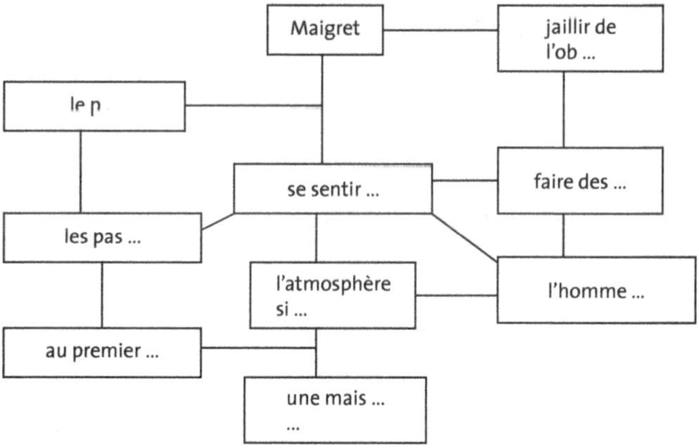

Etudiez le texte, relevez les mots-clés et complétez l'organigramme. Puis résumez les informations essentielles de cet extrait à partir de l'organigramme.

Tipps und Literatur

Internetadressen zur Wortschatzarbeit, siehe S. 199–200.

À plus ! 1./2. Lehrwerk für den Französischunterricht an Gymnasien. Cornelsen Verlag. Berlin 2004/2005.

Brunzel, Peggy: « Vacances – ça vous fait penser à quoi ? », in: *Der Fremdsprachliche Unterricht Französisch,* Heft-Nr. 68, S. 17–21.

De Florio-Hansen, Inez (1996): „Lernen, wie man Wortschatz lernt: von der Instruktion zur Lernerautonomie", in: *Der Fremdsprachliche Unterricht Französisch,* Heft-Nr. 23, S. 4–11.

Froese, Wolfgang (1996): « À la recherche des mots perdus », in: *Der Fremdsprachliche Unterricht Französisch,* Heft-Nr. 23, S. 16–20.

Kieweg, Werner (2002a): „Die lexikalische Kompetenz zwischen Wunschdenken und Realität", in: *Der Fremdsprachliche Unterricht Englisch,* Heft-Nr. 55, S. 4–10.

Kieweg, Werner (2002b): „Üben, üben, üben", in: *Der Fremdsprachliche Unterricht Englisch,* Heft-Nr. 55, S. 33–38.

Kieweg, Maria/Kieweg, Werner (2002): „Systematische Wortschatzarbeit im Schulalltag", in: *Der Fremdsprachliche Unterricht Englisch,* Heft-Nr. 55, S. 20–27.

Kolacki, Heike: „Wortschatzarbeit individuell", in: *Der Fremdsprachliche Unterricht Französisch.* Heft-Nr.83, S. 2–6.

Krechel, Hans-Ludwig (1987): « Sémantique des champs et apprentissage systématique du français », in: Tamba, Irène (Hrsg.): Études de lexicologie, lexicographie et stylistique offertes en hommage à Georges Matoré. L'Information grammaticale. Paris, S. 251–262.

Krechel, Hans-Ludwig (1998): „Sprachliches Lernen im bilingualen Unterricht: ein Vehikel zur Mehrsprachigkeit", in: Meißner, Franz-Joseph/Reinfried, Marcus (Hrsg.): Mehrsprachigkeitsdidaktik. Gunther Narr Verlag. Tübingen, S. 121–130.

Leupold, Eynar (2002): Französisch unterrichten: Grundlagen, Methoden, Anregungen. Kallmeyer. Seelze-Velber.

Neveling, Christiane (2005): „Die Konstruktion von Wörternetzen", in: *Praxis Fremdsprachenunterricht,* Heft-Nr. 1/2005, S. 28–32.

Rampillon, Ute (1989): Lerntechniken im Fremdsprachenunterricht. Hueber Verlag. München.

Rampillon, Ute (1996): « Bien faire la conversation », in: *Der fremdsprachliche Unterricht Französisch,* Heft-Nr. 23, S. 34–37.

Scherfer, Peter (1999): « Est-ce que l'apprentissage du vocabulaire se fait grâce aux exercices ou malgré eux ? », in: Krechel, H.-L. et al. (Hrsg.): Kognition und neue Praxis im Französischunterricht. Gunther Narr Verlag. Tübingen, S. 177–201.

Scherfer, Peter (2003): „Wortschatzübungen", in: Bausch, K.R. et al. (Hrsg.): Handbuch Fremdsprachenunterricht. A. Francke Verlag. Tübingen, S. 280–283.

Wolff, Dieter (2002): „Das mentale Lexikon", in: *Der Fremdsprachliche Unterricht Englisch,* Heft-Nr. 55, S. 11–14.

3 Grammatikarbeit

von Dorotea Höner

Methodik der Grammatikarbeit

Die zahlreichen Veröffentlichungen zu dem Thema „Grammatik im Fremdsprachenunterricht“ verdeutlichen, dass dieser Unterrichtsgegenstand nach wie vor viele Fragen aufwirft. Die Überlegungen sind oftmals grundsätzlicher Art und hinterfragen alle Bereiche des Unterrichts: das methodische Vorgehen, die Rolle der Unterrichtenden und der Lernenden, die Stoffauswahl und seine Anordnung, die Lernschritte innerhalb einer Stunde bzw. einer Unterrichtseinheit.
Zur grammatischen Kompetenz ist im *Gemeinsamen europäischen Referenzrahmen* zu lesen: „Grammatische Kompetenz kann man definieren als Kenntnis der grammatischen Mittel einer Sprache und die Fähigkeit, diese zu verwenden“ (EUROPARAT 2001: 113). Der Grammatikunterricht hat demnach die Aufgabe, zum einen deklaratives Wissen ***(savoir)*** zu vermitteln, zum anderen Fertigkeiten und prozedurales Wissen im Sinne des ***savoir-faire***. Die Schülerinnen und Schüler werden somit befähigt, ihre grammatischen Kenntnisse in komplexen Zusammenhängen zu gebrauchen und sie in den Dienst der Kommunikation zu stellen. Der Erfolg des Französischunterrichts ließe sich jedoch steigern, wenn das **episodische Gedächtnis** stärker gefördert würde. Dieses leistet die Speicherung von Bildern und Erlebnissen, vor allem auch einmaliger Ereignisse. Der Empfehlung des *Gemeinsamen europäischen Referenzrahmens* kann der Französischunterricht zudem nur dann gerecht werden, wenn er **Transfer- und Anwendungsphasen** mehr Zeit einräumt.
Das Ziel, grammatisches Wissen für die Kommunikation verfügbar zu machen, ist darüber hinaus mit einer weiteren Absicht verbunden:

■ „Die Fähigkeit, Sätze zu bilden, um einen Sinn zu vermitteln, stellt einen zentralen Aspekt der kommunikativen Kompetenz dar.“ (EUROPARAT 2001: 114) ■

Kommunikation ist dialogisch und an Partner gebunden. Im Zentrum steht der Wunsch, sich jemandem mitzuteilen und sich dabei verständlich auszudrücken. Moderner Grammatikunterricht sollte deshalb zum einen die kommunikative Relevanz der sprachlichen Mittel verdeutlichen und zum anderen mit gehaltvollem, authentischem Sprachmaterial arbeiten.

Diese Vorgaben des Europarats fordern Unterrichtende auf, vertraute Begriffe des Grammatikunterrichts wie beispielsweise Bewusstmachung, grammatische Progression, Regelbildung neu zu überdenken und deren Funktionalität hinsichtlich der genannten Anforderungen zu prüfen. Auch die Rolle der Hauptakteure des Unterrichts hat sich gewandelt. Traditionell war der Grammatikunterricht eine von der Lehrkraft dominierte Aktivität, in der die Schüler die Überlegenheit der Lehrkraft besonders spürten. Im Hinblick auf die Grammatikarbeit verändert sich die Rolle der Unterrichtenden dahingehend, dass sie motivierendes und authentisches Material bereitstellen und den Lernenden zu eigener Aktivität auffordern, wie beim *Entdeckenden Lernen*. Sie schaffen also die Voraussetzungen. Die Lernenden wiederum werden stärker zur Selbstständigkeit erzogen. Dies bedeutet, dass sie selbst ihren Lernprozess organisieren und über das Anknüpfen an vorhandenes Wissen und Hypothesenbildung neue Kenntnisse ausbilden.
Im Folgenden sollen in Anlehnung an die festgelegten Prinzipien **Grundmodelle für die heutige Grammatikarbeit** dargestellt, miteinander verglichen und auf die Breite ihrer Anwendbarkeit hin überprüft werden. Die Mehrzahl der Methoden wurde abgeleitet aus den besonderen Bedingungen des Spracherwerbsprozesses im Hinblick auf grammatische Strukturen des Französischen.

1. Das Lehrphasenmodell

Das Lehrphasenmodell (Zimmermann 1988) ist ein Angebot an die Unterrichtenden, das von zu erwartenden Problemen ausgeht. Hier liegt die Fragestellung zugrunde, auf welche Schwierigkeiten die Schüler stoßen werden und wie sich Schwierigkeiten reduzieren und isolieren lassen. Das Modell dient der Ausbildung produktiver Fähigkeiten, also denen des Sprechens und des Schreibens. Es umfasst fünf Phasen: **Präsentation, Einübung, Kognitivierung, Transfer, Anwendung.** Um Missverständnisse zu vermeiden, soll vorab erläutert werden, wie das Modell angewandt werden kann: Die fünf Phasen sind nicht gleichzusetzen mit Unterrichtsphasen, sondern sie können flexibel innerhalb einer Unterrichtseinheit eingebaut werden.

Präsentation

Die Präsentation dient dazu, die Schüler mit dem neuen Gegenstand so zu konfrontieren, dass sie ein Vorverständnis entwickeln und die neue Form nachsprechen. Damit das Imitieren möglichst fehlerfrei verläuft, muss der neue Gegenstand auf kleinere Einheiten reduziert und wiederholt werden.

Die Präsentation ist nicht zu verwechseln mit dem Einstieg in eine Stunde. Der Stundeneinsteig erfüllt in erster Linie den Zweck, die Aufmerksamkeit der Schüler zu wecken, einen thematischen Rahmen herzustellen oder ihr Vorwissen zu reaktivieren.

Einüben

Es liegt auf der Hand, dass im Unterricht geübt werden muss: Das Einüben erfolgt in mehreren Stufen, die in einer festen Reihenfolge verlaufen. Dabei geht es zunächst darum, die Verfügbarkeit der grammatischen Formen zu gewährleisten und zwar in lautlich-intonatorischer und artikulatorischer Hinsicht.

Kognitivierung

Bislang wurde ein wichtiger Schritt noch ausgelassen. Je nach Komplexität des Gegenstandes ist eine Bewusstmachung notwendig. Der Zeitpunkt dieser Kognitivierung steht jedoch nicht fest. Sie kann schon während der Einführung oder nach dieser, am Anfang oder am Ende der Einübungsphase erfolgen. Einsicht in grammatische Strukturen ist vor allem da notwendig, wo starke Abweichungen vom Deutschen vorliegen, wie beim Gebrauch von *imparfait* und *passé composé*, der Artikel, des Partitivs oder des *subjonctif*. Die Erkenntnisse der Lernforschung haben gezeigt, dass der Rückgriff auf das Vorwissen einerseits wichtig ist, um den neuen Stoff zu verstehen, andererseits um diesen mit vorhandenen Strukturen zu verknüpfen und sie so im Gedächtnis zu verankern. ZIMMERMANN (1988: 163) schlägt eine Übungsform vor, die die Kognitivierung unterstützen kann und einen klaren Regelaufbau bewirkt. Die Schülerinnen und Schüler bearbeiten Sätze und müssen die Entscheidung für eine bestimmte grammatische Form begründen.

Die bisher beschriebenen Phasen dienen der Sprachaufnahme, dem Verstehen und dem Geläufigmachen. In den nun folgenden Übungsphasen – Transfer und Anwendung – soll unter veränderten Bedingungen geübt werden.

Transfer

Transfer wird hergestellt, wenn neue und unterschiedliche Minimalsituationen geboten werden, in denen Schüler ihre Kreativität und kognitive Entscheidungen einbringen müssen. Die Schülerinnen und Schüler bereiten hier die Anwendbarkeit der Strukturen vor, um sie in neuen, authentischen Situationen der Alltagskommunikation abrufen zu können. Sie erfahren dabei auch, wie groß der Gebrauchsradius einer grammatischen Form ist.

Anwendung

Beim nächsten Übungsschritt, der Anwendung, wird ein Übergang vollzogen von einem formbezogenen Üben zu einem stärker inhaltsbezogenen Üben. Damit entspricht diese Übungsform weitgehend der natürlichen Kommunikation. Um Überforderung zu vermeiden, gilt es, diese Übungen mit sprachlichen oder inhaltlichen Vorgaben zu steuern. Außerdem bedürfen insbesondere kreative Aufgaben eindeutiger Vorgaben.

2. Induktive Grammatikarbeit als Entdeckendes Lernen

Im Rahmen der Grammatikarbeit fordert und fördert dieses methodische Verfahren die Eigentätigkeit der Schüler, ohne sie bei vergeblichen und frustrierenden Versuchen allein zu lassen. Die Lernenden erschließen das grammatische Phänomen auf kognitivem Weg in mehreren Arbeitsschritten. Dabei steuert die Lehrkraft den Lernprozess, stellt aber auch Raum für individuelles Suchen und Forschen bereit. Das Verfahren lässt sich stark gelenkt durch die Unterrichtenden oder als selbst gesteuertes Lernen von den Schülerinnen und Schülern durchführen. **Entdeckendes Lernen als Selbststeuerung** muss schrittweise eingeführt und geübt werden. Es wechselt sich mit Phasen der **Steuerung durch die Lehrkraft** ab. Diese induktive Vermittlungsmethode hat folgende Vorteile:

- Die Lernenden werden für grammatische Strukturen sensibilisiert.
- Sie durchdringen den Lernstoff besser, weil diese Methode ihren Verstehensprozess fördert.
- Diese Methode übt in besonderer Weise Lernstrategien und Lerntechniken ein.

Je nach Schwierigkeit und Umfang des Stoffs durchlaufen die Schülerinnen und Schüler folgende **Lernschritte**:

Einführung

Für die Motivation der Lernenden ist es wichtig, ein Erkenntnisinteresse zu wecken. Sie sollen erfahren, warum es aus kommunikativer Sicht sinnvoll ist, sich mit dem neuen Stoff zu beschäftigen. Dieses Bedürfnis kann ausgehend von einem Text hergestellt werden. Dient ein Text als Arbeitsgrundlage, ist zu beachten, dass dieser zuvor inhaltlich erarbeitet wird, damit bei der grammatischen Erarbeitung keine Verständnisprobleme auftreten.
Bei komplexeren grammatischen Phänomenen ist für die Erarbeitung ein bestimmtes Hintergrundwissen notwendig (z.B. das Konzept der Vorvergangenheit für das *plus-que-parfait*). Dafür hat sich der Einstieg über ***advance organizers*** bewährt: Vorgeschaltete Aktivitäten oder Erklärungen

reaktivieren die notwendigen Vorkenntnisse der Lernenden und stellen den Zusammenhang zum neuen Stoff her. Diese Vorfeldmediatoren haben nicht nur den Vorteil, den Schülern das Verstehen zu erleichtern, sondern sie integrieren das neue Phänomen auch in vorhandene Wissensstrukturen (als Beispiel siehe die Einführung des *passé récent* und des *présent duratif* in: *Réalités 3. Grammatikheft*: 44).

Erarbeitung (Möglichkeit A): Entdeckendes Lernen

Die Lehrkraft steuert den Lernprozess, indem sie die Lernschritte vorgibt, Strukturierungen und Visualisierungen einbaut sowie Impulse setzt, mit deren Hilfe die Lernenden das Grammatikproblem lösen. Geschieht die Erarbeitung anhand eines Textes, so suchen die Schülerinnen und Schüler in dieser Phase die neuen Formen heraus, ordnen und klassifizieren sie. Wichtig ist, dass sie das Phänomen eigenständig beschreiben und in einer Regel zusammenfassen.

Erarbeitung (Möglichkeit B): Autonomes Lernen

Im Sinne der Lernerorientierung gehen die Schüler hier individuelle Lernwege und reflektieren ihren Lernprozess im Austausch mit den Mitschülern. Diese Arbeitsform übt in besonderer Weise Lernstrategien und Lerntechniken ein. Ziel ist, die Schülerinnen und Schüler zu Autonomie und Eigenverantwortung zu führen. Für den Verstehensprozess sind folgende Lernschritte bei der Erarbeitung wichtig (cf. Rampillon 1995a: 90):

- Sammeln von Beispielen;
- Ordnen und Segmentieren;
- Vergleich der Beispiele und evtl. optische Hervorhebung der jeweiligen Strukturelemente;
- Bilden von Hypothesen über die Gesetzmäßigkeiten;
- Erkennen von Unregelmäßigkeiten (Ausnahmen);
- Testen der Hypothesen durch weitere Probesätze;
- Entscheidung für/gegen die Hypothese.

Der Lernprozess bezieht sich auch auf den Umgang mit Schülergrammatiken, dem eigenen Lehrwerk und dem Zusatzmaterial. *Autonomes Lernen* muss systematisch eingeführt und geübt werden. Eine Möglichkeit, die Lernenden mit dieser Methode vertraut zu machen, sind Instruktionstexte, die einen unterschiedlichen Grad an Steuerung beinhalten können. Bei der Gestaltung der Instruktionstexte sind folgende Kriterien zu bedenken (cf. Spengler 1996: 19):

- Lernstoff elementarisieren und kleinschrittig aufbauen;
- Strukturierung und Systematisierung;

- Visualisierung;
- Beispiele und Regeln kombinieren;
- Erarbeitung und Übungen im Wechsel;
- *feedback* durch Lösungsangebote;
- adressatengerechte Sprache;
- motivationsfördernde Gestaltung.

Präsentation der Ergebnisse
Die induktiven Methoden des *Entdeckenden Lernens* bzw. des *Autonomen Lernens* bezeichnen einen individuellen Lernprozess. Er beinhaltet Teilschritte, mit denen sich die Schüler an die Problemlösung herantasten. Für die Präsentation bedeutet dies, dass die Ergebnisse sehr individuell ausfallen werden, auch bezüglich der Art der Regelformulierung: So lässt sich eine Regel mit Worten oder eher bildhaft wiedergeben.

Sicherung
Die bislang selbstständig erarbeiteten Ergebnisse müssen gesichert werden. Dieses lässt sich mit einer Vertiefung verbinden. Um Missverständnisse und Ungenauigkeiten zu vermeiden, empfiehlt sich nicht nur in den ersten Jahren des Französischunterrichts, eine endgültige Regel an der Tafel oder auf Folie gemeinsam zu erarbeiten und festzuhalten.

Einübung
Der grammatische Stoff wird eingeübt unter Berücksichtigung wichtiger Übungsprinzipien (vgl. S. 68 f.). Für das Einprägen der Regelformulierung können folgende Wege hilfreich sein (cf. Rampillon 1995a: 91): Vereinfachung und Reduktion auf das Wesentliche; optische Hervorhebungen (Unterstreichen, Überstreichen, Einrahmen); (halb-)lautes Vor-Sich-Hin-Sprechen.

Evaluation
Gemeinsam können besondere Lernschwierigkeiten herausgestellt werden. Diese Phase ist aber auch für die Förderung der Selbstständigkeit wichtig. Die Lernenden überdenken ihren Arbeitsprozess im Hinblick auf folgende Aspekte: Organisation des Arbeitsprozesses, Verwendung von Hilfsmitteln, Kooperation mit den Mitschülern, Vor- und Nachteile dieser Methode.

3. Inhaltsbezogene Grammatikarbeit

Die Gründe, Sprach- und Sacharbeit zu kombinieren, leiten sich aus den übergeordneten kommunikativen Zielen des Fremdsprachenunterrichts ab. Voraussetzung ist ein Grammatikmodell, das nicht nur **Morphologie und Syntax** vermittelt, sondern auch **pragmatische und semantische Aspekte** berücksichtigt. In der konkreten Umsetzung müssen folgende Parameter berücksichtigt werden: Die Anwendung der Sprache gehört in den Mittelpunkt des Unterrichts, denn die Verfügbarkeit grammatischer Kenntnisse lässt sich nur auf diesem Weg erwerben. Es sollte sich jedoch um eine komplexe Anwendungsanstrengung handeln, das heißt, die Schülerinnen und Schüler müssen beim grammatischen Üben auch eine **inhaltliche Entscheidung** treffen, die situative Einbettung darf nicht nur Makulatur sein. Lernförderlich ist auch die Auseinandersetzung mit **authentischen Texten** vor allem bei der Wiederholung und Erweiterung grammatischer Kenntnisse, denn die Vorteile dieser Textsorte liegen in ihrem Realitätsbezug und in ihrer affektiven Dimension.

Grammatik und Literatur

Auch bei der Interpretation eines literarischen Textes oder bei der Besprechung eines Sachtextes kann sich grammatisches Üben und Anwenden an den Inhalten orientieren. Wenn Form und Inhalt in überzeugender Weise verbunden sein sollen, muss der Grammatikstoff mit der Gestaltung des Textes zusammenhängen, oder er wird beim Sprechen über den Text als Ausdrucksrepertoire der Schüler gebraucht.

Activités avant la lecture

Die Schülerinnen und Schüler bilden **Hypothesen** zum Titel (ersten Satz, ersten Abschnitt, zum Coverbild, zu den Hauptfiguren eines Theaterstücks) eines Textes und üben dabei den Gebrauch des *indicatif* bzw. des *subjonctif* nach Verben der Annahme und Vermutung, des Meinens und Denkens.

Activités pendant la lecture

Während der intensiven Beschäftigung mit einem Text bietet es sich an, die Schülerinnen und Schüler an geeigneten Stellen die **Handlung antizipieren** zu lassen. Dazu ist das *futur simple* notwendig: *Et maintenant, qu'est-ce qu'elle/il fera ? Qu'est-ce qu'il se passera alors ?* Sinn dieses Schrittes ist, bei der Ableitung einer Erwartung oder einer Vermutung das bisherige Wissen einzubringen und die eigene These gut zu begründen. Außerdem wird so die Neugier auf den Gesamttext geweckt.

Im Verlauf oder am Ende einer Lektüre werden **Handlungsalternativen** formuliert. Die Lernenden reflektieren dabei die Beweggründe und die Konsequenzen eines Verhaltens. Um dieses im Französischen ausdrücken zu können, benötigen sie reale und irreale Bedingungssätze.

Activités après la lecture
Hier lassen sich grammatische Strukturen anhand mündlicher oder schriftlicher **sprachproduktiver Aktivitäten** üben: mündliche Diskussion; *résumé* mit konkreten sprachlichen Vorgaben; Verfassen eines Gedichtes nach einem literarischen Muster (vgl. RÜCK 1989).

Textproduktion

Das Verfassen eigener kreativer Texte oder auch Dialoge eignet sich sehr gut zum Üben grammatischer Strukturen, indem die Aufgabenstellung klare Vorgaben setzt. Dieses Prinzip gilt für alle Klassenstufen. Das folgende Beispiel gehört zu einer Übungsstunde zum *passé composé* am Ende eines 9. Schuljahres (3. Fremdsprache, 1. Lernjahr). Es sollte den Schülerinnen und Schülern Gelegenheit geben, das vergangene Schuljahr Revue passieren zu lassen. Folgende Situation wurde vorgegeben:

Un dialogue sur l'année scolaire

Dominique, un jeune Français, 15 ans, sera dans ta classe de français après les grandes vacances.
Il te téléphone aujourd'hui pour te poser des questions sur ton école.

Dominique :	Allô, c'est Dominique Le Gall à l'appareil. Je suis le nouvel élève de ta classe. J'arrive après les grandes vacances.
A :	Bonjour Dominique, ça va ?
Dominique :	Ça va bien. Écoute, je peux te poser des questions ?
A :	Oui, bien sûr. Vas-y.
Dominique :	Alors, qu'est-ce que tu as fait pendant l'année scolaire ?
A :	...

Écrivez **un dialogue**.
Parlez de **2 fêtes de l'année scolaire et d'un problème**.
Il faut utiliser les verbes *avoir, être, aller, rentrer*.
Écrivez **au passé composé**.
Travaillez **à deux**.

Funktionale Grammatik-Übungen

Diese Übungen sind nicht eingebettet in ein umfangreiches Thema, sondern sie verbinden grammatisches Üben und Inhalt in einem kleineren Rahmen. Die Schülerinnen und Schüler machen hier auch die Erfahrung, welche Bedeutung grammatische Teilkapitel für ihre sprachliche Kompetenz haben (zahlreiche, fantasievolle Beispiele in: *Französische Grammatik. Übungsheft 1: Les mots et les phrases.* Cornelsen 2012).

Interaktive Übungen

Schüler entwerfen eine Grammatik-Sequenz für Schüler

Die Schülerinnen und Schüler einer höheren Lernstufe bereiten Grammatikstoff für die Lerngruppe einer niedrigeren Lernstufe auf. Sie setzen sich dabei intensiv mit der Materie auseinander und reflektieren wichtige Aspekte der Darstellung und des Lernprozesses. Folgende Aspekte sollten berücksichtigt werden (cf. De Florio-Hansen 1999: 32):

- Aktivierung des Vorwissens;
- Berücksichtigung affektiver Faktoren (Bilder, Inhaltliche Einbettung);
- Verständliche Formulierung der Regeln;
- klare Darstellung;
- Auswahl authentischer Beispiele (Welche Quellen?);
- Erstellung motivierender Übungen (Welche Quellen?);
- Visualisierung;
- Lerntipps und Hinweise für selbstständiges Lernen.

Für die Motivation der Schüler und um nach der Anwendung eine Rückmeldung zu bekommen, wäre es wichtig, als Zielgruppe eine Lerngruppe derselben Lehrkraft auszuwählen.

Schüler entwerfen Übungen für Schüler

Die Lernenden erstellen einen Lückentext für ihre Mitschüler. Dabei schreiben sie einen authentischen Text mithilfe des PC ab und tilgen die zu übenden grammatischen Formen. Sie lassen gleich große Lücken und überlegen sich, ob Hilfestellungen nötig sind.

4. Signalgrammatik

Die Wahl einer bestimmten Methode bei der Grammatikarbeit richtet sich nach dem Gegenstand, der erarbeitet werden soll. Die Signalgrammatik lässt sich besonders gut dann anwenden, wenn eine grammatische Regel **auf Symbole oder griffige Konzepte reduziert** werden kann. Als Methode des Spracherwerbs liegt ihr die Vorstellung zugrunde, dass Signale als kognitive Hilfen den Verstehensprozess unterstützen und erleichtern. Sie werden in die Phase der Kognitivierung integriert. Auf vielfältiges und möglichst kommunikatives Üben darf nicht verzichtet werden.
Bei der Anwendung dieser Methode soll folgender Effekt erzielt werden: So wie in der nichtsprachlichen Welt Signale ein gewünschtes Verhalten bewirken, so lösen Signale bei der Sprachproduktion die Verwendung der richtigen Form aus. Bei komplexeren Zusammenhängen rufen sie ein Konzept oder ein Bild auf, das im Moment der Sprachproduktion Orientierung bietet.

Zimmermann (zit. nach Schiffler 2001: 171) nennt zwei Arten von Signalen: kontextuell-situative und metasprachliche.

Kontextuelle Signale des Französischen
Zu dieser Gruppe gehören Zeitangaben, die Informationen darüber liefern, wie eine Handlung zeitlich eingebettet ist. Sie helfen somit bei der Auswahl der richtigen Zeitform.
Pendant que als Auslöser des *imparfait.*
Das *imparfait* als Ausdruck einer Wiederholung: *d'habitude, le lundi/le week-end, tous les matins/soirs, toujours, chaque jour, souvent.*
Das *passé composé* als Auslöser einer Handlung: *tout à coup, à ce moment-là, à huit heures;* bei Einmaligkeit: *ce lundi-là (ce jour-là), une fois*; bei einer Handlungskette: *d'abord, ensuite, après.*

Metasprachliche Signale des Französischen
Hier handelt es sich um Begriffe bzw. Leitfragen, die in knapper und einprägsamer Weise die Funktion einer grammatischen Form beschreiben.
Handlungsrahmen („Was war schon?") für das *imparfait*; neu eintretende Handlung („Was geschah dann?") für das *passé composé.*

Visuelle Signale
Bilder oder Symbole des Alltags stehen als Signal für ein sprachliches Konzept der französischen Sprache. Das Bild der Theaterbühne (cf. Schiffler 2001: 175) veranschaulicht den Hintergrund oder Handlungsrahmen, der im *imparfait* steht. Das Geschehen auf der Bühne wird als neu einsetzende Handlung im *passé composé* ausgedrückt. Als zusätzliche Stützen dienen die oben erwähnten metasprachlichen Signale. Der Gebrauch des *subjonctif* nach Verben und Ausdrücken des subjektiven Empfindens lässt sich mit einfachen Mitteln durch Gesichtsausdrücke symbolisieren.

Lern- und Arbeitstechniken

Die Begründungszusammenhänge für die Vermittlung von Lern- und Arbeitstechniken leiten sich aus dem gesellschaftlichen Wandel ab. Die Notwendigkeit des **lebenslangen Lernens**, setzt die Fähigkeit zum selbstständigen Weiterlernen voraus. Der **höhere Kommunikationsbedarf** führt zu der Notwendigkeit, Kommunikationssituationen auch mit begrenzten Fremdsprachenkenntnissen zu bewältigen. Hinzu kommt, dass eine Voraussetzung für erfolgreiches Lernen auch in der Fähigkeit liegt, das **Lernen selbst zu planen**, zu steuern und zu kontrollieren. Dafür müssen im Unterricht Lernstrategien sowie Lern- und Arbeitstechniken vermittelt und geübt werden. Für den Bereich der Grammatik lassen sich in Anlehnung an Rampillon folgende Lerntechniken nennen (Rampillon fasst unter Lerntechniken Lern- und Arbeitstechniken zusammen; 1991: 6):

Für die Vorbereitung des Lernprozesses:
- Grammatische Nachschlagewerke kennen;
- Aufbau der eigenen Grammatik kennen (des grammatischen Beihefts);
- Stichwortverzeichnis benutzen;
- Visualisierungstechniken kennen;
- Vorhandene Lerngewohnheiten bewusst machen, Erfahrungsaustausch pflegen.

Für die Steuerung des Lernprozesses:
- Herleiten von Grammatikregeln;
- Regelwissen aufbauen;
- Grammatikheft führen;
- Präsentationstechniken einsetzen;
- Führen eines persönlichen Fehlerprotokolls, eines Fehlerkorrekturgitters, eines Lerntagebuchs.

Die aufgeführten Techniken müssen in den Unterricht integriert werden. Das bedeutet, ihnen Zeit zu widmen, sie systematisch einzuführen und zu üben. Die Techniken zur Vorbereitung des Lernprozesses beziehen sich stark auf den Umgang mit den Unterrichtsmaterialien, die der Lerngruppe zur Verfügung stehen. Für die Erarbeitung dieser Techniken wird sich ein gemeinsames Arbeiten als förderlich herausstellen, da hierbei Grundlagen gelegt werden, die alle Schüler benötigen. Gemäß Rampillon (1991: 7) müssen dafür folgende Voraussetzungen gegeben sein: das Alphabet, die grammatische Terminologie, Aufgabenformen, Sozialformen, Klassenraum-Französisch. Die Ergebnisse solcher Arbeitsphasen sollten als Schaubilder, Wandzeitung oder Arbeitsblätter mit Arbeitsplänen festgehalten und möglicherweise für alle erkennbar ausgehängt werden.
Es erweist sich als lernförderlich, beim Üben und Anwenden der Lerntechniken zur Steuerung des Lernprozesses Partner-, Kleingruppen- und Einzelarbeit vorzuziehen. Auf diese Weise kann jeder Schüler seinen eigenen Lernstil entwickeln und erproben. In einer Art Schonraum findet darüber ein Austausch statt.

Techniken der Visualisierung

Bilder sind ein wichtiger Bestandteil moderner Lehrmaterialien. Sie zeigen als Foto oder als Zeichnung einen Ausschnitt aus der Wirklichkeit und erfüllen im Wesentlichen drei Funktionen (Reinfried 2003: 419):

Mnemonische Bildfunktion

Bei der Grammatikarbeit können Schemata zum Einsatz kommen, die komplizierte Zusammenhänge auf das Notwendige reduzieren. Ziel ist, bei der Kognitivierung oder Präsentation durch symbolisch-schematische Darstellungen den Sachverhalt anschaulich wiederzugeben und durch mnemotechnische Hilfen das Einprägen der grammatischen Struktur zu erleichtern. Hier sind grafische Darstellungen denkbar, aber auch unkonventionelle bildliche Wiedergaben, die das episodische Gedächtnis ansprechen: Die Wiedergabe des Satzbaus bei der Verneinung und die Stellung der Objektpronomen im verneinten Satz als Sandwich; die Verben der Bewegungsrichtung, die das *passé composé* mit *être* bilden sind zusammengefasst in das Bild eines Übungsplatzes für Inline-Skater (cf. Abb. in: *À plus ! 1:* 62, 111; *À plus ! 2:* 39).

Semantisierende Bildfunktion

Das Bild vermittelt dem Lerner die Bedeutung eines Wortes oder die Aussage des Bildes führt ihn in die Kommunikationssituation ein. Zusätzliche Erklärungen sind nicht nötig. Sie würden die Schüler sprachlich möglicherweise überfordern. Darin liegt ein großer Vorteil besonders im Anfangsunterricht (cf. Abb. Ortsangaben (*Indications de lieu*) in: *À plus ! 1: 33*; Abb. *S'entraîner Qu'est-ce qu'ils n'ont pas ? Formez des phrases* in: *À plus ! 1:* 74, Ex. 3a).

Bilder als Stimuli

Bilder regen zur Verbalisierung an. Die Tätigkeit der Schülerinnen und Schüler kann darin bestehen, die Bildelemente zu beschreiben. Das Bild kann aber auch Gesprächsanlässe bieten, etwa in der Weise, dass zur Abbildung Fragen beantwortet werden, oder dass ein Dialog entwickelt wird. Für die dabei zu übende grammatische Form müssen eindeutige Anweisungen gegeben werden.

Dort, wo visuelle Elemente sei es als Grafik, Bild oder Arbeitsblatt zum Zuge kommen, ist eine klare und attraktive Gestaltung des Arbeitsmaterials grundsätzlich lernförderlich. Auch Arbeitsergebnisse sollten ästhetisch ansprechend gestaltet sein: saubere Niederschriften, gut lesbare und strukturierte Tafelbilder, Plakate, Ausstellungen (cf. Abb. *Regarde les dessins et raconte l'histoire dans ton cahier. Utilise le passé composé* in: *À plus ! 2. Carnet d'activités:* 25, Ex. 6a; und Abb. *Qu'est-ce que Valérie et Sandra disent ? Imagine le dialogue* in: *À plus ! 2. Carnet d'activités:* 57, Ex. 2c).

Grammatikübungen

Bei der Darstellung des Fünf-Phasen-Modells sind die Voraussetzungen von erfolgreichem Üben bereits erörtert worden (vgl. S. 54 ff.). An dieser Stelle soll noch einmal hervorgehoben werden, dass Grammatikübungen nicht an die Übungsphase gebunden sind. Auch während der Präsentation kann Üben stattfinden, etwa im Sinne des *advance organizers* (Reaktivierung von Vorwissen, das als Hintergrundwissen für den weiteren Verlauf benötigt wird) oder bei der Kognitivierung als Ausgangspunkt für Regelinduktionen. Nachfolgend werden zunächst einige allgemeine Übungsprinzipien aus Basistexten von Poletti (2003) und Raabe (2003) als eine Art Handlungsempfehlung zusammengestellt:

- **Das Üben nicht verzögern.** Sobald eine grammatische Form oder eine Regel präsentiert wurde, folgt das Üben. In diesem Moment verbindet sich das anfängliche Verstehen mit der freien Produktion. Diese Phase sollte nicht zu lange auf sich warten lassen. Deshalb muss hier die Frage erlaubt sein, ob längere Lektionstexte für die Präsentation geeignet sind.
- **Differenziert üben.** Das Üben ist eine zentrale Tätigkeit im Unterricht. Ein differenziertes Übungsangebot bietet Abwechslung, berücksichtigt unterschiedliche Lernertypen, stellt ergänzende Übungen zur Verfügung und folgt einer Stufung von leicht zu schwer, einfach zu komplex, geschlossen zu offen, weniger kommunikativ zu mehr kommunikativ.
- **Übungsphasen reflektieren.** Es ist lernförderlich, den Schülerinnen und Schülern den Übungszweck vor Beginn zu verdeutlichen und am Ende eine Auswertung der Übungsphase anzuschließen. Diese Abschlussphase kann das Sprachbewusstsein der Lernenden erhöhen. Solche Auswertungsgespräche bieten darüber hinaus die Möglichkeit einer echten Kommunikation, die auch dann wertvoll ist, wenn sie in der Muttersprache vollzogen wird.
- **Übungsphasen verteilen.** Wenn üben effizient sein soll, müssen Übungsphasen eine für die Schülerinnen und Schüler angemessene Portionierung bieten. Die Lernpsychologie schlägt ein verteiltes Üben vor. Dabei werden in Wiederholungsphasen bereits eingeführte Strukturen umgewälzt und in neuen kommunikativen Zusammenhängen geübt.
- **Problemlösen fördern.** Nützlich sind hier Übungen, die Kreativität einfordern, die Fantasie der Schüler anregen und Nachdenken erfordern.

Wird eine Übungsform gewählt, bei der die Schüler tatsächlich sprachlich handeln sollen – und dies ist anzustreben –, so müssen folgende Kriterien erfüllt sein (Polleti 2003: 4):

- Die Kommunikationspartner, Sender und Empfänger, sind eindeutig bestimmt.
- Zwischen den agierenden Personen besteht eine Beziehungsebene.
- Ort und Zeit der Kommunikationssituation ist festgelegt oder müssen von den Schülern bestimmt werden.
- Die Schüler übernehmen eine Rolle, hinter der sich eine Persönlichkeit verbirgt.
- Die Kommunikationssituation hat eine affektive Dimension.

Folgende zu beachtende Bedingungen erscheinen selbstverständlich, ihre Bedeutung wird jedoch von Lernbiologen hervorgehoben: Eine angstfreie Atmosphäre innerhalb der Lerngruppe ist lernförderlich. Sozialformen wie Partner- und Gruppenarbeit sind deshalb besonders geeignet. In diesem Zusammenhang ist auch wichtig, dass die Schüler sich den Lernstoff mehrkanalig aneignen können.
Nach diesen Leitlinien sollen Prototypen von Übungen zusammengestellt werden (in Anlehnung an Klippel 1998: 338–341). Bei der Beschreibung der Übungstypen wurde der Fokus auf das Üben grammatischer Strukturen gerichtet.

Imitieren

Das Imitieren wird nur in wenigen Fällen als Übungstätigkeit empfohlen. Für die Phonetik als Teilbereich der Grammatik kann es sinnvoll sein. Denn Nachahmen ist besonders bei der Ausspracheschulung von Bedeutung. Voraussetzung dafür ist ein genaues Zuhören, um das Gehör für die Laute und die Intonation der fremden Sprache zu sensibilisieren. Die Unterrichtenden als sprachliche Vorbilder müssen die Lernenden individuell korrigieren. Dabei ist Behutsamkeit angesagt. Chorsprechen ist ein geeignetes Mittel, um in einem Schonraum zu üben. Moderne Lehrbücher bieten Imitationsübungen auf CD an. Hier sprechen Muttersprachler.
Auch mit einfachen Gedichten, beispielsweise den *comptines*, lassen sich konkrete Laute üben:

Beispiel:
Rondin picotin
La Marie a fait son pain
Pas plus gros que son levain
Son levain était moisi
Et son pain tout aplati
Tant pis !

Auswählen

Hierbei müssen die Schülerinnen und Schüler in einem Text bestimmte Formen wiedererkennen. Manchmal kann diese Aufgabe fast mechanisch bewältigt werden. Sätze werden auf eine bestimmte Form hin durchsucht. Die Aufgabe wird dann anspruchsvoll, wenn die Schüler den Formen eine Funktion zuweisen müssen (vgl. a).
Ein zweiter Typ von Auswählübungen verlangt den Lernenden von vornherein die Anwendung eines komplexen Regelwissens ab (vgl. b). Bei einem dritten Typ müssen Satzteile sinnvoll verbunden werden. Dafür steht Sprachmaterial zur Verfügung. Die grafische Gestaltung kann den Satzbau bereits vorgeben. Außerdem muss ein Satzteil in der korrekten grammatischen Form eingesetzt werden (vgl. c).
Eine kreative Variante zu (c) sieht so aus, dass die Schüler sich eine „Satzmaschine" basteln. In dieses Instrument können sie immer wieder neues Sprachmaterial einbauen (vgl. d). Vorteil ist hierbei auch, dass beim Üben verschiedene Sinne aktiviert werden.

Beispiel:
a. *Soulignez les verbes au subjonctif et expliquez la fonction du mode.*
b. Unterstreiche die Nomen, die durch die direkten Objektpronomen ersetzt werden.
c. *Qu'est-ce qui va ensemble ? Formez des phrases.*
d. *La machine à faire des phrases* (cf. Abb. in *À plus ! 1:* 66).

Ergänzen/Einsetzen/Entfernen

Diese Übungsart ist stark formbezogen. Die zu übende Regelanwendung oder die grammatische Form steht zwar in einem kommunikativen Zusammenhang, aber für die Lösung der Aufgabe ist kein problemlösendes Denken erforderlich. Die Übungen sollten so angelegt sein, dass die Schülerinnen und Schüler auch ihr Vorwissen, Sprachgefühl und ihre Fantasie einsetzen können. Als Lückenfüller eignen sich grammatische Strukturen, Buchstaben mit und ohne Sonderzeichen, Wörter, aber auch zusammenhängende Satzteile (als Beispiel cf. *Complète la chanson. Utilise des pronoms personnels disjoints, À plus ! 2. Carnet d'activités:* 15).
Cloze texts sind Übungen, bei denen in systematischer Abfolge Wörter in einem Text fehlen oder ganz bestimmte grammatische oder lexikalische Strukturen. Selbst einen Lückentext zu erstellen, kann für die Lernenden eine Herausforderung sein, die gleichzeitig eine intensive Beschäftigung mit dem Stoff beinhaltet.

Sortieren

Bei dieser Tätigkeit haben die Schülerinnen und Schüler das sprachliche Material vorliegen, und es ist vorsortiert. Sortierübungen sind besonders geeignet für das Einüben syntaktischer Regeln und von Konjugationen.

Beispiel:

a. Für jeden zu bildenden Satz sind je drei Satzbausteine vorgegeben: Subjekt, zwei Ortsangaben (Land, Stadt). Die Arbeitsanweisung lautet: *Forme les phrases. Utilise à ou en* (cf. *À plus ! 1. Carnet d'activités:* 10).

b. In unsortierter Reihenfolge liegen alle Satzteile vor. Dazu lautet die Aufgabenstellung: *Retrouve l'ordre et écris les phrases* (cf. *À plus ! 1. Carnet d'activités:* 33).

c. Die Wortstämme von *vouloir* und *pouvoir* sind von den Endungen getrennt. Die Aufgabenstellung lautet: *Retrouve les formes de ces deux verbes et conjugue-les dans ton cahier* (cf. *À plus ! 1. Carnet d'actvités:* 33).

Umformen und Übersetzen

Diese Tätigkeiten gehören zur Sprachmittlung. Beim Umformen übertragen die Schülerinnen und Schüler zusammenhängende sprachliche Äußerungen sinngemäß in eine andere Sprache. Sie versetzen sich in die Situation der handelnden Personen. Sinngemäßes Umformen bedeutet, dass der Inhalt als Paraphrase oder Zusammenfassung wiedergegeben wird.

Beispiel a (*À plus ! 2 Carnet d'activités:* 52):

- ***Qu'est-ce qu'on dit ?***
  - Während einer Diskussion bist du der Meinung, dass …
  - … etwas unnütz ist/… Philippe recht hat/… man mit gutem Beispiel vorangehen muss.

Übersetzungen sind für Schüler da hilfreich, wo die Kontrastierung der französischen und deutschen Grammatik feine Unterschiede herausstellt.

Beispiel b (*À plus ! 1 Carnet d'activités:* 53):

- ***Le lundi**, Paul a sport à cinq heures.* → **Montags** hat Paul um fünf Uhr Sport.
- ***Lundi**, Paul ne va pas au sport.* → **Am Montag** geht Paul nicht zum Sport.

Als Teilschritt einer Grammatikübung kann das Übersetzen zur Verdeutlichung von Unterschieden ebenfalls lernförderlich sein.

Vergleichen

Diese Übungsart fördert die Aufmerksamkeit und Genauigkeit beispielsweise bezüglich der Orthographie, der Phonetik, bei homonymen Wörtern.

Beispiel:

a. **Découvrir l'orthographe**

Écoutez et répétez.

[3]	*[9]*
*le **g**ymnase*	*le maga**z**ine*
*la **g**éographie*	*à **g**auche*
*l'a**g**enda*	*re**g**ardez*
*la **g**irafe*	*le **g**arçon*
*nous man**ge**ons*	*la **g**omme*

(zitiert nach: *À plus ! 1*: 44)

b. Diese Wörter werden gleich ausgesprochen (**Homonyme**), bedeuten jedoch etwas anderes. Verwende jedes Wort in einem Satz.

Utilise chaque mot dans une phrase. Écris dans ton cahier.

sûr	*sur*	*non*	*nom*
où	*ou*	*lit*	*lit (verbe)*
entre	*entre (verbe)*	*fin*	*faim*

(zitiert nach: *À plus ! 2. Carnet d'activités:* 15)

Beantworten/Fragen

Die Schülerinnen und Schüler stellen Fragen zu einem Text und beantworten diese gemeinsam. Sie entwerfen Fragebögen und interviewen sich gegenseitig. Die Fragen können sich in beiden Fällen auch auf das Thema Grammatik beziehen, beispielsweise als Fragebogen zur individuellen Lernstandserhebung.

Problemlösen

Üben durch Problemlösen hat folgende Vorteile: Es fördert soziale Fähigkeiten. Die Schüler lernen, eine Aufgabe in Arbeitsschritte zu gliedern, treffen dabei selbstständige Entscheidungen und üben ihre Sprechfertigkeit. Grammatikübungen sollten, besonders auf der Stufe von Transfer und Anwendung, mit einer problemlösenden Aufgabe verbunden sein.

Darstellen

Von kleinen Rollenspielen im Anfangsunterricht bishin zu komplexen Szenen (ein Streitgespräch, eine Diskussion mit verteilten Rollen) bietet sich hierbei die Möglichkeit, kommunikative Muster verfügbar zu machen, zu üben und den Lernenden die Möglichkeit zu geben, sich sprachlich und inhaltlich auszudrücken.

Gestalten

Beim schöpferischen Umgang mit Sprache können die Schülerinnen und Schüler erfahren, dass sie schon sehr früh ihre eigenen Bedeutungen ausdrücken können. Um kreativ tätig werden zu können, bedarf es eines Impulses oder einer klaren Vorgabe. Bilder oder ein Gedicht dienen als sprachliches Muster.

Beispiele aus der Unterrichtspraxis

Beispiel 1: *Participe présent* und *adjectif verbal*

Selbstständiges Erarbeiten von *participe présent* und *adjectif verbal* anhand eines Textes

Mit dem folgenden Unterrichtsbeispiel wird ein Lernweg aufgezeigt, mit dem sich die Schülerinnen und Schüler selbstständig den Gebrauch zwei grammatisch verwandter Formen erschließen: *Participe présent* und *adjectif verbal*. Die hier zu erlernende Funktion besteht darin, eine Nominalgruppe genauer zu bestimmen. Das Beispiel ist abgestimmt auf die Oberstufe und methodisch in Anlehnung an Leupold (2002: 304) konzipiert.
Der Arbeitsbogen setzt folgende Fähigkeiten voraus: Die Lerngruppe konnte im Umgang mit Grammatiken und Wörterbüchern bereits Erfahrungen sammeln. Sie kennt Grammatiken als Textsorte, versteht die Symbolik und verfügt über die zentralen grammatischen Begriffe auch im Französischen. Arbeitstechniken, wie Wichtiges markieren und herausschreiben, sind ihr vertraut. Die **Methode des Entdeckenden Lernens** ist bereits mehrmals angewendet worden. Sie kann außerdem die Bildung der Formen des *participe présent* aus den ihnen bekannten Formen des *gérondif* herleiten.
Das *participe présent* soll in diesem Beispiel erarbeitet werden als ein sprachliches Mittel, Personen oder Tätigkeiten näher zu spezifizieren. Charaudeau (1992: 339) ordnet diese Struktur dem Begriff der *qualification des êtres* unter. Deshalb beginnt die Erarbeitung mit einer gemeinsamen Reflexion über die Möglichkeiten der französischen Sprache, Personen oder Handlungen näher zu bestimmen. Die Fragestellung setzt damit bei

dem **Nutzen sprachlicher Strukturen** für die Sprechenden an. Die Schülerinnen und Schüler reaktivieren ihr Vorwissen und wiederholen gleichzeitig einige Fachbegriffe, die zu einem späteren Zeitpunkt gebraucht werden, beispielsweise *adjectif, phrase relative, accord de l'adjectif.* Das Sprachmaterial sollte motivierenden Charakter haben und authentisch sein.
Bei der Umformungsaufgabe A werden die Schüler auf eines der Mittel zurückgreifen, das sie im *approche* erwähnt haben, den Relativsatz. Arbeitsschritt B fordert sie dazu auf, Hypothesen zu bilden. An dem zusätzlichen Beispiel können diese überprüft werden. Erst in Schritt C versuchen sich die Schüler daran, eine Regel zu formulieren, die vorläufigen Charakter hat. Sie sollen auch dazu angeregt werden, Schwierigkeiten zu formulieren.
Damit werden sie sich ihres eigenen Verstehensprozesses bewusst und trennen für sich selbst Eindeutiges von Uneindeutigem. In Arbeitsschritt D reaktivieren die Schüler bereits erarbeitete Techniken im Umgang mit Grammatiken. Diese Überlegungen kommen im nächsten Schritt zum Einsatz. Die Einzelarbeit geht in Arbeitsschritt E über zu einer Kleingruppenarbeit, da hier der Austausch hilfreich und lernförderlich ist. Die Lernenden vergleichen ihre Ergebnisse untereinander und konsultieren bei Bedarf Nachschlagewerke. Dabei schreiben sie aus einer ihnen bekannten Schülergrammatik wichtige Begriffe und Erklärungen heraus. Sie überprüfen ihre Kenntnisse, indem sie ihr Regelwissen auf die vorgegebenen Beispiele anwenden. In den vorerst letzten Arbeitsschritt F, die Produktion der Regel, fließen alle vorausgegangenen Vorarbeiten ein.

Es folgen nun Übungen, die zwei Ziele verfolgen: Das Erkennen der beiden syntaktischen Formen mit der notwendigen Anpassung des *adjectif verbal* in Genus und Numerus an sein Bezugswort sowie der Gebrauch der beiden Möglichkeiten schriftlich. Darüber hinaus können die weiteren Funktionen des *participe présent* in Partizipialkonstruktionen erarbeitet werden: Adverbialsatz oder Kausalsatz (a), Temporalsatz (b), Modalsatz (c) oder Konzessivsatz (d).

a. **Sentant** que son père ne voulait plus en parler, Frédéric a changé de sujet.
b. **Regardant** par la fenêtre de l'avion, nous voyions le magnifique paysage du Maroc.
c. **Ouvrant** brusquement la porte, le professeur entra.
d. Tu lui as dit la vérité **sachant pourtant** qu'elle était malade.

Comment qualifier une personne ou une action ?

Approche : Quelles possibilités connaissez-vous déjà pour décrire un personnage ou une activité ?

A. Voilà le début d'un célèbre poème de Charles Baudelaire. Lisez-le.
Remplacez les mots en caractères gras en changeant la syntaxe.
À une passante
La rue **assourdissante** autour de moi hurlait.
Longue, mince, en grand deuil, douleur majestueuse,
Une femme passa, d'une main fastueuse
Soulevant, balançant le feston et l'ourlet.
(Les Fleurs du Mal. Flammarion. Paris 1964, p. 114)

B. Comparez le 1er vers avec le 4ème vers. Décrivez la différence.
Pour vous aider, voilà encore deux exemples :
a. Dominique a rendu un travail étonnant à ses collègues.
b. Dominique a rendu un travail étonnant.

C. Formulez une règle. Où est le problème ?

D. Vous avez encore des doutes ? Qu'est-ce qu'on peut faire ?
Notez au moins deux possibilités.

E. Travaillez en petits groupes. Comparez vos résultats.
Vérifiez si vous avez bien compris.
Lisez les exemples suivants et expliquez la structure syntaxique.
a. Yacoub, **estimant** qu'il ne pouvait changer le monde en un jour, ne se découragea pas.
b. Ses histoires de jeunesse sont toujours **amusantes.**
c. Elle a réussi son examen avec des résultats **étonnants.**
d. Vers minuit, nous avons entendu plusieurs personnes **descendant** les escaliers de l'immeuble.
e. Une minorité **agissante** se réunit tous les jours place de la Bastille.
(Henri Goudaud: Contes d'Europe. Seuil. Paris, p. 150)

F. Retravaillez votre règle et trouvez une explication facile à retenir pour vous.

Webcode: FM163120-008

Beispiel 2: Inhaltsbezogene Grammatikarbeit

Ausgehend von einem authentischen Text in der Sekundarstufe II

Zu Beginn des Kapitels wurde deutlich, dass Sprache so konsequent wie möglich an Inhalten erworben werden sollte. Dieser Grundsatz gilt vom Anfängerunterricht bis zum Abitur. Wenn nun im Folgenden von inhaltsbezogener Grammatikarbeit die Rede ist, dann gelten für diesen methodischen Ansatz folgende Voraussetzungen: Zum einen gehören die grammatischen Strukturen, die im Rahmen der Beschäftigung mit einem Thema wiederholt und geübt werden, zu den stilistischen Merkmalen des Textes und tragen zu seiner literarischen Gestaltung bei. Zum anderen handelt es sich um Formen oder Regeln, die bei der Besprechung unverzichtbar sind. Erst wenn eine dieser Bedingungen erfüllt ist, können die Schülerinnen und Schüler die **funktionale Bedeutung der Grammatik** erfahren, indem sie sie anwenden. Einen Beitrag zu dieser Erfahrung leistet auch der authentische Charakter von Texten.

Der Vorteil authentischer Texte – aber auch anderer Kulturgüter – liegt darin, dass sie kulturelles Wissen vermitteln, methodische Wechsel erlauben und die eigenständige mündliche und schriftliche Sprachproduktion anregen und fördern. Sie holen die **frankophone Realität** ins Klassenzimmer, bieten interessante Redeanlässe und sprechen Affekte an (cf. MICHLER 2003: 33). Chansons, Bilder und Filme spielen in dem Zusammenhang eine große Rolle.

Das folgende Unterrichtsbeispiel beruht auf einer Erzählung der französischen Schriftstellerin **Anna Gavalda**: « Petites pratiques germanopratines » aus dem Erzählband ***Je voudrais que quelqu'un m'attende quelque part*** (Éditions J'ai lu, Paris 1999). Erzählt wird aus der Sicht der Protagonistin die Begegnung zwischen einer jungen Pariserin und einem Pariser am Boulevard Saint-Germain-des-Prés. Aus dem Blickkontakt wird eine Verabredung, ein Abend im Restaurant. Die Annäherung findet in einem intimen Moment ein abruptes Ende: Die Pariserin verzeiht ihrem Verehrer nicht, dass er beim Verlassen des Restaurants einen Blick auf das Display seines Handy wagt. Die Erzählung behandelt einerseits moderne Themen, andererseits führt sie nicht ohne Ironie zurück in das Leben am Boulevard Saint-Germain-des-Prés der 50er- und 60er-Jahre. Außerdem vergleicht die Erzählerin die Situation mit einem bekannten Gedicht aus den *Fleurs du Mal* von Charles Baudelaire.

Eine erzähltechnische Besonderheit ist die eingeflochtene Kommunikation mit dem Leser bzw. der Leserin. Thematisch lässt sich der Text unter folgenden Aspekten bearbeiten: Wege und Probleme der zwischenmenschlichen

Kommunikation; die Auswirkungen der modernen Medien auf den Berufsalltag und das Zusammenleben; geschlechtsspezifische Unterschiede im Umgang mit Medien und bei der Vorstellung von Liebe und Glück; das aktuelle kulturelle Leben im 6. Arrondissement um Saint-Germain-des-Prés mit einem Blick in die Vorgeschichte; ein Vergleich zwischen der modernen Erzählung und der literarischen Vorlage von Baudelaire. Neben dem Bemühen, von der inhaltlichen Erarbeitung ausgehend auch grammatische Strukturen bewusst anzuwenden und zu üben, müssen im Bereich des Wortschatzes, der Erzählweise und der kulturellen Anspielungen (Saint-Germain-des-Prés, Lipp, Deux Magots, Françoise Sagan, romans Harlequin) Hilfestellungen und Vorentlastungen angeboten werden. Die folgenden Vorschläge lehnen sich an die Ausführungen von Blume (2003: 32 f.) an und legen den Fokus auf die Verbindung von Inhalt und Grammatikarbeit:

Activités avant la lecture

Erwartungen und Hypothesen zum Inhalt einer Erzählung formulieren

Anna Gavalda : *Je voudrais que quelqu'un m'attende quelque part* (1999)

Petites pratiques germanopratines (extrait)

« Saint-Germain-des-Prés ! ? … Je sais ce que vous allez me dire : ‹ Mon Dieu, mais c'est d'un commun ma chérie, Sagan l'a fait bien avant toi et tellllement mieux ! ›
Je sais.
Mais qu'est-ce que vous voulez … je ne suis pas sûre que tout cela me serait arrivé sur le boulevard de Clichy, c'est comme ça. C'est la vie.
Mais gardez vos réflexions pour vous et écoutez-moi car mon petit doigt me dit que cette histoire va vous amuser.
Vous adorez les petites bluettes. Quand on vous titille le cœur avec ces soirées prometteuses, ces hommes qui vous font croire qu'ils sont célibataires et un peu malheureux.
Je sais que vous adorez ça. C'est normal, vous ne pouvez quand même pas lire des romans Harlequin attablé chez Lipp ou aux Deux-Magots. Évidemment que non, vous ne pouvez pas.
Donc, ce matin, j'ai croisé … »

Après avoir lu le début de la narration notez vos idées et vos attentes.
Utilisez les expressions suivantes :

Des expressions qui demandent l'indicatif	**Des expressions qui demandent le subjonctif**
À mon avis, …	Il est possible que
Selon mon opinion	J'attends que
Je crois que/pense que	Il se peut que
Je suis d'avis que	Je ne pense pas que
Je suppose que	Je ne crois pas que
Il est évident que	Il semble que
Je suis persuadé que/certain que	Je doute que

Activités pendant la lecture

Das Ende der Erzählung antizipieren

Au restaurant, le couple s'approche et vit un moment intime. Ils décident de partir. Au moment où le jeune homme tend le manteau à la jeune Parisienne, il ose jeter un coup d'œil sur la messagerie de son portable.
« Je retrouve tous mes esprits. D'un coup. »
a. Expliquez ces phrases avec vos propres mots.

____

____

b. Imaginez la fin de la narration. Que fera la jeune Parisienne ? Que fera le jeune homme ? Utilisez le futur.

____

____

Webcode: FM163120-009

Activités après la lecture

Gegensätzliche Standpunkte herausarbeiten. Ein Streitgespräch schreiben

Écrivez une dispute entre les deux personnages sur le comportement du jeune homme et l'importance des portables dans les relations humaines. Utilisez les expressions suivantes :

- **des propositions de condition (Si …)**
- **pas d'accord**
  Je n'accepte pas que … (+ subjonctif)
  Ce que je critique c'est que …
  Je trouve injuste, insupportable que … (+ subjonctif)
- **faire des concessions/changer d'avis**
  Ils est vrai/juste/exacte que …, mais
  Même si …, il ne faut pas oublier
  il faut reconnaître
  Bien que (+ subjonctif) …, je
  Je reconnais que … Cependant, …

Webcode: FM163120-010

Mündliches *résumé* anhand vorgegebener Infinitivkonstruktionen

Résumez le texte en utilisant les verbes suivants :
remonter un boulevard, voir qn arriver, sourire à qn, arriver à la hauteur de qn, voir qn regarder, passer son chemin;
adresser la parole à qn, inviter qn à faire qc, regarder qn partir, passer son chemin, se mettre à travailler;
rencontrer qn, emmener qn dans, oser faire qc, détester répondre au téléphone, arrêter de parler, demander à qn de, monter dans un taxi.

Webcode: FM163120-011

Tipps und Literatur

Internet

Unter folgenden Internetadressen finden sich Regelwerke und Übungen zur französischen Grammatik:

Übungen:
- http://www.lehrer-online.de unterricht.php auch Unterrichtsentwürfe
- http://www.bonjourdefrance.com
- http://www.cornelsen-teachweb.de
  lehrbuchgebundene, interaktive Übungen

Regelwerke:
- http://www.connectigramme.com
- http://www.lopodo.de
- http://www.etudes-litteraires.com/grammaire.php

Regelwerke mit Übungen:
- http://www.lernen-mit-spass.ch
- http://www.alfred-echtle.de
- http://www.ccdmd.qc.ca

Literatur

À plus ! 1./2. Lehrwerk für den Französischunterricht an Gymnasien. Cornelsen Verlag. Berlin 2004/2005.

Blume, Otto-Michael (2003): „Inhaltsorientiert grammatisch üben (Sekundarstufe II)“, in: *Der Fremdsprachliche Unterricht Französisch*, Heft-Nr. 61, S. 32–37.

Charaudeau, Patrick (1992): Grammaire du sens et de l'expression. Hachette. Paris.

De Florio-Hansen, Inez (1999): „Faut-il ‚desintellectualiser‘ l'apprentissage de la grammaire ? Vorschläge für eine *grammaire active*“, in: *Der fremdsprachliche Unterricht Französisch*, Heft-Nr. 40, S. 28–35.

Der fremdsprachliche Unterricht Französisch, Heft-Nr. 79/2006, Friedrich Verlag. Seelze-Velber.

Europarat (2001): *Gemeinsamer europäischer Referenzrahmen für Sprachen: lernen, lehren, beurteilen.* Langenscheidt Verlag. Wien und Berlin.

Französische Grammatik. Übungsheft 1: Les mots et les phrases. Cornelsen Verlag. Berlin 2012.

Klippel, Friederike (1998): „Systematisches Üben“, in: Timm, Johannes-Peter (Hrsg.): *Englisch lehren und lernen. Didaktik des Englischunterrichts.* Cornelsen Verlag. Berlin, S. 328–341.

Michler, Christine (2003): „Sprache üben mit Chansons. Schwerpunkt *imparfait* und *passé composé*“, in: *Fremdsprachenunterricht*, Heft-Nr. 47, S. 33–38.

Polleti, Axel (2003): „Sinnvoll Grammatik üben“, in: *Der fremdsprachliche Unterricht Französisch*, Heft-Nr. 61, S. 4–11.

Praxis Fremdsprachenunterricht Basisheft. (2011): Grammatik. Heft-Nr. 1.

Raabe, Horst (2003): „Grammatikübungen“, in: Bausch, Karl-Richard et al. (Hrsg): Handbuch Fremdsprachenunterricht. A. Francke Verlag. Tübingen, S. 283–287.

Rampillon, Ute (1991): „Fremdsprachen lernen – gewußt wie. Überlegungen zum Verständnis und zur Vermittlung von Lernstrategien und Lerntechniken“, in: *Der fremdsprachliche Unterricht Englisch*, Heft-Nr. 2, S. 2–8.

Rampillon, Ute (1995 a): „Grammatik selber lernen? Zur Bedeutung von Lernstrategien und Lerntechniken beim schulischen Fremdsprachenlernen“, in: Gnutzmann, Claus/Königs, Frank G.: Perspektiven des Grammatikunterrichts. Gunter Narr Verlag. Tübingen, S. 85–100.

Rampillon, Ute (1995 b): Grammatiklernen durch weniger Unterrichten: selbstverantwortetes Lernen“, in: *Der fremdsprachliche Unterricht Englisch*, Heft-Nr. 19, S. 53–58.

Réalités 1./2./3./4. Nouvelle édition. Cornelsen Verlag. Berlin 2001–2004.

Reinfried, Marcus (2003): „Visuelle Medien“, in: Bausch, Karl-Richard et al. (Hrsg): Handbuch Fremdsprachenunterricht. A. Francke Verlag. Tübingen, S. 416–420.

Rück, Heribert (1989): „Grammatik der Poesie – Poesie der Grammatik“, in: ders.: Unterrichtsideen Französisch. Textanalyse und Textproduktion. Ernst Klett Verlag. Stuttgart, S. 114–132.

Schiffler, Ludger (2001): „Kinästhetische und visuelle Signale für Grammatikprobleme des Französischen“, in: *Praxis des neusprachlichen Unterrichts*, Heft-Nr. 48, S. 170–174.

Spengler, Wolfgang (1989): „Grammatik – Sture Paukerei?“, in: *Der fremdsprachliche Unterricht*, Heft-Nr. 96, S. 16–22.

Zimmermann, Günther (1988): „Lehrphasenmodell für den fremdsprachlichen Grammatikunterricht“, in: Dahl, Jürgen/Weiß, B. (Hrsg.): Grammatik im Unterricht. Goethe-Institut. München, S. 160–176.

4 Umgang mit Texten

von Dorotea Höner

Texte als Gegenstand des Französischunterrichts

1. Der Textbegriff im modernen Französischunterricht

Der *Gemeinsame europäische Referenzrahmen* bezieht den Begriff Text auf alle sprachlichen Produkte, sei es eine gesprochene Äußerung oder etwas Geschriebenes: „**Text heißt jeder Diskurs** (mündlich oder schriftlich), der sich auf einen bestimmten Lebensbereich bezieht. Texte werden während der Ausführung einer Aufgabe Anlass für Sprachaktivitäten, indem sie diese unterstützen oder sogar als Prozess oder als Produkt Ziel der Aktivitäten sind" (EUROPARAT 2001: 21). Entsprechend breit gefächert sind die verschiedenen **Medien als Träger eines Textes** und die im *Referenzrahmen* aufgeführten gesprochenen und geschriebenen Textsorten. Für den praktischen Fremdsprachenunterricht hat dies zur Konsequenz, dass zum einen mit authentischen Texten auch aus dem Bereich der Neuen Medien gearbeitet wird, zum anderen aber auch mit Hörtexten (beispielsweise eine öffentliche Durchsage am Flughafen, die Wettervorhersage im Radio, ein Telefongespräch).

Den Umgang mit Texten erlernen Schülerinnen und Schüler, indem sie ihre pragmatischen Kompetenzen ausbauen. Zu diesen gehört das Wissen um die Prinzipien, nach denen Satzsequenzen arrangiert werden, damit ein kohärenter Text entsteht und dieser eine **kommunikative Funktion** erfüllen kann, auf die es letztlich ankommt.

Literatur im engeren Sinne wird im *Gemeinsamen europäischen Referenzrahmen* in den Dienst der ästhetischen Sprachverwendung gestellt. Die kreativen und ästhetischen Aktivitäten können produktiv, rezeptiv, interaktiv oder sprachmittelnd sein. Der Text kann als ein bereits vorhandenes Produkt Ausgangspunkt und Gegenstand der Aktivität sein oder im Verlauf der Sprachaktivität als Schülerprodukt entstehen. Der *Gemeinsame europäische Referenzrahmen* nennt beispielhaft folgende mündliche und schriftliche Aktivitäten der ästhetischen Sprachverwendung: Singen; Nacherzählen oder Nachschreiben von Geschichten; Anhören, Lesen, Schreiben und Sprechen fiktionaler Texte (Geschichten, Reime, audiovisuelle Texte, Cartoons, Bildgeschichten); Aufführung geschriebener oder improvisierter Stücke; Produktion, Rezeption und Aufführung literarischer Texte: Lesen und Schreiben von Texten, Aufführung und Rezeption von Liedern, Dramen, Opern. Er betont ausdrücklich, welche Bedeutung die Beschäftigung mit Literatur hat:

■ „Literarische Studien dienen nicht nur rein ästhetischen, sondern vielen anderen erzieherischen Zwecken – intellektuell, moralisch und emotional, linguistisch und kulturell.“ (EUROPARAT 2001: 62) ■

2. Der Sachtext

Der Vorteil eines Sachtextes besteht darin, dass er auf konkrete landeskundliche Situationen oder auf spezifische Sachverhalte Bezug nimmt. Ein Sachtext ist damit ein **authentischer Text**. Er wird in der Regel für ein bestimmtes Publikum geschrieben, verbunden mit einer **konkreten Wirkungsabsicht**. Mit diesen Eigenschaften ist ein Sachtext ein geeigneter **Ausgangspunkt für interkulturelles Lernen**, weil er die Schülerinnen und Schüler zum Vergleich anregt. LEUPOLD (2002: 355) betont ausdrücklich, dass Sachtexte schon sehr früh im Unterricht behandelt werden können, denn ihr Vorteil besteht darin, dass diese Texte Wirklichkeitsbereiche ansprechen, die den Schülern bekannt sind, sodass sie die Informationen des Textes in ihr Hintergrundwissen integrieren können.

Mit LEUPOLD (2002: 365) können folgende **Kriterien der Textauswahl** festgelegt werden:

- Im Sinne der Lernerorientierung empfiehlt es sich, auf einen inhaltlichen **Bezug zum Weltwissen und zur Lebenserfahrungen** der Schüler zu achten.
- Das ausgewählte Thema sollte **für das Zielsprachenland repräsentativ** sein und einen direkten Bezug zu den sozialen, politischen, wirtschaftlichen oder kulturellen Gegebenheiten Frankreichs haben.
- Eine **gute Qualität** des Materials sollte gegeben sein (Lesbarkeit, akustische Verständlichkeit bei Hörtexten).
- Die **Möglichkeit der Vervielfältigung und der Präsentation** des Materials ist eine wichtige Voraussetzung.

Der ausgewählte Sachtext sollte immer in einem **thematischen Zusammenhang** stehen. Die Schülerinnen und Schülern müssen nachvollziehen können, mit welchem Ziel der Einzeltext behandelt wird. Die Verwendung von thematischen Textdossiers kann dabei hilfreich sein.

Ein gutes, im Hinblick auf eine konkrete Lerngruppe zusammengestelltes **Textdossier hat folgende Merkmale** (LEUPOLD 2002: 358):

- Es bietet **unterschiedliche Textsorten**.
- Eine **offene Anordnung** der Texte hat den Vorteil, dass die Lernenden ihrem persönlichen Interesse folgend einen individuellen Text als Einstieg auswählen können (Einstieg über eine Fotografie, ein Interview, einen Lexikonartikel).
- Ein **breites Angebot an sprachlichen Aktivitäten** zu den Texten: verschiedene Lesestrategien, Übungen zum Schreiben (Kommentar, Resümee, kreatives Schreiben), Recherche, produktive mündliche Aktivitäten (Argumentieren bei einer Diskussion). Hier zeigt sich auch der besondere Vorteil von Sachtexten: Selbstständiges und eigenverantwortliches Arbeiten werden gefördert.
- **Projektorientierte, außerschulische Aktivitäten** können die Textarbeit erweitern, z. B. ein Museumsbesuch, ein Interview mit einem Autor oder einem französischen Kulturbeauftragten.

3. Der literarische Text

Die französische Literatur stellt ein wesentliches **Element der kulturellen und gesellschaftlichen Wirklichkeit** Frankreichs und der gesamten Frankophonie dar. Die Beschäftigung mit französischsprachiger Literatur bedeutet immer eine Begegnung mit dieser Realität und dem gesellschaftlichen Umfeld der Autoren. Sie fordert die Schüler als Leser zu einem Perspektivenwechsel heraus und dient somit auch dem interkulturellen Lernen. Literarische Texte leben aber auch von einer weiteren Dimension: Sie lassen sich als Sinnentwürfe begreifen, die Deutungsspielräume zulassen. Die Schüler treten in einen **dynamischen Prozess**. Ihr Textverständnis gewinnen sie aus genauem Lesen und freien Sinnzuschreibungen, die sich jedoch am Text belegen lassen. Sie entfalten dabei auch affektive und imaginative Fähigkeiten. Sie entwickeln die Fähigkeit zur Empathie und zur Identifikation mit literarischen Figuren. Literarische Texte sind demnach von großer Relevanz für den Französischunterricht. Die Besonderheit eines literarischen Textes ergibt sich aus dem **Zusammenspiel von Form und Inhalt**. Beide Aspekte sollten Gegenstand des Sprachunterrichts sein, ohne dass sie zu einer Überbetonung des Formalen in rezeptiven und produktiven Schüleraktivitäten führen.

Die **Auswahl des Textes** ist von der Spracherwerbsstufe abhängig. Obwohl in der Sekundarstufe I die Arbeit mit dem Lehrbuch überwiegt, empfiehlt es sich, die Schülerinnen und Schüler an französische Kinder- und Jugendbücher und an Gedichte heranzuführen, besonders auch an experimentelle Gedichte, auch wenn bei dieser Textsorte nicht selten Unlust bei Schülern

zu beobachten ist. Dies kann mit Vorerfahrungen aus anderen Fächern zusammenhängen. Vor diesem Hintergrund ist es wichtig, den Einstieg in die Arbeit mit einem Gedicht besonders spannend und überraschend zu gestalten, damit der Text bei den Schülern auf Interesse stößt. Die Vorbehalte gegenüber Gedichten lassen sich auch dadurch abbauen, dass sie bewusst schon sehr früh in den Unterricht eingebaut werden, mit dem Ziel, den Lernenden in sprachlicher Hinsicht ein Erfolgserlebnis und eine positive Erfahrung mit dieser Textsorte zu verschaffen.
In der gymnasialen Oberstufe besteht ein verstärktes Interesse an fiktionalen Kurzgattungen *Récit court, Histoire brève, Nouvelles* (z.B. von Autoren wie Didier Daeninckx, Anna Gavalda, Annie Saumont, Leila Sebbar). Ein Dramentext, auch das Kurzdrama, *Pièce en un acte*, muss anders behandelt werden als narrative Prosa, da hier die Inszenierung des Regisseurs von großer Bedeutung ist. Spannt man den Literaturbegriff weit, so berücksichtigt der moderne Französischunterricht nicht nur die etablierten klassischen Genera, sondern auch Märchen, *Chansons* und *Bandes dessinées*, außerdem medial vermittelte Texte wie Hörspiele und Drehbücher mit unterschiedlichen Schwerpunkten.

Methoden der Textarbeit

1. Methoden für einen dialogischen Umgang mit Texten

Die Rezeptionstheorie entdeckte den Leser wieder als einen gleichberechtigten Partner in der literarischen Kommunikation zwischen Autor und Werk. Dieser Leser versteht sich als **Adressat des literarischen Textes**, dem er seinen individuellen und subjektiven Sinn zuschreibt. Der bis dahin dominierende analytische, formale und verobjektivierende Umgang mit Literatur im Fremdsprachenunterricht, wird durch sinnorientierte Arbeitsformen ergänzt. Brusch (1992: 363) unterscheidet zwei Arten des textdeutenden Gesprächs: Der **„pädagogische Dialog"** wird durch die Lehrkraft gesteuert. Die Beiträge der Schülerinnen und Schüler wurden von ihr in der Vorbereitung weitgehend antizipiert. Im **„echten Gespräch"** dagegen sind die Antworten der Lerngruppe offen. Die Lehrkraft wechselt ihre Rolle und wird selbst zur Gesprächspartnerin. Diese Art von textdeutendem Gespräch geht davon aus, dass Sinnverstehen und Textdeutung unabschließbare Prozesse sind. Die Vorerfahrungen der Schüler und ihre Kreativität lassen sich auf diese Weise herausfordern. Der Vorteil eines solchen Umgangs mit Texten besteht darin, dass die Lernenden ihr mündliches Ausdrucksvermögen schulen, wie beispielsweise die Lexik der Meinungsäußerung, den spezifischen thematischen Wortschatz und den allgemeinen Wortschatz eines modernen Weltverständnisses. Darüber hinaus erhalten sie durch den Dialog mit den Mitschülern die Chance, Zugänge zu entdecken, die ihnen zunächst verwehrt blieben und sie können einseitige Festlegungen korrigieren. Insgesamt ist diese Methode der Literaturvermittlung als analytisch-reflektierend zu bezeichnen. Im Folgenden sollen anwendungsorientierte und kreativ-gestaltende Formen der Textarbeit vorgestellt werden.

2. Methoden für einen kreativen Umgang mit Texten

Der kreative Umgang mit literarischen Texten stellt sich in den Dienst der Hauptziele des Französischunterrichts, nämlich der **kommunikativen und** der **interkulturellen Kompetenz**. Dieser Ansatz erhebt den Anspruch, sich besonders gut mit den übergeordneten Zielen verbinden zu lassen, unter der Voraussetzung, dass die kreativen Verfahren funktional und zielorientiert eingesetzt werden.

In der fachdidaktischen Literatur finden sich zahlreiche Vorschläge zur Umsetzung kreativitätsorientierter Verfahren, zum Beispiel in Form einzelner Aufgaben, die häufig an Textbeispielen festgemacht sind, oder in Form einer Beschreibung ihres ‚didaktischen Ortes', also ihres Einsatzpunktes innerhalb des Lese-, Sinnbildungs- und Textverarbeitungsprozesses. Beim Umgang mit Lektionstexten und einfachen authentischen Texten in den ersten Lernjahren bieten sich kreative Formen der Textarbeit an (siehe S. 83).

Dabei muss die Wahl des kreativen Ansatzes auf den Text eng abgestimmt sein. Der Beitrag kreativer Verfahren besteht vor allem darin, dass diese **das interkulturelle Lernen unterstützen** können. Mit Bredella und Christ (1995) lassen sich hierbei vier Stufen unterscheiden:

1. die Bereitschaft wecken, sich mit dem Text und seinen Fremdheiten auseinanderzusetzen;
2. das Eigene erkennen und formulieren – Ziel: Bewusstwerdung der eigenen Perspektive;
3. das Fremde wahrnehmen und beurteilen – Ziel: Perspektivenwechsel;
4. Eigenes und Fremdes in Beziehung setzen – Ziel: Perspektivenkoordination.

Formen kreativer Textarbeit

1. **activités avant la lecture :**
   - ausgehend vom Titel einen kurzen Text verfassen
   - anhand einiger Schlüsselwörter einen kurzen *Récit*/ein Gedicht verfassen
   - eine Karikatur/ein Bild beschreiben
   - *remue-méninges* zum Inhalt und zum Wortschatz
   - Hypothesen zum Textinhalt formulieren
2. **activités pendant la lecture :**
   - den Text puzzeln
   - Leerstellen füllen
   - den Text transformieren:
     - einen Tagebucheintrag machen
     - den Text aus einer anderen Perspektive verfassen
     - ein Drehbuch für ein Video schreiben
     - ein Hörspiel verfassen
     - eine BD herstellen
     - ein Video herstellen
     - die Szene für ein Theaterstück schreiben
   - eine bildliche Darstellung herstellen
   - eine *Quatrième de couverture* erstellen
3. **activités après la lecture :**
   - den Text weiterschreiben
   - den Text in eine andere Textsorte umschreiben
   - einen kurzen Zeitungskommentar/Leserbrief erstellen

Ein entscheidender Vorteil kreativer Verfahren besteht darin, dass es ihnen gelingt, die Schüler zu motivieren und ihnen einen Zugang zum Text zu bahnen. Außerdem regen sie affektive und emotionale Prozesse an, indem sie emotional-intuitive Leseerlebnisse zulassen und fördern, sowie die Möglichkeit bieten, die persönlichen Leseeindrücke verbal und non-verbal auszudrücken.

Fremdverstehen geschieht auf der Grundlage der eigenen Wahrnehmung. Deshalb ist es wichtig, sich dieser bewusst zu werden. Es besteht jedoch die Gefahr, dass bei der Anwendung kreativer Verfahren die Eigenperspektive ein zu großes Gewicht bekommt und der fremdkulturelle Hintergrund verloren geht. Um dem vorzubeugen, ist es notwendig, an den primären Eindrücken und Sinnentwürfen weiterzuarbeiten, in dem Sinne, dass die Lernenden ihre Textdeutungen als Hypothesen formulieren, sich austauschen und ihre Ergebnisse modifizieren. Die **Rezeptionsprodukte** sind Ausgangspunkt für eine vertiefende Auseinandersetzung mit dem fremden Text. Hierfür sollte die Lehrkraft weiterführende Fragen einwerfen (oder erarbeiten lassen) und Hintergrundwissen liefern.

Diese Herangehensweise an Literatur hat zur Folge, dass sich die Funktion literarischer Texte im Fremdsprachenunterricht erweitert: Neben die analytische und kreative Auseinandersetzung treten sprachliche, sprachspielerische und kommunikative Aktivitäten, die einen literarischen Text primär als **Impuls oder Stimulans** verwenden. Caspari (2005) plädiert für einen bewussten, aber nicht ausschließlichen Einsatz dieser Aktivitäten, denen bislang kein eigener Platz eingeräumt wurde, und beruft sich dabei auf die übergeordneten Ziele des modernen Fremdsprachenunterrichts.

Der kreative Umgang mit literarischen Texten schließt die Verfahren der analytisch ausgerichteten Textarbeit nicht aus. Zu einem vertieften Textverständnis gelangen die Schüler erst, wenn das Potenzial beider Ansätze im Sinne eines Zusammenspiels wechselseitig genutzt wird.

Die folgende Darstellung kreativer Verfahren folgt der Einteilung von Caspari (1995), deren Terminologie die Zielsetzung zum Maßstab nimmt.

Die produktorientierte Methode

Im Zentrum steht das literarische Original, dessen Besonderheiten erkannt und nachvollzogen werden sollen. Dazu wird der **Text in veränderter Form** den Schülerinnen und Schülern präsentiert, beispielsweise durch Auslassungen (Lückentext oder fehlender Anfang/Schluss) oder Hinzufügungen; durch Vertauschungen (vertauschte Verse, Strophen, Absätze), die zu einer Art Textpuzzle führen; durch formale Veränderungen (Gedicht ohne Strophen). Die Aufgabe besteht nun darin, das **Original zu rekonstruieren** bzw. Vermutungen bezüglich des Originals anzustellen. Die Ergebnisse werden unterschiedlich ausfallen, sollten verglichen und auf ihre Plausibilität hin überprüft werden. Zwei Lernschritte werden hier vollzogen: Der Text wird intensiv gelesen. Dann werden die Lösungsvorschläge einer kritischen Betrachtung unterzogen, diskutiert und wenn notwendig modifiziert.

Eine Variante besteht darin, dass sich die Schüler im Sinne einer kreativen **Nachgestaltung** von dem Original inspirieren lassen und eigene Texte verfassen. Sie setzen die zuvor erarbeiteten Erzähltechniken, Stil- oder Gattungsmerkmale dann kreativ um.

Die persönlichkeitsorientierte Methode

Die Verfahren dieser Methode entsprechen denen zuvor genannten, jedoch mit einer variierten Zielstellung: Bei der persönlichkeitsorientierten Methode ist der Text nicht Gegenstand der Analyse, sondern er liefert einen Impuls: Er bietet den Lernenden Anlass für eine ganz **persönliche Rezeption**, indem er ihre Vorstellungskraft anregt und Emotionen freisetzt. Sie erleben deshalb die besondere Wirkung literarischer Texte. Das, was der Text

in ihnen persönlich ausgelöst hat, sollen sie nachfolgend in der Fremdsprache zum Ausdruck bringen. Neben dem Üben der fremdsprachlichen Ausdrucksmittel fördert diese Herangehensweise an literarische Texte auch die Bereitschaft, persönliche Leseeindrücke zu versprachlichen, insbesondere das Erstverständnis. Die persönlichkeitsorientierte Methode kann bereits im frühen Fremdsprachenerwerb angewendet werden.
Geeignete Texte: Gedichte (speziell Kinder- und Jugendgedichte), Fabeln, Märchen.

Die prozessorientierte Methode zur Förderung der Rezipientenrolle

Diese Methode setzt sich zum Ziel, den Lese- und Verstehensprozess zu ermöglichen und ihn anregend und vertiefend zu gestalten. Die kreativen Verfahren bieten eine Art Hilfestellung auf diesem Weg. So wie bei der produktorientierten Methode geht es auch hier um eine intensive Auseinandersetzung mit dem Text. Die Parallele zur persönlichkeitsorientierten Methode besteht darin, dass die Schülerinnen und Schüler den Text individuell und aktiv reflektieren, wobei hier sowohl das Potenzial des Textes als auch das der Leserschaft ausgebaut werden soll. Dieser prozessorientierte Ansatz lässt sich in drei Schritte gliedern:

1. **Verfahren der kreativen Vorarbeit**, die folgende Funktionen erfüllen: sprachliche und inhaltliche Vorentlastung bieten, Vorwissen reaktivieren, Interesse wecken, Erwartungen aufbauen. Damit wird die Beschäftigung mit Texten in der Fremdsprache erleichtert.
2. **Verfahren der ersten Textbegegnung**, die den Lernenden nach der Erstlektüre die Möglichkeit bieten, Reaktionen und Eindrücke zu verbalisieren, ein Vorverständnis zu formulieren und ihr Textverständnis mit dem der anderen zu vergleichen.
3. **Verfahren der kreativen Aneignung und Verarbeitung**, die den durchlaufenen Sinnbildungsprozess verdeutlichen und die Auseinandersetzung mit dem Text vorläufig zu einem Abschluss bringen.

Die prozessorientierte Methode einer kreativen Um- und Neugestaltung literarischer Texte

Bei dieser Methode steht der **spielerisch-kreative Umgang mit einer literarischen Form** oder einem sprachlichen Register im Vordergrund, weniger die inhaltliche Beschäftigung mit einem Originaltext. Die Textgrundlage oder die Vorgaben sollten eindeutige Strukturen und Regeln aufweisen, mit denen die Schülerinnen und Schüler experimentieren können. Ihre Sensibilität für die sprachlichen und formalen Besonderheiten literarischer Texte wird durch die sprachschöpferische Tätigkeit gefördert.

Geeignete Texte: Reim- und Gedichtformen (literarische Sprachspiele, surrealistische Gedichte, Haikus, Limericks, Kalligramme, diamond-poems, *Acrostiches, Monorimes, Bouts-rimés*), literarische Kleinstformen (Witze, Anekdoten, Parabeln), narrative Kurzformen (Kurzgeschichte, Märchen, Fabeln, Kriminalgeschichten, phantastische Erzählungen).

Beispiel aus der Unterrichtspraxis

Kreativer Umgang mit literarischen Texten in der Sekundarstufe II

Zwölf Erzählungen der französischen Autorin **Anna Gavalda** erschienen 1999 unter dem Titel *Je voudrais que quelqu'un m'attende quelque part*. Das Besondere dieses Erzählbandes ist dessen Vielfalt: Einige Texte sind sehr ironisch und witzig, andere dramatisch und ernst. Alle Geschichten sind aus dem Alltag gegriffen. Im Mittelpunkt stehen überwiegend junge Menschen zwischen zwanzig und vierzig Jahren. Sie geraten in Situationen, die in ihnen starke Gefühle auslösen und in manchen Fällen zu einer inneren Entwicklung führen. Einige Protagonisten fällen dann klare Entscheidungen, andere lassen sich von den Ereignissen treiben.
Die Erzählweise der Schriftstellerin besteht darin, die Figuren durch ihre Sprache lebendig werden zu lassen. Es ist vor allem das *Français populaire*, das hier mit seinem eigenen Wortschatz und seinen syntaktischen Besonderheiten zur Darstellung gebracht wird. Es gelingt der Autorin außerdem, die Leserschaft bereits mit den ersten Sätzen in den Bann der Geschichte zu ziehen: Dazu spricht sie die Leser beispielsweise direkt an (« Saint-Germain-des-Prés ! ? … Je sais ce que vous allez me dire : ‹ Mon Dieu, mais c'est d'un commun ma chérie, Sagan l'a fait bien avant toi et tellllement mieux ! › »). Die meisten Texte lässt sie mit einem persönlichen Kommentar aus der Perspektive der Protagonisten beginnen. Auf diese Weise nimmt die Autorin ihre Leserinnen und Leser mit hinein in die Welt der Figuren. Gemeinsam sind allen Texten die Ich-Form, die detaillierte und authentische Darstellung der Figuren und eine unerwartete Wende im Verlauf der Handlung.
Im Folgenden sollen Verfahren erläutert werden, die den Leseprozess fördern und den Sinnbildungsprozess vertiefen. Sie gehören zur **prozessorientierten Methode zur Förderung der Rezipientenrolle**. Es sind fünf Texte ausgewählt worden, die zum Teil sehr spannend und dramatisch sind, zum Teil sehr amüsant. Die Erzählungen sprechen folgende Themen an: Moderne Kommunikationstechniken und ihre Auswirkungen auf zwischenmenschliche Beziehungen; Jugend und das Erwachsenwerden; die Beziehungen

zwischen den Geschlechtern; sexuelle Gewalt; der Umgang mit der eigenen Schuld. Die Texte lassen sich inhaltlich und formal vergleichen.

Petites pratiques germano-pratines	Der flüchtige Blickwechsel zwischen einer jungen Pariserin und einem vorbeikommenden Passanten am Boulevard Saint-Germain-des-Prés mündet in einen Abend im Restaurant. Die Annäherung der beiden wird durch das Klingeln seines Handys unterbrochen. Als er einen heimlichen Blick auf sein Display wagt, beendet sie den gemeinsamen Abend.
Le fait du jour	Ein Handelsvertreter verpasst im dichten Nebel die Autobahnabfahrt. Er setzt mit dem Auto zurück. Am Abend erfährt er die verheerenden Folgen seines Fahrverhaltens aus den Medien. Wegen des Nebels fehlt von dem Unfallverursacher jede Spur. Seine Frau drängt ihn zum Schweigen, um das Leben ihrer beiden Kinder nicht zu belasten.
Catgut	Eine Tierärztin in der Normandie wird zu später Stunde auf einen Hof gerufen. Dort vergewaltigen sie drei alkoholisierte Männer. Als diese einschlafen nimmt die Ärztin Rache, indem sie an ihren Vergewaltigern eine chirurgisch exakte Kastration ausführt. Anschließend kehrt sie in ihr Haus zurück und wartet auf die Polizei.
Junior	Der verwöhnte Sohn einer neureichen Familie kehrt begleitet von einem Freund mit dem Jaguar seines Vaters von einem Ball zurück. Er fährt ein Wildschwein an. Um dem politisch ambitionierten Vater Ärger zu ersparen, packt er es auf den Rücksitz. Das Tier erholt sich von seinem Schock und verwüstet das Auto. Ungerührt setzen die Freunde ihren Weg zu Fuß fort.
Clic-Clac	Olivier lebt mit seinen Schwestern Myriam und Fanny seit fünf Jahren in einer gemeinsamen Wohnung in Paris. Während einer Examensfete kommt es zum Eklat: Der frisch verliebte Olivier nimmt die Provokation seiner Schwestern zum Anlass, die WG zu verlassen, und startet einen Neuanfang.

Die Kombination aus kreativen und analytischen Verfahren soll exemplarisch anhand einzelner Textbeispiele erläutert werden.

Kreative Vorarbeit

Hypothesenbildung aus Textanfang und Textende

Aufgrund der oben beschriebenen Textmerkmale eignen sich die Texte dafür, aus Anfang und Ende Hypothesen bezüglich des Themas abzuleiten.

Anna Gavalda: ***Le fait du jour*** **(2001)**

« Je ferais mieux d'aller me coucher mais je ne peux pas.
Mes mains tremblent.
Je crois que je devrais écrire une sorte de rapport.
J'ai l'habitude. J'en rédige un par semaine, le vendredi après-midi, pour Guillemin mon responsable.
Là, ça sera pour moi.

Je me dis : ‹ Si tu racontes tout en détail, si tu t'appliques bien, à la fin quand tu te reliras, tu pourras croire pendant deux secondes que le couillon de l'histoire c'est un autre gars que toi et là, tu pourras peut-être te juger objectivement. Peut-être. ›
Donc je suis là. Je suis assis devant mon petit portable qui me sert d'habitude pour le boulot, j'entends le bruit de la machine à laver la vaisselle en bas. […] »
« Ma femme et mes gosses sont au lit depuis longtemps. Mes gosses, je sais qu'ils dorment, ma femme sûrement pas. Elle me guette. Elle essaye de savoir. Je pense qu'elle a peur parce qu'elle sait déjà qu'elle m'a perdu. Les femmes sentent ces choses-là. Mais je ne peux pas venir contre elle et m'endormir, elle le sait bien. Il faut que j'écrive tout ça maintenant pour ces deux secondes qui seront peut-être tellement importantes, si j'y arrive.
Je commence au début. […]

Ce matin, devant elle, j'ai hoché la tête mais là, maintenant, ce soir, dans ma maison silencieuse avec juste le lave-vaisselle en bruit de fond …
Je suis perdu.

Je vais descendre, je vais boire un verre d'eau et je vais fumer une cigarette dans le jardin. Après je vais remonter et je vais tout relire d'une traite pour voir si ça m'aide.

Mais je n'y crois pas. »

(Gavalda 2001: 71 f., 80)

Consignes:
Quelles informations vous donne le texte sur son personnage principal ?
Décrivez le ton de la narration.
Quel sera le sujet du texte intégral ?

Im Sinne eines Französischunterrichts, der **Individualisierung und Differenzierung** berücksichtigt, empfiehlt es sich, die Texte arbeitsteilig zu behandeln. Im Verlauf der Unterrichtsreihe sollte allerdings jeder Schüler alle fünf Texte lesen.
Zur praktischen Vorbereitung werden die jeweiligen Anfänge und Schlüsse mit zwei unterschiedlichen Farben markiert (das erleichtert Schritt 2). Nur die Textanfänge erscheinen unter dem Titel der Erzählung. Die Textauszüge werden gemischt und innerhalb der Lerngruppe verteilt.

1. Nach dem detaillierten Lesen der Auszüge stellen die Schülerinnen und Schüler Informationen zu folgenden Aspekten zusammen: Die berufliche und familiäre Situation des Protagonisten, sein allgemeiner Zustand und seine Pläne, der Erzählton.
2. Die Lernenden stellen sich die Texte gegenseitig mündlich vor und suchen ihre Textentsprechung. (*Le personnage de mon texte s'appelle … ; Il est/Elle est … ; On est à … ; À mon avis, le texte traite de … ; La nouvelle est écrite sur un ton …*). In einer Art Omniumkontakt bewegen sie sich dabei durch den Raum, tauschen ihre Informationen aus, bis die zusammengehörenden Textpaare gefunden wurden.
3. In einem dritten Arbeitsschritt vergleichen sie ihre Ergebnisse miteinander, ergänzen und modifizieren diese. Die Vermutungen bezüglich des Themas der Erzählung werden präzisiert. Hier ist die Kreativität der Schüler gefordert. Sie greifen dabei auf ihre Lebenserfahrung und ihr Vorwissen zurück. Sie halten die Ergebnisse auf einem Arbeitsblatt bzw. einer Folie fest. Es folgen Präsentation im Plenum und Vergleich der Ergebnisse, die im weiteren Verlauf noch benötigt werden. Die Ergebnisse werden später modifiziert oder ergänzt, mit dem Ziel, ein immer vollständigeres Bild des Protagonisten zu entwerfen.
4. Die Ergebnisse zu jeder Erzählung werden vor der gesamten Lerngruppe vorgestellt, um allen Schülern Appetit auf die Lektüre zu machen.

Verfahren der Textbegegnung

Kreative Nachgestaltung

Die Textgrundlage wird zunächst im Hinblick auf die sprachlichen Besonderheiten analysiert. In einem zweiten Schritt experimentieren die Schülerinnen und Schüler selbst mit diesem Material. Dadurch wird ihre **Sensibilität für die sprachlichen Eigenheiten** geschult. Für diese Aktivitäten eignen sich vor allem die ironischen Texte (*Petites pratiques germanopratines, Junior, Clic-Clac*). Die Schülergruppe kann die Ausdrucksmittel selbst mithilfe eines Wörterbuchs zusammenstellen. Die Dialoge der Protagonisten sind gekennzeichnet durch besonders schnelle und freche Repliken. Ausdrücke des *Français populaire* und des *Argot* sind häufig. Aus diesem Sprachmaterial schaffen die Schülerinnen und Schüler dann **eigene narrative oder dialogische Texte**.

Der Beschreibung des Protagonisten in *Junior*:
« Il s'appelle Alexandre Dervermont. C'est un jeune homme tout rose et tout lourd.
Élevé sous vide. Cent pour cent savonnette et Colgate bifluor, avec des chemisettes en vichy et une fossette dans le menton. Mignon. Propre. Un vrai petit cochon de lait. » (GAVALDA 2001: 87)

Ausdrücke aus dem Gesamttext:
péter plus haut que son cul, un gros hic, pas un péquin, rouler peinard, une bagnole, aspirateur à belette, faire chier, un poivrot, une boîte, un gros nichon, on se casse

Die Beschreibung einer Schwester in *Clic-Clac*:
« Myriam est un vrai cœur d'artichaut, tous les six mois, depuis l'âge de quinze ans (ce qui doit faire à peu près trente-huit fois si je ne m'abuse), elle nous ramène l'homme de sa vie. Le Bon, le Vrai, le Mariage en blanc, Le Ça y Est Cette Fois C'est du Solide, le Dernier, le Sûr, le Dernier des derniers. » (GAVALDA 2001: 124)

Kreative Verarbeitung

Fiktiver Dialog zwischen Figuren verschiedener Erzählungen

Der Handelsvertreter aus *Le fait du jour* und die Tierärztin aus *Catgut* treten in einen Dialog zu dem Thema:
Est-ce que je dois assumer les conséquences de mes propres actes ?

Titel des Erzählbandes in Originaltexte integrieren

Der Titel des Erzählbandes *Je voudrais que quelqu'un m'attende quelque part* ist der Erzählung mit dem Titel *Permission* entnommen. Er lässt sich jedoch auf alle Erzählungen anwenden. Die Schülerinnen und Schüler sollen aus ihrem jeweiligen Text eine passende Stelle finden, in die sich dieser Satz einfügen lässt und die Gefühlslage der Person beschreiben.

Bild und Text

Aus einer vorgegebenen oder selbst zu suchenden Menge an Bildern (Fotos, Postkarten, Abbildungen aus Zeitschriften) wählen die Schülerinnen und Schüler ein Exemplar aus, das ihrer Meinung nach einen wesentlichen Aspekt des Textes wiedergibt. Sie beschreiben das Bild und erläutern den Bezug zum Text.
Das Bild kann in einem zweiten Schritt

a. als Illustration eines Buchdeckels fungieren oder
b. zu einer Collage ausgebaut werden, mit einem Zitat aus dem Originaltext und einem persönlichen Kommentar zur Lektüre.

Musik und Text

Die Schülerinnen und Schüler suchen sich ein Musikstück, dessen Stimmung oder Thema dem Grundton der Erzählung entspricht. Sie beschreiben den Charakter der Musik oder das Thema des Liedes und erläutern den Zusammenhang zum Text.

Tipps und Literatur

Internet

- http://www.ricochet-jeunes.org/institutions/institution/75-bureau-du-livre-de-jeunesse-francfort
- http://www.ricochet-jeunes.org
  Die Seiten von Le Portail européen sur la Littérature Jeunesse.
- http://www.fl.ulaval.ca
  Bibliographische Angaben zu narrativen Texten aus dem Maghreb, aus Québec und Belgien.
- http://www.citrouille.net
  Kommentar und Bild zu französischen Kinder- und Jugendbüchern.

Literatur

Deharde, Kristine (2005): « J'ai lu mon premier livre français », in: *Praxis Fremdsprachenunterricht*, Heft-Nr. 6, S. 38–43.
Enthalt eine kommentierte Liste mit geeigneten Lektüren für das 1./2. Lernjahr.

Der fremdsprachliche Unterricht Französisch:
„Les contes", 4/1993, Heft-Nr. 12;
„Längere Texte – Langeweile?", 4/1996, Heft-Nr. 24;
„Kinder und Jugendliteratur", 5/1997, Heft-Nr. 29;
„Lisez Jeunesse !", 1/1998, Heft-Nr. 31;
„La nouvelle", 2/2000, Heft-Nr. 34;
Enthält eine umfangreiche und kommentierte Bibliographie zu französischen Primärtexten.

Bredella, Lothar/Christ, Herbert (1995): Didaktik des Fremdverstehens im Rahmen einer Theorie des Lehrens und Lernens fremder Sprachen. Gunther Narr Verlag. Tübingen.

Brusch, Wilfried (1992): „Arbeiten mit literarischen Texten", in: Jung, Udo O. H. (Hrsg.): Praktische Handreichung für Fremdsprachenlehrer. Peter Lang Verlag. Frankfurt/M., S. 359–367.

Caspari, Daniela (1995): „Kreativität im fremdsprachlichen Literaturunterricht", in: *Praxis des neusprachlichen Unterrichts*, Heft-Nr. 4, S. 345–352.

CASPARI, DANIELA (1995): „Literarische Texte im Fremdsprachenunterricht und/mit/durch kreative Verfahren", in: *Fremdsprachenunterricht,* Heft-Nr. 48, S. 241–246.

CASPARI, DANIELA (2005): „‚Zwölf Thesen zur Textarbeit' in der Diskussion. Zwei Regeln statt zwölf Thesen", in: *Praxis Fremdsprachenunterricht*, Heft-Nr. 2, S. 12.

CASPARI, DANIELA (2005): „Kreativitätsorientierter Umgang mit literarischen Texten – revisited", in: *Praxis Fremdsprachenunterricht*, Heft-Nr. 6, S. 12–16.

EUROPARAT (2001): Gemeinsamer europäischer Referenzrahmen für Sprachen: lernen, lehren, beurteilen. Langenscheidt Verlag. Wien und Berlin.

GAVALDA, ANNA (2001): Je voudrais que quelqu'un m'attende quelque part. Éditions J'ai lu. Paris.

HABERKERN, RAINER (2005): „Zwölf Thesen zur Textarbeit", in: *Praxis Fremdsprachenunterricht*, Heft-Nr. 2, S. 2–5.

KRECHEL, HANS-LUDWIG (2013): Textarbeit im bilingualen Unterricht. In: Hallet, Wolfgang/Königs, Frank G. (Hrsg.): *Handbuch Bilingualer Unterricht.* Kallmeyer. Seelze. S. 251–258.

KÜPPERS, ALMUT (2005): „‚Zwölf Thesen zur Textarbeit' in der Diskussion. Textarbeit im Kontext. Eine Erweiterung aus lesedidaktischer Sicht", in: *Praxis Fremdsprachenunterricht*, Heft-Nr. 2, S. 5–6.

LEUPOLD, EYNAR (2002): Französisch unterrichten. Grundlagen, Methoden, Anregungen. Kallmeyer. Seelze-Velber.

MIKLITZ-KRAFT, BRIGITTE (2004): „Anna Gavalda – ein junger Star der französischen Literaturszene", in: *Praxis Fremdsprachenunterricht*, Heft-Nr. 3, S. 192–196.

MULTHAUP, UWE (1997): „Lernziele, Textverstehen und Textverständlichkeit", in: Jarfe, Günther (Hrsg.): Literaturdidaktik – konkret. C. Winter. Heidelberg, S. 99–118.

STUDIENEMINAR KOBLENZ (Hrsg.) (2009): *Sachtexte lesen im Fachunterricht der Sekundarstufe.* Seelze-Velber.

WELLER, FRANZ-RUDOLF (1998): „Literatur in der Sekundarstufe I? – Textvorschläge und Arbeitsanregungen für den Französischunterricht", in: Krechel, Hans-Ludwig et al. (Hrsg.): Kognition und neue Praxis im Französischunterricht. Gunther Narr Verlag. Tübingen, S. 47–68.

WERNSING, ARMIN V. (2005): „‚Zwölf Thesen zur Textarbeit' in der Diskussion. Die ungeschriebenen Texte", in: *Praxis Fremdsprachenunterricht*, Heft-Nr. 2, S. 7.

WOLFF, DIETER (2003): „Texte im Fremdsprachenunterricht: Plädoyer eines Sprachdidaktikers für die Arbeit mit literarischen Texten im Klassenzimmer", in: Abendroth-Timmer, Dagmar et al.: Text, Kontext, Fremdsprachenunterricht. Peter Lang Verlag. Frankfurt/M., S. 161–172.

5 Förderung der Lesekompetenz

von Anette Fritsch

Lesen mit Lust und System – kein Widerspruch!

Lesen ist eine Kernkompetenz, von der die Möglichkeit zum Lernen in vielen anderen Bereichen entscheidend abhängt. Die heute deutlich geschärfte Wahrnehmung der grundlegenden Bedeutung des Lesens, die vor allem durch die PISA-Studie veranlasst wurde, spiegelt sich in neueren Kompetenz-Curricula ebenso wie in Qualifizierungsprogrammen für Unterrichtende und korrespondierenden Fördermaßnahmen für Schüler sowie in zahlreichen themenbezogenen Veröffentlichungen, die primär das Fach Deutsch als „Trägerfach", aber auch die Fremdsprachen im Blick haben.
Dabei fällt auf, dass die Entwicklung von Lesekompetenz zunehmend als Prozess gesehen wird, der sich – alters- und leistungsadäquat geordnet – in einem sich stetig erweiternden und vertiefenden Verfahren abbildet und der das Lesen nicht mehr nur primär im Kontext eines handlungs- und produktionsorientierten Literaturunterrichts sieht. Stattdessen haben **kognitive Prozesse** und **kognitives Lernen** stärker an Bedeutung gewonnen, und es werden neben literarischen Texten die unterschiedlichsten Textarten und -sorten zu Informationsträgern und relevanten Lerngegenständen für die Entwicklung von Lesekompetenz (cf. HURRELMANN 2003: 6).
Das kognitionspsychologisch orientierte Lesemodell der PISA-Studie ist für den Fremdsprachenunterricht allerdings nicht neu. Die dort zugrunde gelegte – empirisch abgesicherte – Vorstellung von den Abläufen bei der Bedeutungskonstruktion im Leseprozess und die Erkenntnis, dass Leseverstehen durch methodische Kompetenzen und Lesestrategien auf unterschiedlichen Ebenen gezielt trainiert und geübt werden kann, bestimmt schon länger die Entwicklung und Förderung des Lesens im fremdsprachigen Unterricht, wobei der Strategiebegriff in zahlreichen definitorischen Reichweiten und Nuancierungen gebraucht wird (cf. NIEWELER 2003: 7).
Nicht erst seit der Veröffentlichung der Ergebnisse der PISA-Studie klagen Unterrichtende jedoch über die **mangelnde Lesekompetenz** und vor allem **fehlende Leselust** ihrer Schülerinnen und Schüler und fragen, wie man diesem Sachverhalt im Bewusstsein um den Stellenwert und die Reichweite von Lesekompetenz angemessen begegnen kann. Dies trifft auch auf den Französischunterricht zu. Allerdings sind hier schon seit Jahren deutliche

Zeichen besonderer Lesefreude dokumentiert, denn das (extensive) Lesen (authentischer Texte) ist im Französischunterricht vieler Lehrkräfte lange fest etabliert. Eine herausragende Rolle spielen die fast schon zu „Klassikern“ avancierten Vorhaben mit Kinder- und Jugendliteratur. Sie zielen vor allem darauf, schon früh Leselust zu wecken und die Auseinandersetzung mit dem Gelesenen produktiv-kreativ zu dokumentieren. Hierzu gibt es eine Vielzahl von bewährten Unterrichtsvorschlägen (cf. Mengler 1992 und *Der Fremdsprachliche Unterricht Französisch* 24/1996). Sie zeigen, dass und wie es gelingen kann, Schüler zu motivieren, in einer fremden Sprache verstehend und mit Freude zu lesen und Leseeindrücke auf vielfältige Weise zu präsentieren – und dies *obwohl* authentische Lesegegenstände in der Regel sprachlich viel anspruchsvoller sind als die vergleichsweise leicht verdauliche didaktisierte „Lehrwerkkost“. Solche **motivierenden Erstererfahrungen und Erfolgserlebnisse** können den weiteren Lese- und Lernweg sehr positiv prägen. Damit aus der Leselust kein Frust wird, empfiehlt es sich jedoch, die Lesefreude langfristig durch **methodisch-strategisches Wissen** zu stärken und zu sichern (cf. dazu Helbig 1998, Bimmel 2002, Nieweler 2003).

Ein Fachunterricht, der methodisch-strategische Kompetenzen vermitteln will, muss sich öffnen für eine systematische Integration unterschiedlicher – zum Teil überfachlicher – methodischer Elemente, die eine schrittweise Entwicklung und Festigung dieser Kompetenzen ermöglicht. Hierzu können unter anderem Anleihen bei methodenakzentuierten Reform-Programmen gemacht werden, zum Beispiel dem von Heinz Klippert, das in seiner weiter entwickelten Form der engen **Verzahnung von Fach- und Methodenkompetenz** bzw. der **Integration sogenannter überfachlicher Kompetenzen** in den Fachunterricht besondere Aufmerksamkeit widmet (cf. Schwarz 2004, Fritsch 2006: 13). Wie dies im Französischunterricht konkret möglich ist, wird im vorliegenden Beitrag am Beispiel von methodischen Verfahrensweisen gezeigt, die sich besonders eignen, um Textverstehen in der Fremdsprache bereits in den ersten Lernjahren motivierend und effektiv zu fördern und zu trainieren.

Diese Verfahren bilden entscheidende Grundlagen für die Entwicklung von Lesekompetenz und zeigen ihre Wirksamkeit auch deutlich über den hier reflektierten Rahmen des Französischunterrichts hinaus. Sie verstehen sich nicht als „Konkurrenz“ zu kreativ-produktiven Verfahren der Textarbeit, sondern als notwendige und hilfreiche Ergänzung gerade auch für leistungsschwächere Schülerinnen und Schüler. Strategisch-methodisches Wissen sichert nicht nur **effektives Lesen und konkretes Verstehen**, sondern erhält bzw. **erhöht auch Leselust und Motivation** und **trägt dazu bei,**

Ängste und Lernblockaden abzubauen oder gar nicht erst aufkommen zu lassen. Durch das frühe Einüben relevanter Verfahrensweisen wird überdies die Basis für langfristig motiviertes, durch Strategiewissen gesichertes Lesen und eine sachkundige und weitgehend selbstständige Aneignung fremdsprachiger Inhalte gelegt. Dabei kann gerade im Anfangsunterricht die Motivation für die neue Fremdsprache und die erhöhte Lern- und Anstrengungsbereitschaft genutzt werden, die hier erfahrungsgemäß noch stark ausgeprägt ist.

Informationen verstehen und verarbeiten

In den Lehrwerken – den zentralen Vermittlungsmedien der Sekundarstufe I – bestimmen didaktisch konstruierte Texte sehr deutlich die Leseaktivitäten der Lernenden. Zu Recht wird immer wieder angemahnt, dass so früh wie möglich auch authentische Texte einbezogen werden sollen, um motivierende Verstehens- und Erfolgserlebnisse zu schaffen – und neuere Lehrwerkkonzeptionen tragen dem auch schon deutlich Rechnung.
Im Anfangsunterricht kann man **authentische Texte** vor allem dann sinnvoll einsetzen, wenn man erstes substanzielles Verstehen oder das Entschlüsseln des Kerns fremdsprachiger Botschaften in den Vordergrund stellt und noch *nicht* voraussetzt, dass alles detailliert und präzise übersetzt wird, oder dass weitere mündliche oder schriftliche Äußerungen in der Zielsprache entstehen sollen (cf. Nieweler 2003: 7). Wenn man aber unterschiedliche Lesestile entwickeln will, wenn man eine eigenständige Zusammenfassung oder reproduzierbare Aneignung des Gelesenen erwartet, und wenn man Lesen auch als Anlass zum Sprechen und Schreiben über das Gelesene sieht, dann muss nicht nur ein bestimmtes Maß an Sprach- und Spracherschließungskompetenz vorausgesetzt werden, sondern es werden auch Lesestrategien und -techniken benötigt, um den Zugang zu unterschiedlichen Textsorten, das Verstehen während des Lesens, aber auch die Konstruktion, Verarbeitung und Vernetzung von Wissen zu unterstützen.
Der Schwerpunkt der Unterrichtsvorschläge dieses Beitrags liegt exemplarisch auf bewährten **Texterschließungs- und -verarbeitungstechniken**. Wenn es um die Entnahme und Verarbeitung der Textinformationen geht, müssen Schüler lernen, dass es unterschiedliche Zugangsmöglichkeiten gibt – sie müssen außerdem gezielt darin angeleitet werden, Bedeutsames zu speichern und von Unwichtigem zu trennen, und schließlich müssen sie die Textinhalte so aufbereiten können, dass diese langfristig im Gedächtnis verankert werden. An einem konkreten Textbeispiel werden grundlegende Techniken wie **das kursorische und das orientierende Lesen, das Markie-**

ren und Strukturieren von Schlüsselbegriffen sowie **Möglichkeiten des Ordnens und Zusammenfassens** und der **Veranschaulichung von Textinformationen** vorgestellt. Sie sind Schülerinnen und Schülern unter Umständen schon ansatzweise aus der Arbeit in anderen Fächern oder aus methodenorientierten Trainingsprogrammen bekannt, wie sie mittlerweile an vielen Schulen durchgeführt werden. Wenn dies der Fall ist, kann das die Einführung und vertiefende Anwendung im Fach Französisch erleichtern und die notwendigen muttersprachlichen Anteile in Instruktionsphasen auf ein Minimum reduzieren.

Die im Unterrichtsbeispiel verwendete Textgrundlage ist ein Dossier über das Leben von Jules Verne. Es ist über das Internetportal einer großen Jugendzeitschrift zugänglich (siehe Tipps und Literatur). Diese Textform korrespondiert mit einem steigenden Interesse französischer Jugendlicher an den konventionellen und elektronischen Angeboten französischer Jugendzeitschriften – sowohl als „interaktive" Leser, vor allem aber auch als „Autoren", zum Beispiel bei Schreibwettbewerben (cf. Deloffre 2005: 13). Hierin liegt das besondere Motivationspotenzial des Dossiers über Jules Verne, das *per se* und absichtsvoll kein „motivationaler Selbstläufer" ist. Durch den **Einblick in den (elektronischen) Lese- und Schreibhorizont französischer Jugendlicher** kann auch die Einsicht gestärkt werden, dass Lesen und neue Medien keine unvereinbaren Gegensätze sind und dass man für effektives Arbeiten mit den neuen Medien in der Fremdsprache sicher lesen können muss.

Mehrstufige Lernarrangements

Zur Vermittlung und Verankerung der genannten Verstehens- und Verarbeitungsstrategien reicht es nicht aus, sie nur vorzustellen oder punktuell zu üben. Sie müssen schrittweise eingeführt und immer wieder angewendet werden. Zur **Einführung**, aber auch zur **Wiederholung** und **Festigung** haben sich mehrstufige Lern- oder Trainingsarrangements bewährt, wie sie unter anderem Klippert eingeführt hat und in seinem methodenzentrierten Schulentwicklungsprogramm vermittelt (cf. Klippert 2001: 63–67). Sie wurden auch schon für den Französischunterricht adaptiert (z.B. Fritsch 2003: 21–29 und http://www.meko.bildung.hessen.de → Unterrichtsmaterial → Lernspiralen → Paris). Diese Lernarrangements ermöglichen es den Schülerinnen und Schülern, eine Aufgabe in einem gestuften Verfahren allein *und* mit anderen zu bearbeiten, sich dabei methodische Fertigkeiten und Techniken anzueignen und zu trainieren, die das **selbstständige fachinhaltliche Lernen** erleichtern und fördern. Diese methodischen Arrangements gehen davon aus, dass eine Verbesserung der Lernleistung vor allem durch eine **mehrkanalige und mehrphasige Aufnahme und Verarbeitung von Informationen** erreicht werden kann, die den Schülern immer wieder Gelegenheit gibt, sich mit Bezug auf vorhandenes Vorwissen aktiv und konstruktiv mit Inhalten und Aufgabenstellungen auseinanderzusetzen, und die unterschiedlichen Lerntypen und -dispositionen Rechnung trägt.

Daher bestehen die meisten mehrstufigen Lernarrangements aus folgenden Elementen:

- **Aktivieren** von (individuellem) Vorwissen, Voreinstellungen oder Vorerfahrungen;
- **Zusammenarbeit** und Austausch mit anderen (im Tandem oder in der Kleingruppe);
- **Suche und Erproben** von Lösungs- oder Lernwegen;
- **Erstellung und Präsentation** von Lernprodukten;
- **Reflexion** von Lernprozessen (cf. FRITSCH 2003: 21).

Diese Lernarrangements eignen sich in besonderer Weise für den Fremdsprachenunterricht, weil sie durch **„geschützte" Arbeitsräume und Helfersysteme**, aber auch durch die mehrfache und mehrstufige Beschäftigung mit einem Unterrichtsgegenstand gerade auch schwächeren oder zurückhaltenderen Schülern Sicherheit und sprachlich-gedankliche Entfaltungsräume bieten. Die investierte Zeit ist nachgewiesenermaßen keine verlorene, sondern fördert nachhaltig die Selbstständigkeit und Selbsttätigkeit der Schülerinnen und Schüler.

Beispiel aus der Unterrichtspraxis

Texte lesen und verarbeiten in 5 Schritten

Erfahrungsgemäß tun sich viele Lernende gerade im Fremdsprachenunterricht schwer, Texte zu lesen und selbstständig so zu bearbeiten, dass sie die wirklich wichtigen und für den jeweiligen Arbeitsauftrag relevanten Informationen entnehmen und so verarbeiten können, dass sie auch nach längerer Zeit noch verfügbar sind. Die 5-Schritt-Lesemethode vermittelt zur Bearbeitung dieses Problems hilfreiche Verfahrensweisen und Erkenntnisse (cf. HOLTWISCH 2005: 57). Die **5 „klassischen" Bausteine** wurden für den Französischunterricht ab Ende des zweiten Lernjahres adaptiert und mit vorbereitenden bzw. vertiefenden Übungen angereichert. Sie implizieren eine Schulung unterschiedlicher Lesestile, deren Kenntnis eine weitgehend selbstständige Abstimmung der Lesehandlungen in Relation zu der jeweiligen Leseintention und Textsorte ermöglichen kann, die allerdings hier nicht extensiv ausgeführt werden soll (cf. Blümel-de Vries 2003: 68–75).

Obwohl in der gewählten Darstellungsform eine Einführung der Methode als Ganzes auf der Basis *eines* Textes unterstellt wird, können jedoch alle Bausteine auch einzeln nacheinander mit unterschiedlichen Textgrundlagen umgesetzt und mit kreativeren Verfahren der Textarbeit, weiteren Übungen oder vertiefenden inhaltlichen Fragestellungen kombiniert werden. Je nach methodischer Vorbildung der Schüler und gewählter inhaltlicher Anbindung, ist dies sogar anzuraten, vor allem um eine methodische Überforderung oder Übersättigung zu vermeiden. Die Kenntnis von Techniken der semantisch-lexikalischen Texterschließung wird als bekannt vorausgesetzt. Ihre Vermittlung kann bei Bedarf auch noch in den Baustein 2 integriert werden. Die Zeitvorgaben für die einzelnen Phasen müssen dem Lernstand und Strategie(vor)wissen der Lerngruppe angepasst werden. Wenn alle vorgeschlagenen Übungen gemacht werden, ist pro Baustein mindestens eine Unterrichtsstunde zu veranschlagen. Als Arbeitsgrundlage können – wie im vorliegenden Fall – **authentische Sachtexte** dienen, aber auch geeignete **didaktisierte oder literarische Texte**. Der hier gewählte Auszug aus einem von einem französischen Jugendlichen verfassten Dossier über Jules Verne (cf. http://www.okapi-jebouquine.com/jebouquine/ auteursculte) ist gut geeignet, weil er von Sprachniveau, Informationsdichte und -struktur her so angelegt ist, dass die vorgestellten methodischen Verfahrensweisen sinnfällig und Erfolg versprechend Anwendung finden können. Der Textauszug erlaubt auch die Einführung alternativer Verarbeitungstechniken. Das vollständige Dossier lädt zu einer vertiefenden Beschäftigung mit dem Autor und/oder einzelnen Werken ein oder kann als Modell zur Vorstellung weiterer französischer Autoren dienen.

Jules Verne

« Le voyageur imaginaire :
Le petit Jules-Gabriel Verne passe son temps à imaginer les destinations des grands bateaux qu'il contemple sur la Loire. Il scrute au télescope les manœuvres des voiliers dans le port de Nantes … À l'école, cet élève sage brille en géographie, en grec, en latin. Il apprend le piano, l'escrime et lit beaucoup. À 18 ans, il passe son bac et commence des études de droit. En juin 1848, il part à Paris. Là, il se met à fréquenter les salons littéraires et dévore les œuvres de ses contemporains : Alexandre Dumas, Musset, et surtout Hugo … »

« L'artiste étudiant :
À 22 ans, Jules Verne a déjà écrit des romans inachevés, des poèmes, des pièces de théâtre. Son père tente bien de le remettre dans le chemin du droit, mais Jules refuse, il veut devenir écrivain. Angoissé par ce conflit, Jules se voit atteint de crises de paralysie faciale qui le poursuivront toute sa vie, dans ses moments de stress. En 1850, il rencontre Jacques Arago, un grand voyageur passionné de sciences qui, bien qu'aveugle, sillonne le monde en tout sens ! En lisant les récits de voyages d'Arago, Jules redécouvre toutes ses émotions d'enfance. Secrétaire du Théâtre Lyrique, il continue à écrire un peu dans tous les sens, des œuvres qui ne sont pas toujours de grande qualité … En rencontrant Honorine Deviane, une jolie veuve de 26 ans qui habite Amiens, Jules songe à gagner un peu plus d'argent : il devient agent de change à la Bourse ! Et le 10 janvier 1857, se marie avec Honorine. »

« Les deux Jules :
En 1859, Jules découvre l'Angleterre et l'Écosse. Fasciné par la mer et les grands paysages, il voyagera encore en Scandinavie, aux États-Unis. Plus tard, à bord de son propre voilier, il croisera en Méditerranée, sur l'Atlantique … Des voyages qui ne cesseront de l'inspirer ! Mais à partir de 1860, Jules Verne, calmé, travaille sur son premier roman, *Un voyage dans les airs*. Dans le même temps, l'un de ses amis, Alexandre Dumas fils, le présente à Pierre-Jules Hetzel, un grand éditeur. Hetzel lit le manuscrit de Verne, le trouve maladroit. Mais il aime l'idée de ce voyage en ballon au-dessus de l'Afrique, décrit presque scientifiquement. L'éditeur critique le manuscrit, l'annote. Jules Verne ne bronche pas et réécrit dans la direction indiquée. Ici naît leur amitié qui durera jusqu'à la mort d'Hetzel. »

« Le voyageur extraordinaire :
En 1862, Jules Verne signe un contrat pour le manuscrit qui devient *Cinq semaines en ballon*. C'est un succès immédiat … Jules Verne est enfin né et avec lui les fameux *Voyages extraordinaires*, ce cycle de romans où les hommes partent à la conquête des éléments. Sous la direction d'Hetzel, l'écrivain travaille « comme un forçat » avec pour devise : éveiller la curiosité du lecteur. Il dévore les travaux des scientifiques, se documente sur cette fin du XIXe siècle, riche en révolutions sociales, scientifiques et industrielles. »

« Le Maître du monde en 80 volumes (ou presque) … :
Naples, Rome, Tunis … partout où il voyage, Jules Verne est célébré et cela l'ennuie, il aurait aimé rester dans l'anonymat. Mais il regrette de ne pas être reconnu par ses pairs : il ne sera jamais académicien. Le grand auteur populaire passe la fin de sa vie à Amiens. Malade, ne voyageant plus, Jules Verne donne un ton plus sombre à ses derniers écrits : la science elle-même y apparaît source de danger. Jules meurt le 25 mars 1905 à 77 ans, d'une crise de diabète. Son dernier succès paraît … en 1994 ! *Paris au XXe siècle* a été écrit juste après *Cinq semaines en ballon*. Hetzel l'avait refusé : trop sombre ! Ce texte mineur et pourtant prémonitoire a aussitôt été traduit dans le monde entier. […] »

(E. Viau, http://www.okapi-jebouquine.com/jebouquine/article).

1. Überfliegendes Lesen: Wovon handelt der Text?

Da die Schüler gerade diese (erste) Lesephase erfahrungsgemäß oft nicht ernst genug nehmen, kann man sie durch eine kleine Vorübung dafür sensibilisieren, dass es nötig ist, sich vor der intensiven Bearbeitung eines Textes einen **Überblick** zu verschaffen. Dazu wird ein Arbeitsblatt mit zahlreichen Hinweisen vorbereitet, auf dem als einzige konkrete Handlungsanweisung lediglich das Eintragen des eigenen Namens versteckt ist. In einer kurzen Reflexion kann die grundsätzliche Bedeutung des überfliegenden Lesens thematisiert werden, die auch im Zusammenhang mit dem Lesen von Arbeitsanweisungen sehr wichtig ist, denn vor der konkreten Bearbeitung gilt es zunächst, sich einen Überblick über die Anforderungen zu machen; nachgewiesenermaßen werden viele Aufgaben nicht angemessen gelöst, weil die Aufgabenstellungen nicht (richtig) gelesen werden, sondern gleich mit der Bearbeitung begonnen wird.
Nachdem die Schülerinnen und Schüler den Text und folgende Hinweise bekommen haben, arbeiten sie in Einzelarbeit selbst organisiert innerhalb eines vorgegebenen Zeitrahmens:

Wenn du einen längeren Text lesen und bearbeiten musst und keine speziellen Arbeitsaufträge vorliegen, solltest du nicht sofort mit dem detaillierten/intensiven Lesen beginnen. Du solltest zunächst den Text überfliegen, um herauszufinden, worum es sich handelt. Dabei kannst du auf folgende Dinge achten bzw. dir folgende Fragen stellen:

1. Wie lautet der Titel oder die Überschrift? Gibt es einen Untertitel oder Zwischenüberschriften: Was sagen sie mir? Was weiß ich vielleicht schon darüber?
2. Ist der Text formal unterteilt in Abschnitte bzw. sind „Teilstücke“ sichtbar?
3. Gibt es Hervorhebungen durch **Fett**- oder *Kursiv*druck, Unterstreichungen oder sonstige Markierungen?
4. Finden sich Jahreszahlen, Namen oder Daten im Text?
5. Finden sich Bilder oder sonstige Veranschaulichungen? Gibt es Bildunterschriften?
6. Handelt es sich um eine dir bekannte Textform? Was ist typisch für sie?

Wenn du den Text in der beschriebenen Weise überflogen hast, kannst du versuchen, in einigen Sätzen schriftlich festzuhalten, um was es geht. Du kannst so beginnen: *Dans ce texte, il s'agit de Jules Verne. Il y a ...*

Webcode: FM163120-012

Je nach sprachlicher und methodischer Kompetenz der Lernenden können die Fragen zunächst deutsch formuliert werden und später – nachdem sie einmal bekannt sind – in vereinfachter französischer Form. Die französischen Entsprechungen können jedoch auch problemlos im Zusammenhang mit der Vorstellung der Ergebnisse dieser Arbeitsphase eingeführt werden, indem beispielsweise gefragt wird: *Il y a un titre ou des sous-titres ? Quel est le titre ?* oder *Il y a des paragraphes ? Combien ?* Die relevanten (neuen) Begriffe werden an der Tafel notiert und sollten so gewählt werden, dass die Schülerinnen und Schüler sie im Bedarfsfall durch die Anwendung der ihnen bekannten Erschließungstechniken verstehen können.

2. Intensives Lesen: Wovon handelt der Text genau?

Die Schülerinnen und Schüler lesen den Text in Einzelarbeit noch einmal und erschließen den unbekannten Wortschatz selbstständig **ohne Wörterbuch**. Die Ergebnisse werden mit dem Tischpartner verglichen und bei Bedarf ergänzt oder korrigiert. Danach stellen durch Zufallsprinzip ausgewählte **Tandems** ihre Lösungen vor. Falls nötig werden die verwendeten **Texterschließungstechniken** anhand ausgewählter Beispiele aus dem Text noch einmal wiederholt und exemplarisch erläutert. Bedarfsbezogen erfolgen weitere Wortklärungen durch die Lehrperson. Nach der Sicherung des grundlegenden sprachlichen Textverständnisses folgt die Phase des intensiven individuellen Lesens, die durch folgende Hinweise (ein)geleitet werden kann:

> Jetzt solltest du den Text noch einmal aufmerksam und intensiv lesen. Dabei können dir Fragen helfen wie *Où ? Quand ? Qui ?* und *Quoi ?* – oder andere Fragen, die du selbst an den Text stellst.
>
> Lies dir alle Abschnitte nacheinander durch. Besonders aufmerksam solltest du auf den Anfang und das Ende einzelner Abschnitte achten, denn dort steht meist das Wichtigste bzw. das, was die Abschnitte eventuell verbindet. In vielen Fällen steht der wichtigste Satz am Anfang oder am Ende eines Abschnitts und die übrigen Sätze erläutern ihn oder geben Zusatzinformationen.
>
> Manche Texte haben aber keine auf den ersten Blick erkennbare Struktur. Dann musst du den Text selbst in Abschnitte unterteilen, die dir sinnvoll erscheinen!
>
> Wenn kein anderer Arbeitsauftrag gegeben ist, solltest du nun den Inhalt jedes Abschnitts in deinen eigenen Worten kurz/in Stichworten schriftlich festhalten. Dazu kannst du z.B. lange Sätze verkürzen, komplizierte Formulierungen durch einfachere ersetzen oder Beispiele für bestimmte Sachverhalte geben.

Webcode: FM163120-013

An dieser Stelle kann nach Bedarf der Schülerinnen und Schüler eine gemeinsame **Sicherungsphase** zwischengeschaltet werden oder aber direkt zum dritten Baustein übergeleitet werden.

3. Markieren von Schlüsselbegriffen

Das Markieren von sinntragenden Textteilen ist eine zentrale methodische Teilqualifikation, deren gesicherte Einführung große Aufmerksamkeit verdient, weil sie in der Regel nicht *per se* vorhanden ist und doch häufig ohne jegliche Übung vorausgesetzt wird. Indem **zentrale Begriffe** und **wichtige Informationen** markiert, das heißt unterstrichen oder farbig überstrichen werden, findet eine vertiefende, verständnissichernde Auseinandersetzung mit dem Gelesenen statt. Indem Bedeutsames gedanklich *und* aktiv handelnd von weniger Bedeutsamem unterschieden *und* sichtbar gemacht wird, ist ein deutlicher Schritt zum Behalten und langfristigen Speichern der wichtigen Informationen getan.
In der Praxis haben sich vorbereitende bzw. vertiefende Übungen sehr bewährt, die das Bewusstsein für die Hierarchisierung von Begriffen sowie die Unterscheidung von Kerninformation und ausschmückenden „Details" schärfen helfen und die im Vorfeld, aber auch in der Nachbereitung, eingesetzt werden können. Für das **Finden von Oberbegriffen** präsentiert man den Lernenden in einer einfachen Übung zunächst beispielhaft mehrere Begriffe, für die ein gemeinsamer Begriff gefunden werden soll, der die übereinstimmenden Merkmale fasst und die Spezifika weglässt, z.B.: *L'écrivain, l'artiste-peintre, le sculpteur, le sculpteur sur bois, ce sont des métiers artistiques.* Später können die Schülerinnen und Schüler selbst – wie hier aus dem vorliegenden Text oder losgelöst davon – Aufgabenbeispiele finden.
Das sehr viel anspruchsvollere **Bilden von Begriffshierarchien**, bei denen die Schüler – allein oder in Gruppen – 10 bis maximal 20 Begriffe unterschiedlichen Abstraktionsgrades einem einzigen Basisbegriff zuordnen sollen, schult kognitive Fähigkeiten wie das Begreifen von Zusammenhängen und ihre sprachliche Darstellung (cf. Brenner 2005: 159). Als Übung zu dem Basistext über das Leben von Jules Verne könnten den Schülern die folgenden Begriffe ungeordnet mit dem Auftrag vorgelegt werden, sie in eine sinnvolle hierarchische Ordnung zu bringen.

Zum Beispiel:

Faire des voyages
destinations
Europe *États-Unis* *Asie*
Angleterre, Écosse, Suède

oder:

	Parcourir le monde	
air	*mer*	*terre*
	Atlantique, Méditerranée	
ballon, avion	*bateau, voilier*	*train, à pied*

Begriffsdefinitionen machen augenfällig den Unterschied zwischen einem zentralen Begriff und erläuternden Nebeninformationen deutlich (*L'œuvre d'un auteur, ce sont tous les romans, tous les poèmes ou/et toutes les pièces de théâtre d'un auteur*). Sie können – wie hier – durch Lehrerbeispiele initiiert und anschließend von den Schülerinnen und Schülern selbstorganisiert, ggf. sogar als Ratespiele durchgeführt werden.

Mit Bezug auf die Arbeit in den Bausteinen 1, 2 und die Frage, wie die wichtigen Textinformationen gefunden und sichtbar gemacht werden können, kann man den Lernenden vorab die Vorteile des Markierens im Überblick erläutern bzw. eine entsprechende Reflexion nach einer Arbeitsphase anregen (Holtwisch 2005: 58):

- Das Wesentliche wird dargestellt.
- Die Texte werden übersichtlicher.
- Das Wiederfinden wird erleichtert.
- Das Wiederholen wird vereinfacht.
- Das Markieren ist ein wichtiger Schritt zum Behalten!

Zudem ist es empfehlenswert, sich innerhalb der Lerngruppe auf die gleichen Arbeitsmaterialien (Bleistift, Marker, Rotstift, Lineal und Radiergummi) und Markierungszeichen zu einigen (Bleistift für die Übungsphase und für Skizzen, gelber Marker für Schlüsselworte und dünner roter Stift für Zusatzinformationen, wenn man schon geübt im Markieren ist).

Das (erste) Markieren kann als mehrstufiges Lernarrangement durchgeführt werden, bei dem die Schülerinnen und Schüler selbst Regeln für das Markieren entwickeln, oder die folgenden Regeln werden durch die Lehrkraft eingeführt:

> Lies dir den Text aufmerksam durch und unterstreiche wichtige Schlüsselwörter mit einem Bleistift. Sei jedoch sehr sparsam und markiere nicht zu viele Wörter! Überprüfe dann noch einmal deine Unterstreichungen und verändere sie, wenn du es für nötig hältst, durch Ergänzungen oder Streichungen.
> Besonders wichtige Stellen kannst du farbig markieren oder einkreisen bzw. einrahmen.
> Weitere wichtige Zusatz- und Nebeninformationen wie Namen oder Daten kannst du nun mit einem dünnen Rotstift unterstreichen.
> Versuche dann, dir die markierten Stellen gut einzuprägen und überprüfe, in welcher Weise sie aufeinander bezogen sind.

Nachdem die Schüler in Einzelarbeit den Text markiert haben, vergleichen sie zunächst ihre Ergebnisse mit ihren Tischpartnern bzw. in ihren Lerngruppen aus.
Im Anschluss wird im Plenum auf einer Folie die Markierung (mindestens eines Abschnittes) des Textes gemeinsam vorgenommen; es werden unterschiedliche Markierungen argumentativ diskutiert und bestätigt oder korrigiert. Zur Sicherung eines für die Schüler verfügbaren Ergebnisses kann sich auch – je nach Lernstand der Gruppe oder Schwierigkeitsgrad des Textes – die Vorstellung eines Lehrerlösungsmusters anbieten, das ebenfalls besprochen werden sollte.

„Spickzettel" als Gedächtnisstützen

Um deutlich zu machen, dass (wenige) markierte Schlüsselwörter für das Gedächtnis als Auslöser für die Aktivierung weiterer Informationen (aus einem Text) ausreichen, empfiehlt sich als Übung im Anschluss an das Markieren die Erstellung von „Spickzetteln", auf denen die Schülerinnen und Schüler nur eine ganz geringe Anzahl von **Schlüsselwörtern**, aber beliebig viele **Symbole** und **Zeichen** notieren dürfen. Diese Notizen dienen als Basis für eine Wiedergabe des Textinhaltes. Wenn man diese Textwiedergabe als Partnerarbeit im Doppelsitzkreis organisiert, wird außerdem sichergestellt, dass *alle* Schüler diese wichtige Aufgabe zeitgleich ausführen und ihre Erfahrungen als Hörer und Sprecher vergleichen. Erfahrungsgemäß können viele Schüler auf der Basis von „Spickzetteln" selbst nach längerer Zeit noch Textinhalte *ad hoc* memorieren und sind stark motiviert durch diese Lernerfolge. Diese aktiv-handelnde Rekapitulation vermittelt anschauliche Einsichten in die Funktionsweise von Schlüsselbegriffen, fördert das Einprägen und Erinnern bzw. sensibilisiert für die Wirksamkeit von methodischen Verfahrensweisen, die dies ermöglichen (Beispiele für einen „Spickzettel" cf. Fritsch 2003: 24 und unter http://www.meko.bildung.hessen.de → Unterrichtsmaterial → Lernspiralen → Paris).
Eine Alternative zu der Arbeit mit „Spickzetteln" sind individuelle Randnotizen in Form von Stichwörtern, Zeichen und Symbolen, mit deren Hilfe der Textinhalt zu einem späteren Zeitpunkt schnell rekapituliert werden kann.

4. Veranschaulichen und Ordnen von Textinhalten

Damit die aus einem Text entnommenen Informationen, die erkannten Zusammenhänge oder erfassten Abfolgen von Denk- oder Handlungsschritten auch langfristig gespeichert und bei Bedarf wieder abgerufen werden können, sollten sie im Idealfall noch einmal übersichtlich geordnet und veranschaulicht bzw. visualisiert werden, zum Beispiel in Strukturskizzen wie **Mindmaps**, **Zeitleisten** oder auch **Diagrammen**, aber auch in **Lernplakaten** oder anderen **bildlichen Darstellungen**. Durch diese Veranschaulichung werden die Textinformationen mit Vorwissen verknüpft und neu vernetzt, was nachweislich das Behalten besser fördert als das Einprägen von Einzelinformationen. Visualisierungen helfen, erarbeitete Inhalte gedanklich erneut zu durchdringen und steigern beim Lernen nachgewiesenermaßen Motivation, Aufmerksamkeits- und Behaltensleistung um ein Vielfaches (cf. Gudjons 2005: 13; Rademacher 2002: 10).

Textbilder

Eine besondere Möglichkeit der Veranschaulichung von Textinformationen sind „Textbilder" oder überdimensionale „Spickzettel", die bei entsprechender Eignung von Texten eine Sonderform der Dokumentation des Verstehens ermöglichen (cf. Fritsch 2003: 23–25). Dazu entwirft jeder Schüler auf der Basis der markierten Begriffe ein Bild, das seine spezifische Aneignung des Textes spiegelt. Dabei sind unterschiedliche Strukturierungsmöglichkeiten, wie **Mindmaps** oder **Netzwerke**, aber auch sehr **individuelle „Textbilder"** erlaubt und erwünscht, da in dieser Übungsform deutlich werden soll, dass es – je nach Lern- *und* Texttyp – diverse Wege gibt, ein schlüssiges „Bild" des Textes, bestimmter Themenstellungen aus dem Text, aber auch eigener Assoziationen zum Textinhalt zu entwickeln. Die gefundenen „Textbilder" sind Ausdruck des individuellen Begreifens und Behaltens des Inhaltes.

Mindmaps

Neben dieser eher individuellen Aneigungsform sollte den Schülerinnen und Schülern ein Basis-Repertoire an flexibel einsetzbaren, auf unterschiedliche (Kon)texte übertragbare und sinnvoll erweiterbare Strukturierungsformen vermittelt werden, die eine zunehmende Selbstständigkeit erlauben und fördern, wie zum Beispiel das *Mindmapping*. Mit Mindmaps lassen sich viele Teilinformationen zu einem Thema auf das Wesentliche reduziert übersichtlich gliedern und darstellen. Diese Ordnung ist jedoch so offen, dass immer wieder Ergänzungen oder Veränderungen vorgenommen werden können. Mindmaps eignen sich aber nicht nur zur **Verarbeitung und Veranschaulichung** von Textinformationen, sondern vor allem auch zum **Sammeln und Strukturieren** unterschiedlicher Informationen oder zum **Üben und Wiederholen** von Lerninhalten, z.B. themenrelevanter Wortschatz. Mindmaps können außerdem zur **Stoff- oder Ideensammlung**, als **Rahmen für Notizen** und **Mitschriften** oder zum **Präsentieren** und als

Vortragsleitfaden verwendet werden. Während bei diesen Verfahren in der Regel immer ein Brainstorming am Anfang der Ausarbeitung einer Mindmap steht, ist die Vorgehensweise bei der Texterschließung analytisch, das heißt, es werden die Schlüsselbegriffe des Textes verwendet und entsprechende Zuordnungen vorgenommen.

„Klassen-Mindmaps"

Ein gezielter Strukturierungsauftrag für eine Mindmap im Zusammenhang mit dem Lesen und Bearbeiten eines Textes kann darin bestehen, dass die Schülerinnen und Schüler markierte Schlüsselbegriffe und wichtige Informationen in Stichworten auf **Moderationskarten** schreiben und sie gemeinsam an einer Pinwand so ordnen, dass sich alle bedeutsamen Textinformationen, aber auch die Struktur des Textes dort wiederfinden. Zunächst wird diese Arbeit von der Lehrkraft angeleitet, moderiert und abschließend kommentiert, später übernehmen die Schüler sie weitgehend selbstständig. Die gemeinsam erarbeitete Mindmap im Klassenraum ist bei Bedarf als Basis für die Weiterarbeit mit dem Text **für alle präsent**. Diese Vorgehensweise empfiehlt sich sehr für Lerngruppen, die im Markieren von Schlüsselbegriffen und Strukturieren von Texten noch wenig geübt sind, denn die gemeinsame Arbeit mit Karten hat den Vorteil des flexiblen und visualisierten Umgangs mit unterschiedlichen Textelementen, der alle Arbeitsschritte und (Zwischen-)Ergebnisse für jeden Beteiligten sicht- und nachvollziehbar macht. Indem die wesentlichen Textinhalte in eine **logisch-hierarchische Ordnung** gebracht werden, kommt es zu einer Neukonstruktion dieser Inhalte, die gleichzeitig zu einer vertiefenden Aneignung führt. Indem der Lerngegenstand einen sinnhaften Zusammenhang, ein bildhaftes Ganzes darstellt, wird er wiederum leichter einprägbar bzw. abrufbar.

Mindmaps zur Textverarbeitung

Für die Erstellung einer individuellen Mindmap auf der Basis der markierten Schlüsselbegriffe werden den Schülerinnen und Schülern folgende Informationen – wenn möglich visualisiert – vorgestellt:

> Durch das Markieren von Schlüsselwörtern und bedeutsamen Informationen hast du schon eine wichtige Vorarbeit für die Ausarbeitung der Mindmap geleistet. Schreibe alle Begriffe auf ein leeres Blatt. Überlege dir nun, welche der markierten Wörter mögliche Oberbegriffe bzw. Hauptäste deiner Mindmap sein könnten. Diese umrandest du mit jeweils einer anderen Farbe. Dann ordnest du alle übrigen Begriffe zu. Markiere die Zugehörigkeit zu den Oberbegriffen durch Unterstreichungen in den jeweils gleichen Farben.

Nun kannst du beginnen, alle Begriffe in die Mindmap zu übertragen. Am besten benutzt du einen Bleistift, damit du leicht noch einmal Veränderungen vornehmen kannst. Es ist wahrscheinlich, dass dir bei der Ausarbeitung noch weitere Begriffe auffallen, die du noch nicht markiert hattest, die du aber einarbeiten möchtest. Diese kannst du sofort an der passenden Stelle zuordnen.

Am Ende kannst du die Hauptäste in einer bestimmten Reihenfolge nummerieren und auch noch Zeichen und Symbole anfügen, die dir vielleicht beim Erinnern an einen Begriff oder Gedanken helfen können.

Mindmaps lassen sich bei der Arbeit mit Texten vielseitig einsetzen, vor allem kann man mit ihnen sehr gut den Inhalt längerer Texte so zusammenfassen und gliedern, dass man ihn sich schnell einprägen und sich leicht wieder daran erinnern kann. Im Zentrum einer Mindmap steht das **Themenwort**. Für wichtige Aspekte werden an das Themenwort mehrere **Hauptäste** angelegt. Jedem Hauptast werden mehrere **Nebenäste** und **Zweige** für Einzel- oder Zusatzinformationen zugeordnet. Dies können Stichworte, aber auch Zahlen oder Symbole sein.
Während der Ausarbeitung sollte der Lehrer als Berater fungieren und Hilfestellungen geben. Die Arbeitsergebnisse werden zunächst einem Zufallspartner vorgestellt, der sie befragen und kommentieren kann. Diese Arbeitsphase ist wichtig als Nachvollzug bzw. Korrektur sowohl des eigenen als auch für den kritischen Nachvollzug des fremden Verständnisprozesses. Durch gezieltes Nachfragen kann Vergessenes ergänzt oder Unklares bzw. auch falsch Verstandenes mit partnerschaftlicher Hilfe berichtigt werden. Anschließend werden alle Mindmaps ausgelegt und betrachtet. Die Kenntnisnahme anderer Entwürfe kann darüberhinaus allen Schülerinnen und Schülern als „Ideenbörse" dienen, ohne dabei konkurrierende Bewertungen zu provozieren. Wenn vorbereitend eine „Klassen-Mindmap" erarbeitet wurde, lässt sich auch diese einbeziehen. Abschließend können bei Bedarf noch notwendige inhaltliche Klärungen und Ergänzungen sowohl durch die Gruppe als auch durch die Lehrkraft vorgenommen werden.

Elektronische Mindmaps

Das Mindmapping kann mit (Bunt-)Stiften und Papier ebenso wie mit Moderationsmaterialien erfolgen, aber auch – wenn die technischen Voraussetzungen gegeben sind – elektronisch mit einer **Autorensoftware** wie MindManager (cf. HERZOG 2001) erfolgen. Diese Software eignet sich hervorragend zum Einsatz im Unterricht – sowohl für die *ad hoc*-Erarbeitung als auch für die Präsentation von Lerninhalten in Form von Mindmaps – durch Lehrer *und* Schüler. Erfahrungsgemäß finden durch dieses

Medium gerade solche Schüler einen motivierenden Zugang zu fremdsprachigen Lerngegenständen, die Mindmaps zunächst als „unstrukturiert" ablehnen oder die das Sprachenlernen eher freudlos betreiben. Das Programm ist so konzipiert, dass auch elektronisch unerfahrenere Schüler – und Lehrer! – nach kurzer Anleitung eigenständig damit arbeiten können.
Im folgenden Beispiel (siehe Abb. S. 109) hat eine Schülerin den (kursiv gedruckten) Lektionswortschatz zum Thema „Paris, ville de la mode" in einer Mindmap zusammengefasst und selbstständig ergänzt.

5. Textinhalte rekapitulieren

Das Mindmapping und andere methodische Verfahren zu Veranschaulichung und (Neu-)Ordnung von Textinformationen, z.B. verschiedene Formen von Diagrammen und Tabellen oder Zeitleisten, aber auch ihre kreativeren Varianten, wie z.B. „Spickzettel" oder „Merkstraßen", dienen der **vertiefenden Aneignung der Textinhalte** und stützen die **gedankliche Rekonstruktion der Inhalte** oder ihre **freie Reproduktion**.
Der folgende Auszug aus einer von drei Schülern gemeinsam erstellten Tabelle gibt den Inhalt des Basistextes zu Jules Verne anhand einzelner Lebensalter und -stationen auf unterschiedlich detaillierten Ebenen wieder. Die Präsentation erfolgt im 3er-Team, indem A zunächst eine Folie mit den Stichwörtern der linken Spalte so auflegt, dass das erste Stichwort zu sehen und die restlichen verdeckt sind. B legt eine Folie mit den Stichwörtern der mittleren Spalte darüber, die parallel aufgedeckt werden und C verfährt analog mit den Stichwörtern der rechten Spalte. So werden sukzessive alle Stichwörter präsentiert und die restliche Lerngruppe bekommt Gelegenheit zu Nachfragen und Ergänzungen. Abschließend rekapitulieren die Zuhörenden anhand der noch einmal aufgelegten wenigen Stichwörter der linken Spalte den gesamten weiteren Vortrag. Die vertiefende inhaltliche Weiterarbeit konzentriert sich darauf, durch selbstständig recherchierte Informationen inhaltliche Lücken und „Leerstellen" im Text zu füllen.
Das Rekapitulieren stellt die letzte Stufe der Verarbeitung von Textinformationen dar und zeigt, ob eine **„echte Aneignung"** der Inhalte stattgefunden hat. Auf die Arbeitsphase einer „öffentlichen" Textreproduktion bereiten sich die Schüler zunächst allein vor, indem sie versuchen, den Inhalt auf der Basis ihrer Strukturierungsmuster möglichst frei zu memorieren. Nach einer angemessenen Vorbereitungszeit werden Kleingruppen gebildet, in denen diese **„Mini-Vorträge"** gehalten und von den Gruppenmitgliedern kommentiert und bei Bedarf ergänzt werden. Auf diese Weise befassen sich Vermittlungs- bzw. Rezeptionskanal mit dem Textinhalt. Dies dient neben

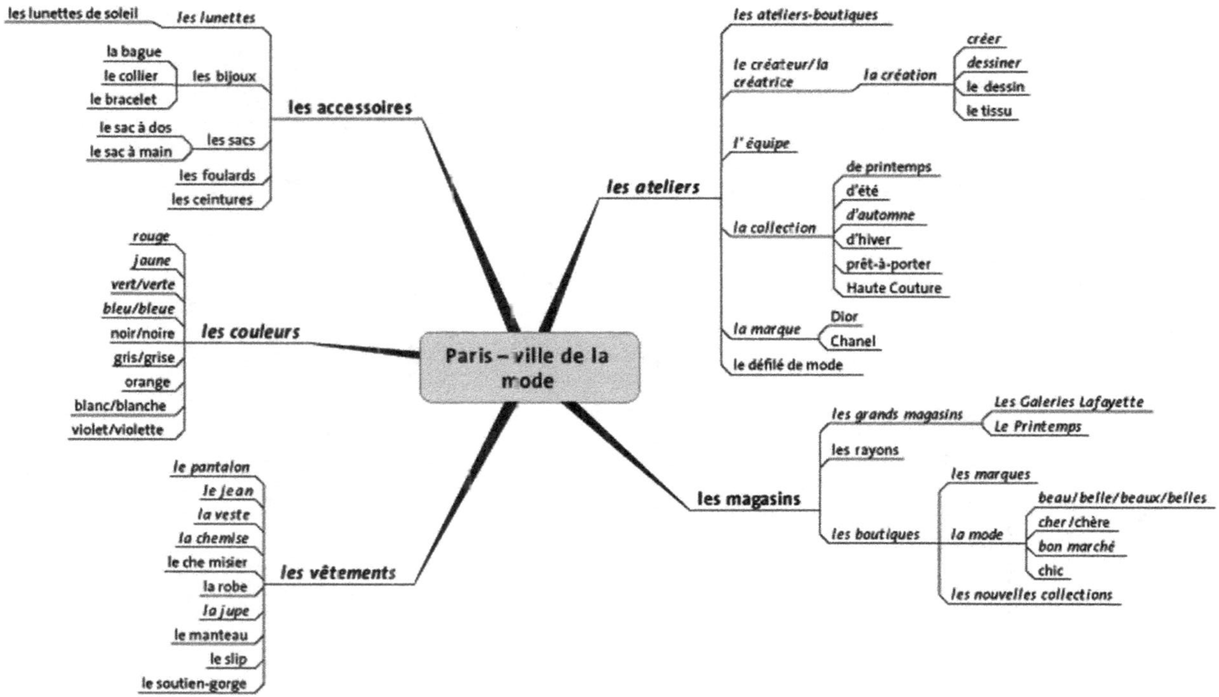

Mindmap zum Thema „Paris, ville de la mode"

Webccde: FM163120-016

der Schulung der sprachlichen Kompetenz und einer positiven Kommunikationshaltung vor allem der weiteren Festigung des Textinhaltes. Die Arbeit in der Kleingruppe sichert dabei einen weitgehend angstfreien und geschützten Erprobungsraum, bevor dann die Schülerinnen und Schüler ausgewählt werden, die ihre Vorträge im Plenum halten.

La vie de Jules Verne

L'enfant ...	*... imagine des destinations*	*... des grands bateaux*
	... regarde les voiliers	
		... dans le port de Nantes
	... est bon élève	*... en géo, grec et latin*
	... lit beaucoup	
L'élève	*... passe son bac*	*... à 18 ans*
L'édtudiant	*... va à Paris*	
	... fait des études	*... de droit*
	... va dans des salons littéraires	
	... lit les livres de ses contemporains	*... p. e. A. Dumas et Victor Hugo*
	... écrit un peu	*... p. e. des romans, des poèmes, des pièces de théâtre*
	... veut arrêter ses études de droit	*... parce qu'il veut devenir écrivain*
	... se dispute avec son père	
	... est stressé à cause de ce conflit	*... et a des crises de paralysie faciale*
Le jeune homme	*... rencontre Jacques Arago*	*... qui est aveugle*
	... lit les récits de voyages d'Arago	*... et y retrouve son enfance*
	... continue à écrire	
	... rencontre Honorine Deviane	*... d'Amiens qui a 26 ans et qui est veuve*
	... se marie avec Honorine	
		... en 1857
Le voyageur	*...*	*...*
L'écrivain	*...*	*...*
L'auteur à succès	*...*	*...*
Le vieil homme	*...*	*...*

Tipps und Literatur

Literatur

Der Fremdsprachliche Unterricht Französisch: „Längere Texte – Langeweile?“, Heft-Nr. 24/1996, Friedrich Verlag, Seelze.
Der Fremdsprachliche Unterricht Französisch: „Konstruktiv lernen und lehren“, Heft-Nr. 32/1998, Friedrich Verlag, Seelze.
Der Fremdsprachliche Unterricht Französisch: „Lernstrategien“, Heft-Nr. 34/1998, Friedrich Verlag, Seelze.
Der Fremdsprachliche Unterricht Französisch: „Lesen“, Heft-Nr. 63/64/2003, Friedrich Verlag, Seelze.
Französisch heute: „Leseförderung im Französischunterricht.“ Heft-Nr. 2/2012.

BLÜMEL-DE VRIES, KATRIN (2003): „Schulung von Lesestilen im Französischunterricht“, in: *Der Fremdsprachliche Unterricht Französisch*, Heft-Nr. 63–64, S. 68–75.

DELOFFRE, JAQUELINE (2005): « Une presse jeunesse à part entière », in: *Références*, Automne/Hiver 2005, S. 12–13.

BRENNER, GERD/BRENNER, KIRA (2005): Fundgrube Methoden I für alle Fächer. Cornelsen Verlag Scriptor. Berlin.

BIMMEL, PETER (2002): „Strategisch lesen lernen in der Fremdsprache“, in: *Zeitschrift für Fremdsprachenforschung*, Heft-Nr. 1, S. 113–141.

CHEVALIER, BRIGITTE (1992): Lecture et prise de notes. Paris Nathan.

FRITSCH, ANETTE (2003): „Trainingsbausteine zum Lesen, Strukturieren und Reproduzieren von Texten“, in: *Der Fremdsprachliche Unterricht Französisch*, Heft-Nr. 63–64, S. 21–29.

FRITSCH, ANETTE (2005): „Präsentieren im Englischunterricht“, in: *Der Fremdsprachliche Unterricht Englisch*, Heft-Nr. 76, S. 2–11.

FRITSCH, ANETTE (2006): „Erweiterung der Methodenkompetenz – Pädagogische Schulentwicklung in Hessen“, in: *Références*, Printemps/Été 2006, S. 12–13.

GUDJONS, HERBERT (2005): „Methoden und Strategien intelligenten Übens“, in: *Pädagogik*, Heft-Nr. 11, S. 12–15.

HELBIG, BEATE (1998): „Texterschließungstechniken und -strategien bei der Arbeit mit authentischen Textmaterialien im Anfangsunterricht der dritten Schulfremdsprache“, in: Auf der Suche nach dem Sprachlernabenteuer. Hrsg. v. Landesinstitut für Schule und Weiterbildung NRW. Kellter. Soest, Bönen, S. 229–236.

HERZOG, DAGMAR/JESCHKE, HARALD (2001): Mind Manager 4 – Effektiver arbeiten und lernen mit Mind Mapping. mvg Verlag. Landsberg a. Lech.

HOLTWISCH, HERBERT (2005): Powerpack Lernen – Lern- und Arbeitsmethoden für die Klassen 8–10. Schönigh. Paderborn.

HURRELMANN, BETTINA (2003): „Lesen – Basiskompetenz in der Mediengesellschaft“, in: *Jahresheft Schüler: Lesen und Schreiben*, S. 4–10.

KLIPPERT, HEINZ (2001): Eigenverantwortliches Arbeiten und Lernen. Bausteine für den Fachunterricht. Beltz. Weinheim und Basel.

MENGLER, KLAUS (1992): „La lecture individuelle oder das ‚lesende Klassenzimmer'", in: *Der Fremdsprachliche Unterricht Französisch*, Heft-Nr. 7, S. 390–394.

NIEWELER, ANDREAS (2003): „Lesekompetenz im Französischunterricht entwickeln", in: *Der Fremdsprachliche Unterricht Französisch*, Heft-Nr. 63/64, S. 4–11.

NIEWELER, ANDREAS (1998): „Konstruktion von Verstehenshypothesen im Umgang mit Lesetexten", in: *FU-F*, Heft-Nr. 32, S. 26–31.

RADEMACHER, BÄRBEL (2002): Effektiv und lebendig unterrichten: Visualisieren. AOL. Lichtenau.

Links

Lernspirale Paris:

- http://www.meko.bildung.hessen.de
  → Unterrichtsmaterial → Lernspiralen → Paris

Jules Verne:

- http://www.julesverne.fr
- http://www.oceanopolis.com

Presse jeunesse en France:

- http://www.monquotidien
- http://www.recre-action.net
- http://www.jde.fr
- http://www.okapi-jebouquine.com
- http://www.milanpresse.com

Littérature de jeunesse:

- www.cornelsen.de/franzoesisch/jugendliteratur
- http://bag-frz.de/material/material.html
- www.ricochet-jeunesse.org
- www.lajoieparleslivres.com
- www.nanteslivresjeunes.fr
- www.choisirunlivre.com
- http://jeunesse.lille3.free.fr
- www.citrouille.net
- www.salon-livre-presse-jeunesse.net
- www.clicksouris.com
- www.alinea.ac-cretaeil.fr
- www.bdselection.com

6 Förderung des Hörverstehens

von Nina Küpper

Methoden zur Förderung des Hörverstehens

Der moderne Französischunterricht zielt auf Handlungsfähigkeit in der Fremdsprache ab: Durch die **Ausbildung der Kommunikationskompetenz** der Schülerinnen und Schüler sollen diese in die Lage versetzt werden, an der Zielkultur teilnehmen und sich im französischen Ausland zurechtfinden zu können. Für ein erfolgreiches kommunikatives Handeln ist die Teilfertigkeit Hörverstehen grundlegende Voraussetzung. Dies gilt sowohl für die **Teilnahme an direkter Kommunikation** mit anderen Sprechern, als auch für die **Rezeption medialer Kommunikation**.
Dem Hörverstehen wird daher im modernen Fremdsprachenunterricht eine herausragende Rolle zuerkannt. Die Schulung des Hörverstehens ist in den neuen Bildungsstandards und Bildungsplänen fest verankert.

Hörverstehen ist ein aktiver, individueller Prozess, bei dem die Lernenden auf ihr Welt- und Sprachwissen zurückgreifen und mit dessen Hilfe versuchen, sich die Bedeutung des Gehörten zu erschließen (cf. Schmidt-Schönbein 2001: 63). Diesen komplexen Prozess gilt es, im Fremdsprachenunterricht vielfältig zu fördern, indem den Schülern regelmäßig Hörgelegenheiten geboten und gezielte methodische Maßnahmen zur Förderung des Hörverstehens in den Unterricht integriert werden.
Die Schulung des Hörverstehens kann unterteilt werden in eine Vorphase, eine Hörphase und eine Nachphase. Diese klassische Einteilung, die wir auch von der Arbeit mit Lesetexten kennen, enthält vorbereitende, begleitende und nachbereitende Aktivitäten, die allesamt darauf abzielen, die Verstehensleistung der Schülerinnen und Schüler zu steigern und ihnen zu einem größtmöglichen Erfolgserlebnis zu verhelfen.
Aufgabe der Lehrkraft ist es, die Übungen auf ihre didaktische Funktion hin zu überprüfen und gezielt Aktivitäten auszuwählen, die dem jeweiligen Lernniveau entsprechen. So sind vorentlastende Aktivitäten, zum Beispiel das Erstellen von Wort- und Begriffsfeldern zum Themenbereich des Hörtextes, im Anfängerbereich eine gute Erschließungshilfe für die anschließende Hörphase. Bei steigendem Lernniveau ist es ratsam, diese Dreigliederung von Zeit zu Zeit aufzubrechen und beispielsweise die Vorphase

gänzlich wegzulassen. Denn auch in authentischen Kommunikationssituationen ist man in der Regel unvorbereitet, sodass der direkte Einstieg in die Hörphase – insbesondere im fortgeschrittenen Niveau – zunehmend geübt werden sollte. Das Gleiche gilt für die Erschließungshilfen, die zunächst eine lohnende Unterstützung im Lernprozess darstellen – mit zunehmendem Lernstand jedoch abgebaut werden sollten.
Im Folgenden soll ein Überblick über die Vielzahl an methodischen Maßnahmen zur Förderung des Hörverstehens und deren didaktische Funktionen gegeben werden.

Avant l'écoute

Die Vorphase *(Avant l'écoute)* zielt darauf ab, die Lernenden auf den anstehenden Hörtext einzustimmen, ihre Neugierde zu wecken und sie so auf ein zielgerichtetes Zuhören vorzubereiten. Entscheidend für eine optimale Informationsaufnahme ist – neben der Motivation der Schüler – der Aufbau einer entspannten Haltung gegenüber dem Hörtext. Diese ist für einen optimalen Lern- und Verstehensprozess zwingend notwendig, da jede Form von Druck und Angst kognitive Prozesse hemmt und das freie Assoziieren maßgeblich erschwert, was wiederum ausschlaggebend für die Verstehensleistung ist (cf. Spitzer 2002: 163).

Die Lehrperson kann die Schülerinnen und Schüler beim **Aufbau einer motivierten und entspannten Haltung gegenüber Hörtexten** unterstützen, indem sie in der Vorphase:

- immer wieder den Übungscharakter betont;
- die Schüler nicht zu einem möglichst genauen Zuhören, sondern in erster Linie zu einem entspannten Zuhören auffordert (cf. Arendt 1989: 6);
- den Lernenden klarmacht, dass sie nicht jedes Wort und jeden Satz verstehen müssen;
- auf bereits bekannte Strategien des Hörverstehens hinweist;
- die Aufgaben, die in der Hörphase zu bearbeiten sind, bespricht und ein klares Hörziel formuliert;
- Hinweise auf eventuell auftretende regionale Akzente gibt;
- den Schwierigkeitsgrad des Hörtextes ansagt.

Um durch entsprechende **Vorentlastung** den Erfolg der Schüler zu sichern, können folgende methodische Maßnahmen zur sprachlichen und inhaltlichen Entlastung vorgenommen werden:

vorbereitende Aktivitäten	mögliche Ziele (didaktische Funktion)
Betrachten von und Sprechen über Bilder	Aktivierung von Wortschatz Hinführung zum Textthema Aktivierung von Weltwissen/Vorwissen
Erstellen von Wort-, Begriffsfeldlisten/ Cluster/Mindmaps	Aktivierung von Wortschatz Hinführung zum Textthema Aktivierung von Weltwissen/Vorwissen
Lektüre eines Textes zum Thema	Hinführung zum Textthema Vorentlastung des Wortschatzes
Hypothesen zum Hörtext aufstellen (Thema oder Titel nennen)	Einstimmung auf die Kommunikationssituation; Aufbau einer Erwartungshaltung/eines Informationsbedürfnisses (z. B. welche Informationen erwartet man in einem Liebeslied etc.)
Nennung des Themas; Vorstellung der Personen; Schilderung der Situation	inhaltliche Entlastung (nur für Anfängergruppen einzusetzen)

Pendant l'écoute

Diese Phase dient der **Gewöhnung an Hörtexte in der Fremdsprache** sowie der **Übung geeigneter Hörstrategien**. Das Bereitstellen sinnvoller Erschließungshilfen, wie zum Beispiel Fotos und Bilder, stellt in der Hörphase eine wichtige Unterstützung dar. Bilder wirken motivierend und unterstützen darüber hinaus die Informationsaufnahme durch einen weiteren Eingangskanal (CF. BERGMANN 1993: 29). Ein vielfältiger Einsatz von Hilfen trägt zudem den unterschiedlichen Lerntypen in der Lerngruppe Rechnung. Ebenso bedeutsam ist das Ansprechen verschiedener Handlungsebenen durch ein Übungsangebot, das die Schülerinnen und Schüler in vielfältiger Weise aktiv sein lässt: malen, zeichnen, schreiben und selber agieren.
Die **Erschließungshilfen** und die **Wahl der Aufgabenstellung** richten sich jeweils nach dem Leistungsstand der Lerngruppe sowie nach dem angestrebten Lernziel.
In der Regel werden zunächst mehrere Hördurchgänge mit unterschiedlichen Aufgabenstellungen durchgeführt. Um den Schülern einen individuellen und freien Zugang zum Hörtext zu ermöglichen, sollte der erste Hördurchgang ohne gelenkten Arbeitsauftrag erfolgen. Erst beim zweiten Durchgang werden konkrete Höraufgaben gestellt.

Mögliche methodische Maßnahmen zur Erschließung des Hörtextes:

Übungsart	begleitende Aktivitäten/Übungsart	Ziele (didaktische Funktion)
Zuordnungsübungen	■ Kommunikationssituation bestimmen ▪ Aussage oder Frage ▪ Begrüßung oder Verabschiedung ▪ Emotionslage der Sprecher deuten (*« La personne* qui parle, est-elle ***triste, heureuse, gaie, fâchée*** *? »*) ■ Grille d'écoute ▪ Anzahl, Geschlecht der Sprecher bestimmen (*« Qui parle ?/Avec qui ? »*) ▪ Handlungsort herausfinden (*« Où se trouvent les personnes ? »*) ▪ Thema, Situation erschließen (*« De quoi parlent-ils ? »*) ■ Bilder/Fotos mit dem Gehörten vergleichen ▪ Sätze korrigieren, die nicht mit dem Bild übereinstimmen ▪ Personen identifizieren ▪ Gegenstände/Objekte auf Fotos wiedererkennen (z. B. *« Quelle maison Mme Poulard veut-elle acheter ? »*) ■ Informationen zu Fotos zuordnen ▪ z. B.: Der Museumsführer präsentiert drei Skulpturen: *« Notez le nom du sculpteur, l'époque et le titre de la sculpture. »* ■ Fotos zu Reiseberichten zuordnen ■ Wetterkarten und Wetterberichte einander zuordnen ■ Ortsnamen nach der Reihenfolge der Nennung ordnen	Kommunikation erfassen
Reorganisationsübungen	■ Bilder in die richtige Reihenfolge bringen ■ Text in die richtige Reihenfolge bringen (*texte déchiré; texte en désordre*)	Globalverständnis
Ergänzungsübungen	■ Lückentext (*texte à trous*) ■ Listen/Strukturgitter vervollständigen ▪ Zeitangaben; Preisangaben etc. ■ Bilder vervollständigen ■ einen Weg auf einer Karte verfolgen ■ Teile eines Gegenstandes bezeichnen	Detailverständnis
Auswahl-Antwort-Übungen	■ Multiple-Choice (*choix multiple*) ■ Richtig-oder-falsch-Aussagen (*vrai, faux*-Übungen)	Detailverständnis

Übungsart	begleitende Aktivitäten/Übungsart	Ziele (didaktische Funktion)
Aktive Handlungsübungen	■ Bilder malen (z.B. unvollständige Bilder nach Anweisungen vervollständigen) ■ Handlungen ausführen ■ Schilder/Bilder etc. hochhalten ■ linker/rechter Arm ■ die gehörten Zahlen mit den Fingern anzeigen ■ ein Lied mit passenden Bewegungen begleiten	Detailverständnis
Freie Notizen machen	■ Das notieren, was verstanden wird (individuelle Verstehensleistung) ■ Namen, Orte, Ereignisse etc. notieren ■ Schlüsselwörter notieren *« Essayez de saisir pour chaque séquence trois à cinq mots qui vous paraissent importants (p. e. des mots-clés). »* ■ Informationen/Hauptaussagen notieren ■ Fragen notieren ■ Textart feststellen: Reisebericht, Wetterbericht, Nachrichtensendung etc.	Globalverständnis
Gliederung vornehmen	■ Den Text in Abschnitte unterteilen	Globalverständnis

(in Anlehnung an Bächle 2000: 15)

Après l'écoute

Als Vorbereitung für den 2. bzw. 3. Hördurchgang lässt sich eine Zwischenphase einschieben, in der die Schülerinnen und Schüler Fragen stellen können, die beim ersten Hören aufgekommen sind. Die Fragen, die nicht von den Mitschülern beantwortet werden können, werden als gemeinsames Hörziel für den zweiten Hördurchgang festgehalten.

Die Phase nach dem letzten Hörgang dient der **Endauswertung** und der **Nachbereitung der Hörverstehensübungen**. Um auch hier einen Prüfungscharakter zu vermeiden, ist für die Erfolgskontrolle die Selbstevaluation der Kontrolle durch den Lehrer zunächst vorzuziehen. Um die Hörleistung der Schüler zu würdigen, sind jedoch Abfragen durch die Lehrperson, wie z.B. « *Qui a trouvé toutes les fautes ?* » bei entsprechender Aufgabenstellung oder « *Qui a trouvé la moitié des fautes ?* » denkbar.

Erst nach ausgiebiger Hörverstehensschulung sind Hörverstehensaufgaben auch in Prüfungen, wie Tests und Klassenarbeiten bzw. Klausuren gezielt einzusetzen.

Hörtexte bieten in der Regel vielfältige Möglichkeiten, weitere Sprechanlässen zu formulieren und das Thema zu vertiefen. Die Lernleistung der Hörverstehensübung wird somit nachhaltig im Gedächtnis der Lernenden verankert. Folgende **nachbereitende Aktivitäten** sind möglich:

nachbereitende Aktivitäten	Ziele (didaktische Funktion)
▪ Titel für Hörtext formulieren ▪ Notizen in schriftliche Antworten formulieren ▪ Hypothesen für den Weitergang des Gesprächs/der Geschichte etc. formulieren ▪ Beziehungen zwischen den Sprechern untereinander herstellen ▪ Persönliche Stellungnahme ▪ Bewertung des Gehörten (z. B. Lied)	Inhaltliche und sprachliche Vertiefung

Des Weiteren werden in der Nachphase Hörstrategien bewusst gemacht und weiterentwickelt. In gezielten Reflexionsphasen sollte die Lehrperson die Schülerinnen und Schüler dazu anleiten, ihre individuellen Strategien zu verbalisieren und neue Lernstrategien zu erwerben.

Grundsätze für die Unterrichtspraxis

Wie bereits dargelegt, besteht das Ziel der Hörverstehensschulung darin, die Lernenden zu befähigen, an Gesprächen in der Fremdsprache teilnehmen sowie Mitteilungen, Berichte und Darstellungen im französischsprachigen Ausland verstehen zu können. Dazu ist es unerlässlich, dass sie „bei einmaligem Hören den **Kern eines Hörtextes erfassen** und ihm diejenigen weiteren **Informationen entnehmen** können, die ihren Intentionen entsprechen." (Arendt 1989: 2). Um im Französischunterricht diese Abschlussqualifikation der Schüler zu erreichen, sollten die folgenden Grundsätze befolgt werden.

Gezielte Auswahl der Hörtexte

Arbeits- und Übungsformen sind so anzulegen, dass sie den Hörprozessen und Hörabsichten in der Realität möglichst nahe kommen. Entscheidend hierbei ist die sorgfältige Auswahl des Hörmaterials, bei der folgende Kriterien zu beachten sind:

Authentizität

Im Schonraum Französischunterricht sollen die Schülerinnen und Schüler auf reale Kommunikationssituationen vorbereitet und allmählich an die Intonationsmuster und an die Abweichungen von der Standardsprache gewöhnt werden. Dies kann nur durch konsequenten Einsatz authentischer Hörtexte gelingen. Herkömmliche, konstruierte Lehrbuchtexte vermitteln nicht selten eine künstliche Sprache, die gekennzeichnet ist von einem unrealistisch langsamen Sprechtempo und einer nahezu akzentfreier Sprache, die es im Grunde nicht gibt (cf. Bergmann 1993: 31). Sind die Schüler nicht an die Merkmale authentischer Sprache gewöhnt, werden sie in realen Hörsituationen scheitern und selbst die Wörter nicht wieder erkennen, die ihnen bekannt sind (cf. Da Forno 1994: 40). Hinzu kommt, dass authentisches Hörmaterial motivierend auf die Lernenden wirkt, da sie sich in die reale Kommunikationssituation hineinversetzen können.

Hörtextart

Eine umfangreiche Schulung der Teilfertigkeit Hörverstehen erfordert ein vielseitiges Repertoire an Hörtextarten, das von Liedern, Lautsprecherdurchsagen, Wetterberichten, Interviews bis zu Radiosendungen etc. reicht. Je nach Hörtextart lernen die Schülerinnen und Schüler den Umgang mit spontan gesprochener Sprache, mit vorgelesener Sprache, mit vorgespielter Sprache und mit gesungener Sprache. Neben motivationalen Gründen spricht für einen abwechslungsreichen Einsatz außerdem, dass verschiedene Hörtextarten jeweils auch einen unterschiedlichen Strategieneinsatz erfordern.

Inhalt/Thema des Hörtextes

Bei der Auswahl der Hörtexte ist darauf zu achten, dass die Inhalte einen Bezug zur Lebenswirklichkeit der Jugendlichen aufweisen. Bei Themen wie beispielsweise dem aktuellen Tagesgeschehen, Sportereignissen oder der aktuellen Musikszene haben die Schülerinnen und Schüler die Möglichkeit, ihr Wissenspotenzial einzubringen. Dies erleichtert ihnen den Zugang zum Hörtext und stellt eine wichtige Hilfe für die Texterschließung dar. Zudem bewirkt ein gesteigertes Interesse auch eine gesteigerte Aufmerksamkeit, was aus neurobiologischer Sicht für jeden Informationsverarbeitungsprozess von grundlegender Bedeutung ist (cf. Spitzer 2002: 155). Es empfiehlt sich daher, die Schüler an der Auswahl des Hörmaterials zu beteiligen. Beispielsweise bei der Arbeit mit französischen Liedern bietet es sich an, sie auch selber Liedvorschläge machen zu lassen.

Schwierigkeitsgrad des Hörtextes

Um eine Über- oder Unterforderung der Schüler zu vermeiden, sollte der Schwierigkeitsgrad an das Niveau der Lerngruppe angepasst sein. Im Laufe der Zeit wird der Schwierigkeitsgrad sukzessiv gesteigert, indem Faktoren, wie etwa die Text- und Satzlänge, das Sprechtempo, die Anzahl der Sprecher, die Anzahl unbekannter lexikalischer und grammatikalischen Strukturen usw. verändert werden.

Folgende Tabelle gibt einen Überblick über die Kriterien, nach denen sich der **Schwierigkeitsgrad eines Hörtextes** bestimmen lässt:

Kriterium	Schwierigkeitsgrad
Hörtextlänge	kurz vs. lang
Sprechtempo	langsam vs. schnell
Gesprächskonstellation	ein Sprecher vs. mehrere Sprecher
Sprache	bekannte vs. unbekannte grammatikalische und lexikalische Strukturen
Inhalt	Bezug zum Wissen- und Erfahrungsbereich vs. kaum Bezug zum Wissens- und Erfahrungsbereich der Lernenden
Geräuschkulisse	keine vs. Hintergrundgeräusche

(cf. Leupold 2000: 8)

Je nach Lerngruppe kann auch ein Wechsel bezüglich des Anforderungsniveaus die Motivation der Schüler steigern. So fühlen sich einige Schülergruppen besonders herausgefordert, auch mal einen schwierigeren Hörtext zu „bewältigen“, wenn dies vorab von der Lehrperson angekündigt wird.

Gezielte Auswahl der Aufgabenstellung

Die Aufgabenstellung sollte so angelegt sein, dass die Hörverstehensleistung im Vordergrund steht und möglichst wenig Leseverstehen sowie eigenständige Sprachproduktion verlangt wird.

Bei der Erstellung von Hörverstehensübungen ist zu beachten, dass:

- kommunikativ relevante Hörziele formuliert werden;
- Fragen zum Globalverständnis vor Fragen zum Detailverständnis gestellt werden;
- keine Fragen nach genauen Formulierungen, sondern nur zum Inhalt gestellt werden;
- inhaltliche vor sprachliche Richtigkeit gestellt wird.

Die Übungsverfahren lassen sich untergliedern in: Verfahren ohne Sprachproduktion; Verfahren mit geringer Sprachproduktion/Reproduktion und Verfahren mit Sprachproduktion/Reproduktion.

Einteilung der Überprüfungsverfahren von Hörverstehensübungen:

Verfahren ohne Sprachproduktion	Verfahren mit geringer Sprachproduktion/ Reproduktion	Verfahren mit Sprachproduktion/ Reproduktion
■ *Choix multiple* ■ *Vrai-Faux* ■ *Texte déchiré* ■ *Texte en désordre* ■ *Complétez l'image* ■ ...	■ *Texte à trous* ■ *Complétez la liste* ■ *Corrigez* ■ ...	■ *Prenez des notes* ■ *Répondez aux questions* ■ *Résumez le texte* ■ ...

(in Anlehnung an Sabin 2006: 4)

Um den unterschiedlichen Leistungsniveaus in einer Lerngruppe gerecht zu werden, sollten die Aufgabentypen eine Progression von Aufgaben ohne Sprachproduktion zu Aufgaben mit geringer Sprachproduktion zulassen.

Regelmäßige Hörverstehensübungen

Um das muttersprachlich gut geschulte Gehör der Lernenden auch auf das Hörverstehen in der Fremdsprache einzustellen, ist eine kontinuierliche Schulung des Hörverstehens unerlässlich (cf. Arendt, 1989: 19). Nur regelmäßiges Üben verspricht Erfolgserlebnisse und somit auch eine positive Haltung der Schülerinnen und Schüler gegenüber Hörverstehensübungen. Dies wird zum Beispiel durch das Festlegen einer festen Übungseinheit pro Woche gewährleistet. Erfahrungen aus der Vorbereitung zur *DELF*-Prüfung zeigen, dass bei einem wöchentlichen Hörverstehensritual zu Beginn der Stunde die Schüler sehr gute Fortschritte machen und schnell persönliche Erfolgserlebnisse erzielen, was sich wiederum positiv auf ihre Motivation sowie auf den weiteren Unterrichtsverlauf auswirkt.

Vertrauen der Schüler in ihre Hörverstehensleistung fördern – Lernen durch Erfolg und Freude

■ „Gelernt wird immer dann, wenn positive Erfahrungen gemacht werden." (Spitzer 2002: 181) ■

Darüber hinaus tragen Erfolgserlebnisse maßgeblich dazu bei, dass die Schülerinnen und Schüler ihr Selbstvertrauen in die eigenen rezeptiven

Fähigkeiten weiteraufbauen. Das gesteigerte Selbstbewusstsein führt dazu, dass sich die Lernenden ohne Angst auf reale Kommunikationssituationen in der Fremdsprache einlassen und diese erfolgreich bewältigen. Sie müssen lernen, mit der Komplexität authentischer Kommunikation umzugehen und frühzeitig begreifen, dass es nicht darum gehen kann, jedes einzelne Wort zu verstehen.

Hörverstehensübungen müssen daher so angelegt werden, dass die Schüler lernen, ihre Aufmerksamkeit auf diejenigen Aussagen zu richten, die für sie von Belang sind, denn auch in authentischen Hörsituationen konzentriert sich der Hörer in erster Linie auf die für ihn relevanten Informationen. Das Erfassen der Kernaussage erleichtert den Lernenden in einem zweiten Schritt das Heraushören von weiteren bedeutsamen Textdetails. Aufgabe der Lehrperson ist es, den Schülern zu zeigen, was sie schon alles verstehen und nicht ihnen aufzuzeigen, was sie noch nicht verstehen.

Bewusstmachen von Hörverstehensstrategien

Eine weitere Maßnahme, die den Lernenden zu nachhaltigen Erfolgserlebnissen verhilft, ist das Üben von Hörverstehensstrategien. Die im natürlichen Spracherwerbsprozess der Muttersprache erworbenen Strategien und Fähigkeiten müssen bewusst gemacht und auf die Fremdsprache übertragen werden. Sie befähigen die Schülerinnen und Schüler langfristig dazu, sich selbstständig Hörtexte zu erschließen und in realen Kommunikationssituationen zu bestehen.

Hörverstehensstrategien im Überblick:

1. Konzentration auf das Bekannte bzw. das Überhören von Unbekanntem;
2. Nutzen von akustischen Erschließungshilfen;
3. Antizipieren von thematisch gebundenen Wortfeldern;
4. Selektieren von Schlüsselwörtern und mithilfe dieser versuchen, sich die Bedeutung des gesamten Textes zu erschließen;
5. Analysieren von Kernstrukturen und Textreferenzen;
6. Kombinieren von Sinnzusammenhängen;
7. Unterscheidung der Sprecher und Hypothesenbildung zu ihrer Identität (Geschlecht, Alter etc.);
8. Wahrnehmung und Interpretation neutraler bzw. emotionalisierter Sprache (Situation, Anliegen, Stimmung);
9. Heraushören von Strukturwörtern *(connecteurs)*;
10. Voraushören;
11. textsortenspezifische Merkmale gesprochener Sprache kennen und einordnen lernen.

(in Anlehnung an Schumann 1995: 245)

Darüber hinaus sollten die Schüler zur Anwendung der ihnen bekannten Worterschließungsstrategien immer wieder aufgefordert werden. Dazu zählen die Zuhilfenahme weiterer Fremdsprachen; der Muttersprache und des Kontextes; sowie der geübte Umgang mit Wortbildungsregularitäten (Präfixe, Suffixe, Komposita etc.) (cf. BERGMANN 1993: 31).

Beispiele aus der Unterrichtspraxis

Beispiel 1: Interviews mit französischen Jugendlichen über ihre Lieblingskleidung

Beispiel für eine Hörverstehensübung in der Sekundarstufe I (Jahrgangsstufe 8/2. Lernjahr)

Hauptlernziel der Unterrichtsstunde ist es, dass die Schülerinnen und Schüler im Rahmen des themengebundenen Wortschatzes „Mode" ihre Hörverstehenskompetenz schulen und dadurch auf reale Kommunikationssituationen vorbereitet werden. Gegenstand der Stunde ist ein Hörtext mit authentischen Sprecherinnen und Sprechern, der in den Sommerferien auf einem Campingplatz in Lacanau aufgenommen wurde. Es wurden französische Jugendliche zum Thema Mode interviewt. Sie sollten sich kurz vorstellen und sagen, welche Kleidung und welche Farben sie gerne tragen.

In der **Vorphase** wird das Wortfeld *les vêtements* reaktiviert. Dies kann durch das Erstellen einer Mindmap, durch gegenseitiges Beschreiben der Kleidung oder durch das Beschriften von Fotos aus Zeitschriften geschehen. Um sich die reale Kommunikationssituation besser vorstellen zu können, gibt die Lehrperson anschließend einige Hintergrundinformationen zu den Interviews. Hierzu wird auf einer Frankreichkarte die Atlantikküste, Bordeaux und schließlich der kleine Ferienort Lacanau bestimmt. Indem den Lernenden verdeutlicht wird, dass es sich um eine authentische Sprechsituation handelt, soll ihre Neugierde auf den folgenden Hörtext geweckt werden.
Die **Hörphase** wird in mehrere Hördurchgänge mit unterschiedlicher Aufgabenstellung gegliedert: Hierbei sollte das Globalverständnis vor dem Detailverständnis geschult werden. Beim ersten Hören sollen die Schülerinnen und Schüler zunächst nur die Basisinformationen entnehmen: Anzahl, Name, Geschlecht und Alter der Sprecher; evtl. schon einzelne Herkunftsstädte wie Bordeaux. Dies geschieht ohne Arbeitsblatt, sodass die Konzentration allein auf den Hörtext gerichtet ist. Die Ergebnisse werden an der Tafel festgehalten. Anschließend wird das Arbeitsblatt ausgeteilt. Die Schü-

ler sollen sich nun zuerst die Aufgabenstellung durchlesen, damit der Hörauftrag für alle klar ist und eventuelle Fragen geklärt werden können.
Um den unterschiedlichen Fähigkeiten der einzelnen Schülerinnen und Schüler gerecht zu werden, bietet das Arbeitsblatt verschiedene Aufgabentypen mit steigendem Schwierigkeitsgrad; vom ersten bis zum vierten Interview wird eine immer größere Eigentätigkeit der Lernenden gefordert: 1. Auswahl-Antwort-Verfahren: Hier sollen die Schüler die gehörten Begriffe und Farben ankreuzen. Diese Übung ist leicht und erfordert noch keine Schreibaktivität, die vorgegebene Auswahl garantiert ein erstes Erfolgserlebnis und vermittelt die nötige Sicherheit für die folgenden Aufgaben. Die zweite Aufgabe stellt eine Ergänzungsübung dar: Hier sollen Farben angekreuzt und ggf. ergänzt werden. Für das dritte Interview sollen nun gezielte Fragen beantwortet werden. In der vierten Aufgabe sind keine Vorgaben mehr gegeben, und die Schüler sollen Kleidungsstücke und Farben, die sie hören, notieren.
Da das Hörverstehen kein Gedächtnistraining sein soll, sollten die Arbeitsaufträge insgesamt wenig Schreibaktivitäten erfordern; die Mitschrift sollte sich daher auf einzelne Begriffe beschränken, die die Lernenden bereits kennen. Dafür bietet sich Kevins Interview (4.) am besten an, weil er nur Kleidungsstücke aufzählt, die den Schüler bekannt sein dürften: *jeans bleus, casquettes, t-shirts noirs et bleus, sweats*.
Jedes Interview wird zweimal gehört. Nach dem ersten Hörgang erhalten die Schülerinnen und Schüler die Gelegenheit, ihre Lösungen zunächst mit dem Nachbarn zu vergleichen. Nach dem zweiten Hörgang werden die Ergebnisse gemeinsam auf einer Overheadfolie gesichert.
Im Anschluss nehmen die Schüler kurz auf Deutsch Stellung, wie verständlich die Interviews für sie waren und was ihnen an Sprache und Inhalt aufgefallen ist.
Als **vertiefende Übung** werden die Schülerinnen und Schüler aufgefordert, selbst eine Antwort auf die Frage nach ihrer Lieblingskleidung zu formulieren. Abschließend bekommen sie selbst die Gelegenheit, ein „Interview" zu geben, das auf Tonband aufgenommen wird. Das Sprechen in das Mikrophon hat einen ‚offiziellen' Charakter und kann somit die Motivation erhöhen, sich besonders viel Mühe zu geben.

Quels vêtements est-ce que les jeunes Français aiment ?

Voilà les réponses de quatre jeunes Français interviewés cet été au camping à Lacanau :

1) nom : **Nicolas** âge : 15 ans ville : Bordeaux

Marque d'une croix les bonnes réponses. **Nicolas aime :**

☐ les jeans bleus	☐ les jeans noirs	☐ les t-shirts bleus
☐ les chemises noires	☐ les sweats jaunes	■ les joggings foncés
☐ les chemisiers noirs	☐ les polos	☐ les t-shirts gris

2) nom : **Marion** âge : 15 ans ville : Toulouse

Marque d'une croix les bonnes réponses et ajoute la couleur (falls nötig).
Marion aime :

☐ les chemisiers	☐ les casquettes	☐ les débardeurs
☐ les t-shirts	☐ les chapeaux	☐ les chaussures
☐ les jupes	☐ les robes	☐ les jeans délavés

3) nom : **Philippe** âge : 15 ans ville : Angers

Complète les phrases :

☐ Philippe n'aime pas mettre des ______________________________

☐ Il ne met que des ____________________ (couleur)

____

et des ____________________ (couleur) ____________________

4) nom : **Kevin** âge : 15 ans ville : Bordeaux

Complète : **Kevin aime bien**

☐ les ______________	☐ les ______________	☐ les ______________
☐ les ______________	☐ les ______________	☐ les ______________
☐ les ______________	☐ les ______________	☐ les ______________

Webcode: FM163120-017

Interview:

1. Je m'appelle Nicolas. Je viens de Bordeaux. J'ai 15 ans. J'adore faire la fête. J'adore les jeans – couleur noire de préférence avec des chemises pareilles – à peu près noires. J'aime bien les polos et les t-shirts de couleur bleue.

2. Bonjour, j'ai 15 ans. Je m'appelle Marion. J'habite à Toulouse, c'est en France. Alors, j'aime bien les jeans, moi aussi délavés, bleus. Des robes noires, roses, les t-shirts. Je mets des débardeurs, des chapeaux.

3. Bonjour, je m'appelle Philippe. J'ai 15 ans. J'habite Angers – c'est en France. J'aime pas mettre des jeans. Je mets que des joggings foncés – noirs ou gris. Voilà. Les t-shirts, c'est pareil – que foncés noirs ou gris. Et puis voilà quoi.

4. Bonjour, je m'appelle Kevin. Je viens de Bordeaux. J'ai 15 ans. J'aime les jeans bleus. Je porte des casquettes. J'aime les t-shirts noirs et bleus. J'aime bien les sweats. J'aime bien les tennis de couleur foncée. Voilà !

(Das Interview mit französischen Jugendlichen wurde von Ute Wetzel im Juli 2003 in Lacanau auf einem Campingplatz aufgenommen.)

Webcode: FM163120-018

Beispiel 2: Französisches Liebeslied *Quelqu'un m'a dit*

Beispiel für eine Hörverstehensübung in der Sekundarstufe II

Durch seine Aktualität und große Popularität in Frankreich liefert das Lied *Quelqu'un m'a dit* von Carla Bruni als **authentischer Text** einen wichtigen Beitrag zur Landeskunde und wirkt motivierend auf die Schülerinnen und Schüler. Mag es auch musikalisch nicht dem Musikgeschmack aller Schüler entsprechen, knüpft es doch inhaltlich als Liebeslied an die lebensweltliche Erfahrung der Schüler in der Sekundarstufe II an, die als junge Erwachsene bereits Erfahrungen mit Liebe und Partnerschaft gemacht haben werden.
Als thematische Hinführung und Einstimmung sollen die Schüler zunächst selbstständig den Titel des Liedes *Quelqu'un m'a dit (que)* als **kreativen Schreibauftrag** vervollständigen. Als visuellen Impuls wird das Foto der Sängerin gezeigt. Durch diesen Einstieg wird die Neugierde der Lernenden geweckt.
Beim anschließenden ersten Hören des Chansons sollen die Schülerinnen und Schüler zunächst den Gesamteindruck auf sich wirken lassen **(Globalverständnis)** und anschließend ihre Meinung im Unterrichtsgespräch frei äußern. Die Frage nach dem Gemütszustand der Sängerin wird gestellt. Die

Äußerungen der Schüler werden an der Tafel festgehalten und sollen im weiteren Verlauf der Stunde überprüft werden.

Carla Bruni : *Quelqu'un m'a dit* (2002)

« On me dit que nos vies ne valent pas grand-chose,
Elles passent en un instant comme fanent les roses.
On me dit que le temps qui glisse est un salaud,
Que de nos chagrins il s'en fait des manteaux.
Pourtant quelqu'un m'a dit que tu m'aimais encore,
C'est quelqu'un qui m'a dit que tu m'aimais encore.
Serais-ce possible alors ?
On me dit que le destin se moque bien de nous,
Qu'il ne nous donne rien et qu'il nous promet tout.
Paraît qu'le bonheur est à portée de main,
Alors on tend la main et on se retrouve fou
Pourtant quelqu'un m'a dit ...
Mais qui est-ce qui m'a dit que toujours tu m'aimais?
Je ne me souviens plus, c'était tard dans la nuit,
J'entends encore la voix, mais je ne vois plus les traits,
‹ Il vous aime, c'est secret, ne lui dites pas que je vous l'ai dit. ›
Tu vois quelqu'un m'a dit que tu m'aimais encore,
Me l'a t'on vraiment dit que tu m'aimais encore,
Serais-ce possible alors ?
On me dit que nos vies ne valent pas grand-chose,
Qu'elles passent en un instant comme fanent les roses,
On me dit que le temps qui glisse est un salaud,
Et que de nos tristesses il s'en fait des manteaux.
Pourtant quelqu'un m'a dit que ... »

(Liedtext zitiert nach Carla Bruni: Quelqu'un m'a dit. *Naïve* 2003)

valoir : substantif = la valeur

faner : après avoir fleuri, les roses (se) fanent

un salaud : homme méprisable, méchant

être à portée de main : zum Greifen nahe sein

tendre la main : allonger, avançer la main pour saisir qc.

se retrouver fou : der Dumme, Narr sein

Consignes:

Fiche de travail : ***Quelqu'un m'a dit*** (Carla Bruni)

→ Essayez de comprendre les mots-clé de la première strophe (répétée à la fin de la chanson) et de la deuxième strophe et notez-les.

→ Comparez vos résultats en groupe.
En groupe : Compréhension de texte
(1ère strophe/2ème strophe) :

→ Dites avec vos propres mots de quoi parle la strophe (On dit que ...) et présentez vos résultats sur le transparent.

Das zweite Hören **(Grobverständnis)** erfolgt mit einem **Hörauftrag**: Die Lernenden sollen nun die verstandenen Schlüsselbegriffe notieren, die dann erst mit dem Nachbarn bzw. in Kleingruppen, anschließend im Plenum zusammengetragen werden. Die Schlüsselbegriffe werden an der Tafel gesammelt. Die Schüler bekommen den Liedtext ausgeteilt, an dem sie das Gehörte selbstständig überprüfen können. In Kleingruppen sollen nun arbeitsteilig die ersten beiden Strophen des Liedes bearbeitet werden, sodass zwei Gruppen die erste und zwei Gruppen die zweite Strophe bearbeiten. So hat jede Gruppe eine Kontrollgruppe. Die Schüler sollen mit eigenen Worten den Inhalt der Strophen zusammenfassen und schriftlich im Heft und auf Folie festhalten. Als notwendige Verständnishilfe sind die schwierigen Vokabeln und Wendungen auf dem Textblatt erklärt. Die Ergebnisse der vier Gruppen werden anschließend auf der Folie präsentiert, können verglichen und als **Ergebnissicherung** abgeschrieben werden. Abschließend erfolgt der Rückbezug zu den ersten Gedanken der Schülerinnen und Schüler zu dem Liedtitel am Anfang der Stunde und zur Interpretation der Stimmungslage der Sängerin. Als Hausaufgabe sollen die Lernenden die Liedaussage schriftlich formulieren und diese kommentieren.

Tipps und Literatur

Links zur Hörverstehensschulung

Die Neuen Medien bieten vielfältige und motivierende Möglichkeiten zur Schulung des Hörverstehens: Lernprogramme mit Audio-Dateien, interaktiven Übungen und Erfolgskontrollen, französische Radio- und Nachrichtensender und eine große Auswahl an Werbespots, Liedern und anderen Hörtextarten. So werden unter http://www.rfi.fr sogar die aktuellen Nachrichten in vereinfachtem Französisch präsentiert: « Un journal qui présente l'actualité avec des mots simples et explique les événements dans leur contexte. »

Die folgenden Links bereichern jede Hörverstehensschulung im modernen Fremdsprachenunterricht. Sie holen das aktuelle Tagesgeschehen und Muttersprachler direkt in das Klassenzimmer. Besonders motivierend für Schülerinnen und Schüler ist es, – mithilfe der Linkliste – selbst eine Auswahl der Hörtexte zu treffen sowie selbstständig Hörverstehensaufgaben zu entwickeln.

Interaktive Hörverstehensübungen

- http://www.tv5.org/TV5Site → langue francaise
  Lieder, Filme und Sprachübungen aus französischsprachigen Ländern, z. B. interaktive Diktate mit Bernard Pivot
- http://lexiquefle.free.fr/test/delf.html
  Hörverstehensaufgaben für DELF
- http://lexiquefle.free.fr
  interaktiver Vokabeltrainer mit Hörbeispielen und Übungen zu Ausspracheregeln
- http://phonetique.free.fr
  Übungen zur Phonetik
- http://www.bonjourdefrance.com
  Texte zum Lesen und Hören mit Vokabel- und Grammatikhilfen, 4 Niveaustufen
- http://www.lepointdufle.net/audio.htm
  Hörverstehensübungen, die gezielt auf die DELF-Prüfungen vorbereiten (z. B. « Prendre rendez-vous chez le docteur »)

Französischsprachige Radiosender im Internet

- http://www.rfi.fr
  Radio France Internationale. Direkt hören oder spezielle Themen auswählen; mit didaktisierten Übungen für Französischlernende, z. B. Nachrichten in *français facile* mit Übungen zum Verständnis und Texten zum Nachlesen
- http://www.arteradio.com/home.html
  Radiosender Frankreich
- http://www.rtl2.fr
  Radiosender Frankreich
- http://www.radiofrance.fr
  Radiosender Frankreich
- http://www.radioenergie.com
  Radiosender Canada

Weitere nützliche Links rund um das Hörverstehen

- http://www.paroles.net
- http://www.totoutard.com
- http://www.leplaisirdapprendre.com
- http://www.analysebrassens.com
- http://www.cavilamenligne.com

Literatur

Arendt, Manfred (1989): „Hörverstehen – gezielt geschult“, in: *Praxis des neusprachlichen Unterrichts*, Heft-Nr. 36, S. 164–171.

Arendt, Manfred (2000): „Hörverstehen – ein Kurs im Kurs“, in: *Fremdsprachenunterricht*, Heft-Nr. 6, S. 412.

Bächle, Hans (2000): „Hörverstehen mit *faits divers*“, in: *Der Fremdsprachliche Unterricht Französisch*, Heft-Nr. 48, S. 14–16.

Bächle, Hans (2007): „Écoutez! Standardorientierte Schulung und Überprüfung des Hörverstehens.“, in: *Der Fremdsprachliche Unterricht Französisch*, Heft-Nr. 88. S. 14–23.

BAHNS, JENS (1998): „Hörverstehen im Fremdsprachenunterricht: Nicht nur überprüfen, sondern schulen und fördern", in: Jung, Udo (Hrsg.): Praktische Handreichung für Fremdsprachenlehrer. Frankfurt/M., S. 261–268.

BERGMANN, BRIGITTE (1993): „Keine Angst vor Hörtexten!", in: *Zielsprache Englisch*, Heft-Nr. 23, S. 27–34.

DA FORNO, IOLANDA (1994): „Vom Mythos, immer alles verstehen zu wollen, oder Hörverstehen „mal ganz anders", in: *Zielsprache Englisch*, Heft-Nr. 24/4, S. 37–41.

LEUPOD, EYNAR (2000): „Didaktische Aspekte des Hörverstehens", in: *Der Fremdsprachliche Unterricht Französisch*, Heft-Nr. 48, S. 4–10.

NEVELING, CHRISTIANE (2000): „Hörverstehen im Fremdsprachenunterricht", in: *Praxis des neusprachlichen Unterrichts*, Heft-Nr. 47, S. 3–9.

OTT, JÜRGEN (1995): „Hören – Verstehen – Begreifen: eine interkulturelle Analyse einer Hörverstehenssequenz", in: *Die Neueren Sprachen*, Heft-Nr. 5, S. 514–532.

SABIN, LISA (Stand 05.03.2006): Listening Comprehension. Grundsätzliche Überlegungen, http://uni-rostock.de/bildung (→ download/fortbildungsmaterial/ent-listening-comprehension. pdf).

SCHMIDT-SCHÖNBEIN, GISELA (2001): Didaktik Grundschulenglisch. Cornelsen Verlag. Berlin.

SCHUMANN, ADELHEID (1995): „Übungen zum Hörverstehen", in: Bausch, K.-R. et al. (Hrsg.): Handbuch Fremdsprachenunterricht. 3. Aufl. UTB Franke. Tübingen und Basel, S. 244–246.

SPITZER, MANFRED (2002): Lernen – Gehirnforschung und die Schule des Lebens. Spektrum Akademischer Verlag. Heidelberg und Berlin.

SUTANOW, AIDYN (2000): „Hörübungen für den Selbstlernbereich", in: *Fremd Sprachen Unterricht*, Heft-Nr. 6, S. 34.

THYROLF, ANNEKATRIN (1992): „Das Hörspiel – eine Möglichkeit der Hörverstehensschulung", in: *Fremd Sprachen Unterricht*, Heft-Nr. 5, S. 277.

VIGNAUD, MARIE-FRANÇOISE (2005): « Développer l'écoute et la compréhension orale », in: *Der Fremdsprachliche Unterricht Französisch*, Heft-Nr. 77, S. 4–8.

7 Sprechen und Schreiben fördern

von Otto-Michael Blume

Die Förderung des Sprechens und Schreibens in einem Kapitel – macht das Sinn in einem Methodenhandbuch? Sind die beiden Fertigkeiten nicht zu verschieden, liegen die Schlussfolgerungen für unterrichtliches Handeln folglich nicht zu weit auseinander, sodass sich ihre Behandlung in einem gemeinsamen Kapitel verbieten müsste?
Zweifellos hätte einer Aufteilung in zwei selbstständige Kapitel nichts im Wege gestanden, doch gibt es gute Gründe für eine Behandlung unter einer gemeinsamen Überschrift. *Sprechen* wie *Schreiben* in der Fremdsprache gehören beide zum **Bereich des zweitsprachlichen Produktionsprozesses**.

■ „Insbesondere die vier Komponenten deklaratives Sprachwissen, deklaratives Weltwissen, prozedurales Sprachwissen und prozedurales Weltwissen spielen bei der Produktion sprachlicher Äußerungen in einer zweiten Sprache eine entscheidende Rolle." (Wolff 2002: 301 f.) ■

Und die Tatsachen, dass das deklarative Sprachwissen unserer Schülerinnen und Schüler vor allem zu Beginn des Sprachlehrgangs sehr elementar ist, aber auch ihr prozedurales Weltwissen durch die erfahrene muttersprachliche Sozialisation geprägt ist und durch ein zielsprachlich überlagertes, „angemessenes zweitkulturelles Weltwissen" (Wolff 2002: 302 f.) ergänzt und erweitert werden muss, machen deutlich, dass der Produktionsprozess zunächst einmal in seiner Gemeinsamkeit verstanden werden kann.
Allerdings bedeutet diese grundsätzliche Übereinstimmung nicht, dass die praktischen Probleme der Lernenden und die Strategien ihrer Überwindung in beiden Fertigkeiten identisch sind. Gerade für eine Sprache wie dem Französischen, bei der phonologische Artikulation und grafische Umsetzung teilweise recht weit auseinanderliegen, sind Schwierigkeiten vorprogrammiert. So müssen die Schüler zum einen ein Lautsystem kennenlernen und verinnerlichen, das sich in vielerlei Hinsicht von dem deutschen unterscheidet (z. B. die Nasalierung), um in der Folge festzustellen, dass etliche der ihnen auch aus der Erstsprache vertrauten Laute teilweise völlig anders als erwartet geschrieben werden. Die Tatsache, dass die Diskrepanz zwischen Aussprache und Schreibung heute selbst für französisch sprechende Muttersprachler ein Problem darstellt, macht deutlich, vor welchen, bisweilen einfach von uns unterschätzten Problemen unsere Schülerinnen und Schüler stehen.

Das Sprechen fördern

Einführung

Die Aufwertung des Sprechens

Keine kommunikative Fertigkeit ist so eng mit der intellektuellen Reifung und der Persönlichkeitsentwicklung des Menschen verbunden wie das Sprechen. In den letzten Jahren, spätestens seit dem Erscheinen des *Gemeinsamen europäischen Referenzrahmens (GeR)* sind die mündlichen Fertigkeiten, Hör(seh)verstehen (vgl. Kap. 6) und Sprechen deutlich aufgewertet worden. „Jedes Hörverstehen ist zugleich eine Mitteilung des eigenen Sprechens, jedes eigene Sprechen zugleich eine Mitübung des Hörverstehens“ (Butzkamm 2004: 163). Die mündliche Fertigkeit ist im GeR darüber hinaus als einzige in zwei Teilbereiche unterteilt worden, in zusammenhängendes **monologisches Sprechen** – das wir praktizieren, wenn wir über Erfahrungen sprechen, am Stück argumentieren, etwas beschreiben oder erzählen oder auch Arbeitsergebnisse vor anderen darlegen, präsentieren – und in die **dialogische Teilnahme an Gesprächen**, typisch für konversationelles Sprechen mit anderen. Die nationalen Bildungsstandards und die davon abgeleiteten (Kern-)Lehrpläne der Länder haben dieses Signal des GeR übernommen und weisen Hören wie Sprechen eine herausragende Bedeutung für den Fremdsprachenunterricht zu. Wenn man darüber hinaus noch bedenkt, dass die in den Bildungsstandards und Lehrplänen neu aufgenommene Fertigkeit der Sprachmittlung sowohl mündlich wie schriftlich auszubilden ist, wird in besonderer Weise signifikant, wie wichtig das Sprechen und seine Förderung für eine **gelungene Kommunikation** in der Fremdsprache sind.

Da wir die neue Bewertung der Mündlichkeit nicht nur teilen, sondern das Sprechen ganz bewusst fördern wollen, gebührt dieser Fertigkeit der Vorrang in diesem Kapitel, auch wenn wir wissen, dass der schriftlichen Leistung unserer Schülerinnen und Schüler eine besondere Bedeutung bei der Evaluation sprachlicher Kompetenz in Prüfungssituationen zukommt. Doch schriftliche Überprüfungsformen der Sprachkompetenz werden zunehmend ihren Absolutheitsanspruch verlieren. In einigen Bundesländern ist es heute schon möglich, in der Sek. I und in der Sek. II eine Klassenarbeit durch eine mündliche Leistung zu ersetzen. Andere Bundesländer werden mit Sicherheit folgen. Und die *Einheitlichen Prüfungsanforderungen in der Abiturprüfung (EPA)* für das Fach Französisch sehen neben der weiterhin bestehen bleibenden mündlichen Abiturprüfung im 4. Fach die Neuerung vor, „in Verbindung mit der Textaufgabe [...] eine Überprüfung der Fähig-

keiten und Fertigkeiten des mündlichen Sprachgebrauchs durchzuführen" (cf. *Einheitliche Prüfungsanforderungen in der Abiturprüfung Französisch 2004*: 18).
Was folgt aus all dem für uns und unseren Unterricht? Wir müssen nach immer neuen Wegen suchen, unsere Schüler zum Sprechen zu bringen, natürlich nicht nur, damit sie den neuen Vorgaben entsprechen können, aber auch deswegen. Das allgemeine Ziel der interkulturellen Handlungsfähigkeit, zu dem wir die Schülerinnen und Schüler in den beiden Schulstufen führen möchten, impliziert mündliche wie schriftliche Kompetenz, wobei erstere für die meisten in ihrem späteren Berufs- und Privatleben von größerer Bedeutung sein wird als letztere – ein weiterer Grund, uns zunächst mit dem Sprechen zu beschäftigen.

Der Sprechakt – theoretische Hintergründe

Zunächst richten wir den Blick auf den Sprechvorgang im Allgemeinen, bevor Mittel und Wege diskutiert werden sollen, wie wir ihn unter den Umständen des Zweitsprachenerwerbs durch methodische Varianten im Französischunterricht fördern können.
Die „zurzeit umfassendste und ergiebigste Darstellung des Sprechvorgangs" (Wolff 2002: 210) stellt das Sprachproduktionsmodell von Levelt dar (s. Abb. S. 134). Gemäß Levelt durchlaufen Sprechmitteilungen drei Herstellungsebenen, wobei die Sprachproduktion für ihn nicht als rein serieller Prozess zu verstehen ist:

■ „It combines serial and parallel processing in the following way: Each fragment of information will have to be processed in stages, going from the conceiving of messages to articulation. Still, all processing components can work in parallel, albeit on different fragments." (*Levelt* 1989: 28) ■

Dieses Modell der muttersprachlichen Sprechproduktion geht wie andere vergleichbare Modelle davon aus, dass die hier schematisch dargestellten Abläufe nur dann zu einer erfolgreichen mündlichen Kommunikation führen, wenn insbesondere die Prozesse im *Formulator* und *Articulator* **weitgehend automatisiert** ablaufen. Für die Arbeit im Französischunterricht stellt sich die Frage, wie man unter den Voraussetzungen eines schulischen Fremdsprachenerwerbs eine solche Automatisierung erreichen kann:
Sollten die Schüler vornehmlich sprachbezogen üben, denn immerhin geht es neben angemessenem situationellem Wissen, neben Adressatenorientierung und pragmatischer Kompetenz in hohem Maße um lexikalische, grammatikalische und syntaktische Fertigkeiten, die automatisiert, das

heißt jederzeit ohne Überlegung abrufbar sein sollen? Oder sollte der Akzent vor allem auf der mitteilungsbezogenen Ebene liegen, entsprechend der Überlegung, dass sich Spracherwerb nicht in Interaktionen manifestiert, sondern durch sie stattfindet und Spracherwerb und Interaktion somit in einem interdependenten Wechselspiel stehen (cf. Aguado 2003: 13, wobei „Interaktion" in erster Linie als aktive Teilnahme der Lernenden am Diskurs zu verstehen ist? Diese Fragen werden uns im Folgenden beschäftigen.

The Speaker as Information Processor

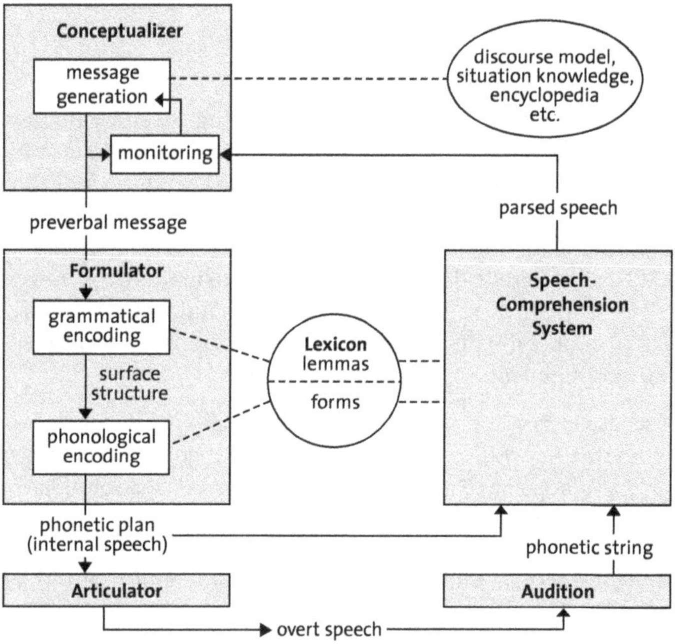

Das Sprachproduktionsmodell nach Willem J. M. Levelt (1989)

Sprechen im Sprachunterricht

Phonetische Grundausbildung

Am Anfang einer erfolgreichen Förderung der Fertigkeit Sprechen im Französischunterricht steht ein grundlegender phonetischer Übungsschwerpunkt, denn Kommunikation in der Zielsprache kann nur gelingen, wenn sich die Lernenden in ihrem **phonetischen System** gut auskennen. Über intensive Phasen des Hörens und imitierenden (Nach-)Sprechens sowie verschiedener Leseübungen kann diese Basis in verhältnismäßig kurzer Zeit hergestellt werden.

Chorisches Nachsprechen

Am Anfang des Sprachlehrgangs kann vieles chorisch geübt werden, wobei dieses gleichzeitige Nachsprechen aller in der Regel nicht anhand von Einzellexemen, sondern auf der syntagmatischen Ebene, am besten in Einzelsätzen erfolgt. Chorisches Sprechen aktiviert alle Lernenden und verhindert zugleich die Bloßstellung der Schüler in der Phase der individuellen Aneignung. Es muss rhythmisiert und in möglichst authentischem Sprechtempo – Lehrer als Taktgeber – erfolgen, damit es erfolgreich wirkt. Neben den verschiedenen Lauten, die für das deutsche Ohr anfangs neu sind (z.B. Nasale, /w/), stellen beispielsweise Intonationskurven oder auch die Liaison Herausforderungen dar. Um nun für die Unterscheidung von Aussage- und Fragesatz zu sensibilisieren, muss zunächst das Gehör trainiert werden. Die Schülerinnen und Schüler werden deshalb in der ersten *Unité* von *À plus !* Band 1 aufgefordert, die Hand zu heben, wenn sie eine Frage aus den von der CD präsentierten Sätzen **heraushören**. In einem nächsten Schritt müssen sie die gleichen Sätze noch einmal hören und in den Pausen, die die CD anbietet, **nachsprechen** (cf. BÄCHLE ET AL. 2004: 16). Um die Schüler in der Folge noch stärker zu aktivieren, kann man sie auffordern, nun selbst Frage- oder Aussagesätze laut vorzugeben, wobei jetzt die Lehrkraft bei jedem Fragesatz die Hand heben muss, was sie aber nur dann machen wird, wenn die Intonation wirklich geglückt ist. Nicht nur dass dieser Rollenwechsel motiviert und Spaß macht, er führt auch dazu, dass die Schülerinnen und Schüler intensiv versuchen, aus den wenigen bisher gelernten Wörtern bekannte Sätze zu rekonstruieren oder auch neue Kombinationen zu konstruieren. Das Ganze dauert nur wenige Minuten, stellt aber eine wichtige Grundlage für erfolgreiche Kommunikation in der Folge dar. Ähnliche Vorgehensweisen im Bereich der phonetisch sauberen Pluralmarkierung (z.B. bei: *le stylo – les stylos*), der Unterscheidung ähnlicher Lautung *(dans – donc)* oder der verschiedenen Möglichkeiten der Realisierung des e-Lautes (/e/, /ə/, /ɛ/) vertiefen die Kompetenzen in diesem Bereich.

Theaterdidaktische Übungen

Eine weitere, zu einem späteren Zeitpunkt, wenn das phonetische System schon ein wenig gesichert ist, anzusetzende Übungsmöglichkeit zur Förderung expressiven Sprechens liegt darin, bei der Vorbereitung eines Rollenspiels einfache theaterdidaktische Übungen einfließen zu lassen:

- ***Exercices d'expression sans texte :*** *Exprimez visuellement la peur/la joie/la surprise/la haine/l'amour ;*
- ***Exercices vocaux :*** *En marchant, prononcez des phrases doucement/lentement/très vite/avec force/à haute voix/à voix basse/d'une voix monotone ;*
- ***Exercices vocaux et exercices d'expression :*** *prononcer des phrases en imaginant que vous êtes en colère/en danger/très timides/que vous avez une très mauvaise/très bonne nouvelle à annoncer, etc.*

(zitiert nach Schumacher 2004: o. S.)

Lesen

Ebenfalls als vorbereitende und begleitende Übungstätigkeit ist das laute Lesen von Bedeutung, wobei wir hier Varianten vorstellen wollen, denen gemein ist, dass sie alle Lernenden aktivieren und nicht in reiner Reproduktion verharren.

Da wäre zunächst das parallel von der gesamten Lerngruppe, halblaute oder auch mit deutlicher Bewegung der Lippen leise gemurmelte Lesen – Butzkamm spricht in Anlehnung an Ericsson von ***buzz reading*** (Butzkamm 2004: 258) –, wobei jeder in seinem eigenen Tempo liest. Eine andere Variante, das sogenannte **Mosaiklesen**, besteht darin, dass der, den Schülern bekannte Text auf einem Arbeitsblatt oder einer Folie in Einzelsätze aufgelöst ist, wobei sich in der linken Spalte die Satzanfänge in der richtigen Reihenfolge befinden, in der rechten Spalte die Satzenden bunt gemischt aufgeführt sind. Wie bei einem Mosaik müssen die passenden Teile zusammengefügt werden. Lesen ist nun nicht mehr eine reine Reproduktion von Lauten, sondern zugleich eine semantisch-syntaktische Rekonstruktion. In die gleiche Richtung geht eine weitere Variante, die ***Vanishing-Technik***, bei der sich der bereits bekannte Lesetext auf einer Folie befindet und durch Papierstreifen teilweise verdeckt wird. Auch hier müssen die Schüler die dabei entstehenden Textlücken aus der Erinnerung heraus und aus Kenntnis kontextuell wie syntaktisch sinnvoller Fortsetzungen füllen, wodurch wiederum Muster gefestigt werden. Letztes Beispiel ist die ***Read-and-look-***

up-Technik (***Lire – regarder – parler***), wie sie Butzkamm und Spengler beschreiben. Dabei sitzen sich immer zwei Schüler gegenüber. Jeweils abwechselnd liest einer der beiden einen Satz oder einen Dialogteil des aktuellen Lektionstextes leise für sich, prägt ihn sich ein, schaut dann auf und spricht den memorierten Satz unter ständigem Blickkontakt mit seinem Gegenüber nach. Während dieser Sprechphase darf er nicht ins Buch schauen. Er kann aber bei Problemen unterbrechen, noch einmal nachlesen, um anschließend wieder direkten Blickkontakt mit dem Partner aufzunehmen und einen neuen Versuch zu starten bzw. die Reproduktion fortzusetzen. Am Anfang kann es hilfreich sein, den Ausgangstext im Buch während der Sprechphase mit einem weißen Blatt zu bedecken, damit ein hier kontraproduktives „Schummeln" unmöglich wird (cf. Butzkamm 2004: 259; Spengler 2006: 31).

Sprechen fördern

Ist im Fremdsprachenunterricht nicht immer viel mehr gesprochen als geschwiegen oder geschrieben worden? Richtig ist, dass der Französischunterricht seit der Überwindung der noch dem Lateinunterricht verpflichteten Grammatik-Übersetzungs-Methode stets eine starke mündliche Komponente aufgewiesen hat. Doch fand und findet Sprechen bis heute zu häufig im Plenum statt; bei Schülerzahlen zwischen 25 und 30 (oder mehr) gibt die Lehrkraft die Impulse, stellt die Fragen, berichtigt die Aussagen, führt Klärungen herbei oder leistet sie gleich selbst, fasst zusammen und leitet weiter, sodass schon die zeitlichen Möglichkeiten für die Einzelnen, sich mit einem Wort- oder Satzbeitrag in den Klassenraumdialog zu integrieren, ausgesprochen gering sind. Hinzu kommt, dass in solchen Szenarien die Gefahr besteht, dass schnellere Schüler im Vordergrund agieren, die stilleren, langsameren Schüler dagegen kaum zu Wort kommen und erst in schriftlichen Produktionen nachweisen können, wie wertvoll ihre Vorstellungen und Überlegungen sind. Hier soll jedoch kein Verdikt über das notwendige und hilfreiche Unterrichtsgespräch gefällt werden, ganz im Gegenteil: Das gemeinsame Gespräch mit einer geschickt moderierenden Lehrkraft und einer breiten Schülerbeteiligung wird viel zu selten gesucht und praktiziert. Doch sind solche Erörterungen nicht der Weg zu der oben als didaktisches Problem erkannten Automatisierung des Sprechens, sondern stellen eher schon Elemente des Ziels dar. Vor allem aber sind Frage-Antwort-Szenarien, die wie ein Ping-Pong-Spiel ablaufen, dazu völlig ungeeignet.

Um Sprechen auf allen Ebenen des Sprachprozesses mit dem Ziel immer weitergehender Automatisierung zu fördern, müssen **alle** Schülerinnen

und Schüler **oft und abwechslungsreich Gelegenheit zum Sprechen** erhalten. Dazu sind Klassenraumdialog und Frontalunterricht selten in der Lage, müssen dezentrale Übungsformen und Anwendungssituationen gewählt werden.
Darüber hinaus sollte es unser Streben im Unterricht sein, möglichst oft solche Situationen zu schaffen, in denen die Lernenden entsprechend einem selbst empfundenen oder zumindest als sinnfällig eingeschätzten **Mitteilungsbedürfnis** die Zielsprache benutzen bzw. ein erkanntes **Informationsdefizit** befriedigen können.
Sprachunterricht kann aber nicht nur mitteilungsbezogen sein, sondern benötigt vor allem in der Spracherwerbsphase immer wieder auch Phasen, in denen neue sprachliche Strukturen im Mittelpunkt des gemeinsamen Arbeitens stehen:

■ „Guter Fremdsprachenunterricht ist gekennzeichnet vom geschickten Wechsel zwischen Mitteilungsbezogenheit und Sprachbezogenheit, vom Pendeln zwischen ‚eigentlichem' Kommunizieren und dem Üben, zwischen einem focus on message und einem focus on form. Der Fremdsprachenunterricht lebt von der Spannung zwischen diesen beiden Polen." (Butzkamm 2004: 22, Hervorh. i. Orig.) ■

Im Unterrichtsalltag wird es immer wieder notwendig sein, auch mit Strukturübungen zu arbeiten, am besten in Partner- oder (Klein-)Gruppenarbeit, wie dies beispielsweise mit Tandembögen, Partnerkarten, Drehscheiben, Würfelspielen und vergleichbaren Medien möglich ist. Nach solcher **sprachbezogener Interaktion**, die wir als eine erste Etappe auf dem Wege der Automatisierung begreifen, muss das Üben auf der mitteilungsbezogenen Ebene neu und fantasievoll, mit Hinblick auf die Lernenden und ihre Welt fortgesetzt werden, sonst werden unsere Stunden langweilig, geht die Freude am Lernen verloren, stirbt langsam aber sicher die Motivation für die Fremdsprache, was letztlich zum Ausstieg bei der ersten Abwahlmöglichkeit, in der Regel am Ende der Sekundarstufe I, führt. Das bedeutet nicht, dass die Inhalte dabei Gefahr laufen müssten, in der Banalität zu verbleiben: Die Schülerinnen und Schüler haben zu interessanten Themen des Unterrichts auch eigene Ideen, die sie mitteilen möchten. Und natürlich schafft die Arbeit an relevanten Sachverhalten neue Einsichten und präzisiert oder erweitert bisher nicht geklärte Meinungsfragmente. Deswegen muss unser Unterricht **inhaltlich anspruchsvoll** sein, denn nur so können sich die Lernenden zu kompetenten Gesprächspartnern entwickeln. Ein niedriges Niveau schafft nur Langweile und Verdruss.

Methoden für den Französischunterricht

Dialogisches Sprechen

Vom sprachbezogenen zum mitteilungsbezogenen Üben

Wie schon im Kapitel zur phonetischen Grundbildung angesprochen, gibt es **dezentrale Übungsformen**, die vor allem der Festigung neuer Sprachmuster, sei es nun Lexik oder Grammatik, dienen, und die zugleich eine Vorstufe zu stärker mitteilungsbezogener Kommunikation darstellen. Wichtig ist, dass sie alle Schülerinnen und Schüler zugleich aktivieren, deren individuelles Lerntempo berücksichtigen und kommunikationsrelevante Situationen aufgreifen.

Tandembögen

Vielen sind sicherlich die schon seit längerem in den Arbeitsheften der Lehrwerke eingearbeiteten Tandembögen bekannt, bei denen sich Schülerpaare gegenübersitzen und abwechselnd einer der beiden eine mehr oder weniger große Lücke in einem Satz füllen, einen Satzteil ergänzen oder ersetzen oder angemessene Antworten geben muss, während der andere anhand einer ihm vorliegenden Musterlösung als Kontrollinstanz aufpasst, ob alles richtig ist. Tandembögen können die Lexik einer Lektion oder besser eines Wortfeldes vertiefen helfen, zur Automatisierung des Gebrauchs von Ausdrücken zur Umsetzung von Sprechakten in typischen Kommunikationssituationen des täglichen Lebens (*Au CDI; Au supermarché; À la garc; À l'office de tourisme; À l'hôtel* etc.) beitragen oder bei der Internalisierung neuer Strukturen helfen. Der Aufbau eines Tandembogens weist dabei in der Regel die Merkmale einer geschlossenen Übung auf, da sonst keine vollständige Korrektur durch die Lernenden allein möglich ist. Es liegt somit am Geschick der Lehrkraft, ihn inhaltlich so zu konzipieren, dass die erwünschte Sicherung und Festigung neuer Sprachmuster in sinnvollen Kontexten und Situationen erfolgt. Es geht nicht um ein einfaches Aneinanderreihen beliebiger Sätze, sondern um den Entwurf thematischer Zusammenhänge, in denen die Partner vorzugsweise in Dialogform miteinander „kommunizieren". Der Vorteil dieser wie anderer Partnerübungen liegt vor allem darin, dass die Schülerinnen und Schüler in solchen wichtigen Trainingsphasen ohne Kontrolle durch die Lehrperson und frei von Leistungsdruck üben können. Das schafft bei jenen Vertrauen in ihre eigene Leistungsfähigkeit und hilft beim Abbau dem Lernen hinderlicher Ängste. Eine ähnliche Funktion wie der Tandembogen können auch Partnerkarten, Lernscheiben, Würfelspiele und andere Medien übernehmen, denen gemein ist, dass alle Schüler zu zweit oder auch zu mehreren simultan mündlich tätig sind.

Tabellen mit Lücken

Während allerdings Partnerkarten – auf der Vorderseite befindet sich ein verbaler oder bildgestützter Impuls zum Inhalt der vergangenen *Unité(s)*, auf der Rückseite die erwartete Lösung – recht aufwändig in der Erstellung sind, können Tabellen mit Informationslücken, die beim Partner jeweils gefüllt sind, recht schnell vorbereitet werden. Ein Beispiel, das als Wiederholungsübung nach den ersten drei *Unités* der *Méthode intensive* von *À plus !* eingesetzt werden kann, soll das veranschaulichen:

Élève A	**âge**	**classe**	**domicile**	**hobbies**
Jérémie	?	4e C	?	le tennis, le roller, les livres
Lila	13	?	10, rue d'Alsace	?
Yasmina	?	4e C	?	la photo, les maths, la musique
David	14,5	?	18, rue de Strasbourg	?

Élève B	**âge**	**classe**	**domicile**	**hobbies**
Jérémie	13	?	1, place du Sud	?
Lila	?	4e C	?	La musique, la mode, MSN
Yasmina	13,5	?	Tour Gambetta	?
David	?	4e C	?	le sport, la natation

Beispiel für eine Tabelle mit Lücken zum Ausfüllen (cf. À plus ! 1, Méthode intensive 2006; auch: Kieweg 2000: 23)

Eine Dialogfolge auf der Basis der Tabelle könnte wie folgt aussehen:
A : *Jérémie a quel âge ?*
B : *Il a treize ans. Il est en quelle classe ?*
A : *Il est en 4e C. Où est-ce qu'il habite/Il habite où ?*
B : *Il habite 1, place du Sud. Qu'est-ce qu'il aime faire après le collège ?*
A : *Il aime le tennis, le roller et les livres.*

Die Dialoge werden im weiteren Verlauf der Spracherwerbsphase komplexer und sprachlich anspruchsvoller. Statt der Lehrwerkfiguren können Prominente aus dem landeskundlichen Lexikon genommen werden, landeskundliche Informationen thematisiert werden und anderes sinnvolles Wissen zur Sprache kommen.

Faire sa valise

Eine Übungsform, die zwar in der Struktur geschlossen ist, sich aber inhaltlich bereits zu öffnen beginnt, ist das, was auch als *Koffer einpacken* bekannt ist (cf. Time to talk! – Parlons! … 2005: 30). Jeder Schüler muss etwas Sinnvolles oder auch etwas Unerwartetes, Lustiges in einen imaginären Koffer packen, wobei die alten und neuen Gegenstände jeweils wiederholt werden müssen, sodass der letzte Schüler den ganzen Inhalt nennen muss.
A : *Dans ma valise, il y a une chemise.*
B : *Dans ma valise, il y a une chemise et un anorak.*
C : *Dans ma valise, il y a une chemise, un anorak et un camembert* etc.

Diese Übung lässt sich auch gut bei den Wortfeldern Schule, Stadtviertel, Wohnung, Federmäppchen oder Schulrucksack, Zimmer etc. nutzen, wobei die Übung dann am besten in Kleingruppen abläuft. In diese „Koffer“ können natürlich auch abstruse Dinge gepackt werden, die lustig sind und bei aller Konzentration auf die Sache für Entspannung sorgen. Üben soll schließlich Spaß machen!
Übertragen auf andere sprachliche Problembereiche sind auch folgende Übungssequenzen vorstellbar:
Je préfère le français à l'anglais.
Je préfère le français à l'anglais et les langues aux maths.
Je préfère le français à l'anglais, les langues aux maths et ma prof de géo au prof d'allemand.

Deutlich anspruchsvoller wird eine solche Übung, wenn das Prinzip dahingehend verändert wird, dass von einem Ausgangssatz ausgegangen wird, der vom nächsten Schüler wiederholt und um einen neuen Satz erweitert wird.
A : *Hier, je suis allé(e) au cinéma.*
B : *Hier, je suis allé(e) au cinéma. J'ai vu un film d'horreur.*
C : *Hier, je suis allé(e) au cinéma. J'ai vu un film d'horreur. Il ne m'a pas plu.*
D : *Hier, je suis allé(e) au cinéma. J'ai vu un film d'horreur. Il ne m'a pas plu. Ce soir, je vais rester à la maison* etc.

Bei dieser Variante gibt es keine strukturellen oder inhaltlichen Restriktionen mehr. Das Einzige, was zu wirklich authentischer Kommunikation noch fehlt, ist die in einer solchen Übung nur eingeschränkt gegebene tatsächliche Mitteilungsabsicht. Die Schüler müssen mehr auf den Impuls ihrer Mitschüler reagieren, als dass sie eigene Vorstellungen versprachlichen. Sie sind sich der Übungssituation sehr bewusst und kommunizieren noch nicht authentisch. Aber sie üben mit kreativen Elementen, sind selbst interessiert, wie die sich entwickelnde Geschichte weitergeht, können sie beeinflussen, ihr einen anderen Lauf geben, sind aktiv an ihr beteiligt und sehr konzentriert bei der Sache.
In vergleichbarer Art und Weise können beispielsweise auch Konjunktionen und ihre spezifische Bedeutung für die Gesamtaussage eines Satzes sowie die mit ihrem Gebrauch verbundenen Modusfragen geübt werden.

■ „Wenn die Lernenden beim Sprechen eine logische Beziehung ausdrücken wollen, haben sie wenig Zeit, über die passende Konjunktion/Subjunktion nachzudenken. Übungen zur mündlichen Verwendung von Konjunktionen/Subjunktionen sollten deshalb vor allem auf Schnelligkeit, Flüssigkeit und Automatisierung zielen." (Schatz: 2006:135) ■

Entsprechende Übungen könnten dann wie folgt aussehen:
A : *Moi, je suis heureux/euse* ***parce que*** *...*
B : *...* ***parce que*** *le week-end commence bientôt. J'ai envie d'aller à la piscine demain après-midi* ***si*** *...*
C : *... s'il fait aussi chaud qu'aujourd'hui. Tu vas m'accompagner* ***bien que*** *...*
D : *...* ***bien que*** *tu n'aimes pas trop nager ? Tu sais* ***ce que*** *...*
E : *...* ***ce que*** *...*

Eine noch offenere Variante sähe wie folgt aus:
A : *Moi, je suis heureux/euse ...*
B : *...* ***parce que*** *le week-end commence bientôt. J'ai envie d'aller à la piscine demain après-midi ...*
C : *... s'il fait aussi chaud qu'aujourd'hui. Tu vas m'accompagner ...*
D : *...* ***bien que*** *tu n'aimes pas trop nager ? Tu sais ...*
E : *...* ***ce que*** *...*

Trotz des offenen Charakters dieser beiden Übungen teilen sich die Lernenden nicht wirklich mit, sondern versuchen auf Impulse kontextuell und sprachlich angemessen in einer vorgegebenen Rahmenstruktur zu reagieren. Das Ziel der Automatisierung ist klar zu erkennen und dennoch verlangt eine solche Übung eine aktive Beteiligung der Lernenden.

Flow-charts

Dies wird auch bei den *Flow-charts* intendiert, die durchaus deutsche Impulse enthalten können, die die zielsprachliche Produktion leiten. Am Beginn des dritten Lernjahres, nach den Sommerferien, könnte das nach der Erarbeitung des *imparfait* etwa so aussehen:

A (ton partenaire)	**B** (toi)
Comment est-ce que tu as passé tes vacances ?	Erzähl, dass du erst eine Woche bei deinen Großeltern gewesen bist, danach zwei Wochen mit deinen Eltern in Holland am Meer verbracht hast und anschließend in einer Boutique gearbeitet hast.
En Hollande, vous avez fait du camping ?	Bejahe das und erklär, dass der Campingplatz sehr gut war und nur 100 m vom Strand lag, dass du Camping viel lieber magst als Hotels, weil es so einfach ist, andere Jugendliche kennenzulernen und mit ihnen etwas zu unternehmen.
Tu as déjà une idée de ce que tu vas faire avec l'argent que tu as gagné à la fin des vacances ?	Du erzählst, dass du dir gerne ein neues Handy oder einen MP3-Player etc. kaufen möchtest und dass du schon genau weißt, was es sein wird.

(Zitiert nach Kieweg 2000: 19)

Wie der Übergang vom eher sprachbezogenen zum stärker mitteilungsbezogenen Sprechen erfolgen kann, zeigen sehr anschaulich Duclercq & Winz: Mit den methodischen Schritten der ***expression simultanée***, Brainstormingphasen, in denen alle Schülerinnen und Schüler individuell und simultan halblaut sprechen, und der ***conversation simultanée*** (Partnergespräche) werden Kommunikationssituationen vorbereitet, die dann im **Omniumkontakt** oder in der ***conversation promenade*** vertieft werden (cf. Duclercq/Winz 2006: 11; cf. Schiffler 2002: 58 ff.). Den beiden letztgenannten Aktivitäten ist gemeinsam, dass die gesamte Lerngruppe in Bewegung gerät, mit unterschiedlichen Partnern ins Gespräch kommt, beim Omniumkontakt im Stehen, bei der *conversation promenade* im Gehen, und der stattfindende Informationsaustausch sich einer authentischen Kommunikationssituation deutlich annähert.

Questionnaire personnel

Ebenfalls in diesen Übergang können Partnerinterviews mit dem *questionnaire personnel* eingeordnet werden (cf. SEGERMANN 2000). Die Schülerinnen und Schüler bearbeiten schriftlich einen Fragebogen zur persönlichen Situation (z. B.: *nom, adresse, âge, école, loisirs, musique préférée* etc.). In mehreren Korrekturdurchgängen achtet die Lehrkraft darauf, dass am Ende nur richtige Fragebögen vorliegen, bei denen sich die Fragen immer auf der Vorderseite, die persönlichen Antworten auf der Rückseite des Blattes befinden, damit beide in den folgenden Interviewphasen – über mehrere Stunden oder Wochen mit stets wechselnden Partnern – bei Bedarf als Hilfe und psychologisch wichtige Stütze greifbar sind. Erfahrungsgemäß werden die Blätter bei den mit der Zeit zunehmend automatisiert erfolgenden Fragen und Antworten mehr und mehr in den Hintergrund treten, das Wissen um ihre schnelle Verfügbarkeit bleibt aber auch dann hilfreich. Erfahrungen zeigen, dass entsprechend dem jeweiligen Lerntempo alle Lernenden den Ehrgeiz entwickeln, möglichst bald möglichst frei zu fragen und zu antworten. Am Ende einer solchen Arbeitsphase können sie entsprechend über sich Auskunft geben bzw. die Informationen bei anderen erfragen. Nach einigen weiteren Lektionen wird mit den Schülern gemeinsam ein neuer *questionnaire* entwickelt, der die Möglichkeiten, die sich durch den Sprachzuwachs ergeben haben, nutzt. Später, also ab dem 3. oder 4. Lernjahr können im Internet solche *questionnaires* gesucht und bearbeitet werden, die zu jugendspezifischen Umfragen gehören (z. B. zu Feriengewohnheiten, Familienleben etc.; eine ergiebige Quelle: http://www.ipsos.fr). Entsprechende *sondages* in der Lerngruppe lassen interessante Unterschiede zwischen deutschen und französischen Gewohnheiten deutlich werden – ein erster Schritt zum interkulturellen Lernen (siehe auch BLUME: 2006, 5).

Wollen wir statt der Teilfertigkeit „An Gesprächen teilnehmen" die Kompetenz zum „Zusammenhängenden Sprechen" stärken, bietet es sich an, die monologisch geprägten Situationen ins Auge zu fassen, also das Erzählen, Beschreiben, Präsentieren und das zusammenhängende Argumentieren.

Monologisches Sprechen

Um das **Erzählen** als festen Bestandteil des Unterrichts zu üben, haben sich ritualisierte, also immer wiederkehrende Erzählsituationen am Anfang oder Ende von Unterrichtsstunden bewährt, wobei diese Phasen bereits ab dem ersten Lernjahr eingesetzt werden können und sich durch ihren regelmäßigen Einsatz gut dazu eignen, die Automatisierung und Flüssigkeit des Sprechens zu fördern (cf. BLUME 2006: 6 f.).

Simulation globale

Wenn wir kreatives Erzählen üben möchten, bietet sich eine *simulation globale* anhand von Bildern an (YAICHE 2002). Ausgehend von einem ausdrucksstarken Foto mit einer oder mehreren Personen, das genügend Offenheit und Unbestimmtheit enthält, entwickeln die Schülerinnen und Schüler eine fiktive Biographie der Person(en), um zu erzählen, was die Hauptfigur Jahre später am gleichen Ort machen könnte bzw. was sich dort einige Stunden zuvor ereignet hat. Sie können auch von zwei wichtigen Ereignissen im Leben der Person erzählen, einen Rückblick auf ihre biografische Vergangenheit vornehmen, oder überlegen, warum die Person an diesem Ort ist (cf. SPENGLER 1993: 61). Man kann im Sinne der *simulation globale* weitere Fotos, die auf den ersten (und auch zweiten) Blick nichts mit dem Ausgangsbild zu tun hatten, einführen und Verbindungslinien herstellen lassen, sodass nach und nach sowohl ein Mikrokosmos als auch ein Handlungsgefüge entstehen. Je größer der *écart* zwischen den einzelnen Fotos ist, desto stärker werden Fantasie und Kreativität angeregt, ihn zu überwinden.

Voix off

Eine leicht zu verwirklichende Möglichkeit des *zusammenhängenden Erzählens* ergibt sich im Zusammenhang mit der Arbeit an Videosequenzen oder Filmen, und zwar in der Sek. I, wo die Lehrwerks-DVD inzwischen Standard geworden ist, wie auch in der Sek. II. Nachdem der Filmausschnitt oder das Videokapitel rezipiert und in seinen Grundelementen verstanden worden ist, präsentiert die Lehrperson die Sequenz erneut, aber ohne Ton. Die Schülerinnen und Schüler erzählen nun das, was sie sehen, als *voix off*, als unsichtbare Erzähler. Die Macht der Bilder hilft, die abgespeicherten Informationen zu reaktivieren, die Freiheit der Rolle lässt eine sprachliche Realisierung entsprechend den individuellen Möglichkeiten zu.

Geht es um das Üben beschreibenden Sprechens, bieten sich folgende drei aktivierende Übungsformen an.

Trouver l'image

Diese von SPENGLER (2006: 33) vorgestellte Übung bietet sich bereits für die Spracherwerbsphase mit dem Lehrbuch an, kann aber problemlos mit entsprechend variierten Materialien bis in die Sek. II genutzt werden. Auf einer

Folie befinden sich möglichst viele Bilder aus vorausgehenden Lektionen in bunter Reihenfolge und nummeriert. A beschreibt eines der Bilder so detailliert wie möglich. B, der mit dem Rücken zur Projektionsfläche sitzen muss, dreht sich nach Abschluss der Beschreibung um und versucht, die Nummer des Bildes zu nennen, dessen Beschreibung er gerade gehört hat. Dann nimmt A seinen Platz ein und B beschreibt ein anderes Bild. Der geschützte Raum, in dem die Schülerpaare sprechen, lässt Hemmungen verschwinden, die komplette Lerngruppe spricht zusammenhängend bzw. hört intensiv zu.

Décrire à l'aveuglette

Als Variation für fortgeschrittenere Lerner bietet sich das von POLLETI vorgestellte *Décrire à l'aveuglette* an (2002: 21 ff.). Hier sitzen sich die Schüler ebenfalls gegenüber. Der eine sieht ein Foto, der andere sieht es nicht und muss nun durch geschicktes Fragen so viel über das Foto erfahren, dass er sich ein „Bild" machen kann. Um die Informationen nicht zu vergessen, macht er sich dabei Notizen. Dabei darf der, der das konkrete Bild vor Augen hat, nur mit „ja", „nein" oder „vielleicht" antworten, sodass als Fragen nur Entscheidungsfragen zugelassen sind. Hier wird nicht erzählt und auch nicht beschrieben, sondern werden intensiv Fragestrategien geübt: Wie bekomme ich ein Maximum an Informationen, die mir helfen, mir ein möglichst genaues Bild von einem Bild zu machen? Um effektives Fragen zu ermöglichen, wird am besten in einer Vorbereitungsphase mit der Lerngruppe erarbeitet, wie beispielsweise durch die Benutzung sogenannter *définissants* (wie z. B.: *bâtiment, espace, être, instrument, objet, véhicule, vêtement*) und anderer generalisierender Begriffe erste grundsätzliche Eindrücke entstehen, die durch stärker auf Einzelheiten fokussierende Fragen mehr und mehr präzisiert werden. In dem Augenblick, in dem der Partner sich ein möglichst klares Bild von dem Foto gemacht hat, beschreibt er das Bild, das er sieht, seinem Partner – jetzt spricht er zusammenhängend auf der Basis seiner Notizen. Dies kann auch vor der Klasse geschehen (wobei dann viel Disziplin seitens der Schüler notwendig ist): Die Person, die das Bild bisher noch nicht im Original gesehen hat, beschreibt es aus den Antworten auf ihre Fragen und den Notizen. Zur gleichen Zeit hält ihr Partner hinter ihr das Bild für alle sichtbar hoch, sodass das Plenum zwischen dem Original und dem persönlichen Bild des Fragenden vergleichen kann.

Personifizierung einer BD-Rolle

Diese Übung besteht zunächst in einer *activité avant lecture* vor der Arbeit an einem Comic: Dazu werden die handelnden Personen mit dem Scanner kopiert, isoliert, vergrößert, auf DIN-A4-Blätter gedruckt und laminiert. Diese Personenblätter werden nummeriert und für alle sichtbar an der Wand befestigt. Die Schüler ziehen anschließend ein Kärtchen mit einer Nummer und haben nun die Aufgabe, die mit dieser Nummer verbundene Person so genau wie möglich zu beschreiben, dass die anderen erraten können, um wen es sich handelt. In einer zweiten Phase schlüpfen die Lernenden in die Rolle „ihrer" Person und lassen sich in Kleingruppen à 4 oder 5 Schüler über sich und ihr bisheriges Leben, ihre Wünsche und Träume, ihre angenommene Rolle in der BD und anderes mehr befragen. Da bisher keine anderen Informationen als die des Bildes vorliegen, müssen die Schüler kreativ auf die Fragen reagieren und ihren ersten Eindruck aus dem Bild für die weiteren Aussagen nutzen. Am Ende können sich die „Personen-Schüler" der gesamten Lerngruppe in der Ich-Form vorstellen und von sich und ihrem Leben zusammenhängend erzählen, die letzte Form der Identifikation mit dem Ausgangsbild. Während der Lektüre der BD beobachten die Schülerinnen und Schüler besonders ihre Akteure, stellen Ereignisse aus deren Perspektive dar, lassen sie ein Tagebuch führen etc.

Kommen wir zum Schluss auf das zusammenhängende Argumentieren, das deswegen so bedeutend ist, weil sich nur in einem längeren Statement ein eigener Standpunkt darlegen lässt. Läuft eine Diskussion naturgemäß interaktiv mit einem Kontrahenten oder mehreren Teilnehmern ab, so gibt es innerhalb dieses Meinungsaustausches immer wieder Momente, bei denen die Diskutanten nicht nur Zustimmung und Ablehnung kurz argumentativ vertreten, sondern ihren Standpunkt ausführlicher entwickeln möchten. Auch hier bedarf es einer methodischen und sprachlichen Vorbereitung der Lernenden, was durch die aktuellen Lehrwerke in sinnvoller Progression geleistet wird.

Metapher-Assoziationen

Um zusammenhängendes Argumentieren bereits in der Spracherwerbsphase in kleinen und überschaubaren Einheiten trainieren zu können, haben sich sogenannte „Metapher-Assoziationen" (NIEWELER 2002: 33) bewährt, die sich auf laminierten Kärtchen befinden und als kleine Stapel mit der Schrift nach unten immer an zwei Schüler ausgeteilt werden. In Partnerarbeit decken die Partner abwechselnd eine Karte auf, vervollständigen den Satz nach eigener Überzeugung und begründen diese in einigen Folgesätzen. Beispiel für solche „Metapher-Assoziationen":

J'aime le cinéma/la télé parce que ...
Les parents, pour moi, c'est ...
Pour moi, la politique, c'est ...
Moi, je serais triste/heureux(se) si ... etc.

Wenn Schüler bereits geübt sind, sind als Steigerung Themen möglich, wie sie bei DELF-Prüfungen eingesetzt werden und die im Internet zu finden sind (z.B. http://www-user.uni-bremen.de/~ifranc3). Beispiele, die sich gut im Unterricht ab dem 3./4. Lernjahr eignen:
Pour être informé, il faut lire le journal tous les jours.
C'est très important d'être habillé à la mode.
Il n'est pas normal que les femmes gagnent moins d'argent que les hommes.

Kugellager / Karussell

Ebenfalls gut geeignet zur Förderung zusammenhängenden Argumentierens für alle Stufen des Sprachlehrgangs ist das Arbeiten und Üben im Kugellager oder Karussell, bei denen die Schülerinnen und Schüler sich im Doppelkreis sitzend oder stehend gegenüber befinden und mit ihrem Partner Thesen oder Meinungen diskutieren. Der Innenkreis hat zunächst das Thesenpapier und beginnt mit der Diskussion einer Aussage. Nach einer zuvor festgelegten Zeit von 3–5 Minuten gibt die Lehrkraft ein Signal, das die Diskussion beendet, und der Außenkreis rückt einen Platz im Uhrzeigersinn vor, sodass sich neue Partnerkonstellationen ergeben. Diesmal bestimmen die Schüler des Außenkreises die zu diskutierende These. Der Vorteil des Verfahrens: Alle Schüler diskutieren im geschützten Raum, können neue Strukturen und Wendungen ausprobieren und ihr Wissen von der Materie überprüfen. Auch kann eine Plenumsdiskussion dadurch vorbereitet werden.

Spielerische Förderung der Sprechkompetenz

La Boîte à histoires

Bei dieser Methode befinden sich in einer kleinen Kiste laminierte und durchnummerierte Bildchen, die aus dem jeweiligen Lehrbuch stammen oder auch anderen Ursprungs sind. Jede Partnergruppe zieht 4 Karten und ordnet sie auf ihrem Tisch in aufsteigender Zahlenreihe (z.B. 4 – 6 – 10 – 23). A beginnt auf der Basis von Bild 4 eine Geschichte (ca. 4 – 6 Sätze), die B dann mit Bild 6 fortsetzt usw. Dabei ist wichtig, dass jedes folgende Bild von seinem Inhalt her passend in die bis dahin erzählte Geschichte integriert wird, sodass insgesamt eine kohärente Geschichte entsteht. Diese Übungsform setzt viel Kreativität in Gang (cf. Spengler 2006: 34).

Abécédaire

Um ein Wortfeld zu vertiefen, schreibt die Lehrkraft im *Abécédaire* das Abc in Kolonnen untereinander an die Tafel und fordert die Schülerinnen und Schüler auf, so viele Wörter aus dem Themengebiet wie möglich zu nennen und anzuschreiben, die mit den jeweiligen Buchstaben beginnen. Diese Arbeit kann auch schriftlich in Einzelarbeit vorbereitet oder mit Mannschaften durchgeführt werden, deren Ergebnisse nach einer bestimmten Zeit verglichen und ausgewertet werden.
« *L'abécédaire de la maison:*
Armoire/Appartement – Baignoire – Chambre – Douche – Étage – Fenêtre – Grenier – H ... »

Im Anschluss an die Sammelphase sollten die Lernenden in hohem Tempo kleine Sätze mit den Wörtern des Wortfeldes bilden, wie z.B.:
« *Dans la chambre, à côté de la porte, il y a une armoire.*
La douche est au bout du couloir.
Notre appartement est au troisième étage. » usw.
(zitiert nach Jue/Verger 1999: 34).

Fördermöglichkeiten für Sekundarstufe I und II

Die vorgestellten Methoden sind für die Sekundarstufe I entwickelt und lassen sich, wie an verschiedenen Stellen erkennbar wurde, problemlos in die Sekundarstufe II transferieren: Die Themen werden langsam komplexer, die Erwartungen beispielsweise an einen *débat* oder eine Diskussion erhöhen sich, die Unterrichtsgespräche, die von der Lehrkraft oder auch zunehmend von den Schülerinnen und Schülern moderiert werden, werden ergiebiger, anspruchsvoller, tiefgehender und inhaltlich ergebnisrelevanter, da die Orientierung an den Themen des Zentralabiturs dazu zwingt.

Brainstorming-Phasen zu Inhalten und Lexik, Aufbau von Verstehensinseln über Schlüsselwörter in Texten, Filtern von Textsignalen zu Ort, Zeit, Personenkonstellation und Charakteren, Füllen von Leerstellen u.a.m. fallen darunter und bereichern den Klassenraumdiskurs.

Auch die zeitgleiche Aktivierung aller Lernenden mit Inhaltskärtchen zum gerade behandelten Thema, zur gelesenen Lektüre, zum gerade bearbeiteten Film, über die sich die Schülerinnen und Schüler in Partnerarbeit gegenseitig abfragen, hilft bei der Vertiefung. Murmelphasen auf Französisch nach der Erstbegegnung mit einem authentischen Dokument sind ebenso sinnvolle wie angemessene Momente mündlicher Interaktion, die die darauf folgenden, zielorientierten Gesprächsphasen vorbereiten helfen.

Beispiele aus der Unterrichtspraxis – methodische Aktivitäten mit Langzeitwirkung

Im Folgenden sollen zwei sehr unterschiedliche Aktivitäten mit ihren Varianten und Steigerungsmöglichkeiten vorgestellt werden, von denen wir aus der erlebten Praxis glauben, dass sie jede für sich in jedem Unterricht zur Förderung des Sprechens beitragen können. Beide Aktivitäten können mit entsprechender Passung an die Lerngruppe bis in die Sek. II für wirklichkeitsnahes dialogisch bzw. monologisch geprägtes Sprechen angewendet werden.

Beispiel 1: Jeu de rôles

Das Rollenspiel feiert seine Renaissance, auch wenn es in vielen Klassen nie wirklich gestorben war, denn seine Bedeutung für die **Automatisierung** und **Vertiefung** sprachlicher Strukturen in angenommenen Handlungssituationen war vielen Fachlehrern immer bewusst. Das Lehrwerk *À plus !* bietet in seinen beiden ersten Bänden etwa 15 Anlässe zum Rollenspiel an. Damit der gewünschte Effekt auch eintreten kann, sind einige grundsätzliche Aspekte zu beachten. So ist ein Rollenspiel kein Ablesen vorformulierter Sätze, das abschließend mit tosendem Beifall der Mitschüler gewürdigt wird, sondern ein Spiel, bei dem am Anfang sicherlich **auswendig zu lernen** ist, was die einzelnen Personen sagen wollen. Um der Unsitte des konsequenten Ablesens vorzubeugen, muss der Vorbereitung eines *jeu de rôles* besondere Aufmerksamkeit gewidmet werden. So können wichtige Vorarbeiten in die Hausaufgabe gelegt werden, die dadurch zum einen bedeutungsvoller, zum anderen auch motivierender wird, denn hier geht es um die Vorbereitung eines Spiels, an dem man sich aktiv beteiligen kann. Dass Lernende gerade in der frühen Spracherwerbsphase ihre Rollen schriftlich fixieren, ist dabei gar nicht das Problem; sie müssen nur in der Folge dahin gelangen, dass sie sie bis zum Spiel selbst *par cœur* beherrschen, was angesichts der recht überschaubaren Zahl der zu memorierenden Sätze machbar ist. Denn nur, wenn die Dialoge beherrscht werden, können auch Gestik und Mimik ansatzweise hinzutreten, und aus dem Ganzen wird statt einer Leseübung ohne Pfiff eine kleine **szenische Interpretation**, die erheblich zur Vertiefung des Gelernten beiträgt.

Um das zu üben, benötigen die Schülerinnen und Schüler, nachdem ihre Dialoge korrigiert worden sind, Zeit und Raum, ihre Rollen zu üben. Zuerst bietet es sich an, dass sie in Einzelarbeit im Stehen oder Gehen ihre Sätze nach der ***Read-and-look-up-Technik*** (s.o.) zu verinnerlichen beginnen.

Nach kurzer Zeit sind die eigenen Sätze für fast alle kein Problem mehr, nun müssen die Elemente in Kleingruppen, in denen das spielerische Element geübt wird, zu einem Ganzen geformt werden. Da die Konzentration auf Körpersprache, Gestik und Mimik möglicherweise verhindert, dass die gelernten Dialogteile sofort abrufbar sind, kann diese erste Phase in der Gruppe auch in Form eines **gestaltenden Lesens** durchgeführt werden. Die letzte Probephase findet ohne Textgrundlage statt – die Zettel sind aber in Reichweite und geben Sicherheit –, und das Spiel wird in der Kleingruppe mehrfach geübt. Erst jetzt, wenn alle Stationen durchlaufen sind, findet das **Spiel im Plenum** statt. Es muss stattfinden, weil es den größten Spaß bereitet und die größte Konzentration auf Inhalt und Sprache erfordert, die meisten Energien freisetzt und als finales Erlebnis inzwischen sehnsüchtig erwartet wird. Und jetzt ist auch Beifall angesagt, weil die Gruppen wirklich etwas umzusetzen versuchen, was sich deutlich vom Ablesen unterscheidet!

Sehr bald, am besten im Verlauf des zweiten Lernjahres, sollte sich dieses Verfahren insofern ändern, als die Rollen, wenn über das Lehrbuch hinaus gespielt werden soll, von der Lehrkraft über Rollenkarten (anfangs sicherlich auf Deutsch) verteilt werden. Diese sind nicht mehr vollständig auszuformulieren, sondern werden in Form von Stichwortnotizen angefertigt. Die Phase des Auswendiglernens fällt natürlich weg, ebenso die des gestaltenden Lesens; die dafür frei werdende Zeit wird benötigt, um in Kleingruppen aus den Stichworten geeignete, aber nicht immer gleiche Szenarien durchzuspielen. Auch hier steht erst am Ende die Vorführung vor der Lerngruppe. Damit solche Spiele im Verlauf des Sprachlehrgangs nicht doch wieder in reiner Reproduktion erstarren, macht es Sinn, nach und nach mit Überraschungskarten unverhoffte und somit auch unvorbereitete **Variationen** des Spiels zu provozieren, auf die die Lernenden mit ihren Möglichkeiten reagieren müssen (Anregungen hierzu bietet Hinglais 2005: 47 ff.).

Später können **Improvisationen** zum gebundenen Rollenspiel hinzutreten (Näheres zu Improvisationen bei Kurtz 2001: 129). Da die Anforderungen bei der Improvisation deutlich höher als im vorbereiteten Rollenspiel sind, empfehlen wir eine behutsame Progression beispielsweise mittels Überraschungskarten.

Wie sähe ein solches Rollenspiel für ein drittes oder viertes Lernjahr konkret aus? Nehmen wir die folgende Grundsituation an, die sich aus der Arbeit an einer Handy-Reklame, die sich speziell an jugendliche Konsumenten richtet, erwachsen könnte: Sohn/Tochter möchte seine/ihre Eltern von der Notwendigkeit überzeugen, ein Handy zu besitzen. Die Argumente, die er/sie vorbringen kann, finden sich in der im Unterricht erarbeiteten Werbung.

An einem Nachmittag findet nun das Gespräch mit den Eltern statt.

Rollenkarte 1 (Mutter)
« Elle n'est pas tout à fait contre un portable pour son fils/sa fille parce qu'elle voit aussi les avantages d'un tel moyen de communication (information rapide s'il y a des ‹ surprises › à l'école, chez des amis, en ville, etc.). Elle préférerait un tarif sans engagement, donc avec une carte prépayée et rechargeable. »

Rollenkarte 2 (Vater)
« Il est absolument contre les portables pour les jeunes. Il ne connaît que les tarifs avec engagement parce qu'il s'est abonné à une société de télécommunication. En outre, il est d'avis qu'il y a assez de cabines téléphoniques en France. »

Rollenkarte 3 (Sohn/Tochter)
« Il/elle ne veut plus être en marge de son groupe où tout le monde possède déjà un portable. Il/elle connaît tous les tarifs sans abonnement et tous les avantages d'un téléphone mobile pour les jeunes. »

Nach einer gewissen Zeit kommen die Überraschungskarten zum Einsatz.

Überraschungskarte 1 (älterer Bruder/ältere Schwester)
« Il/elle entre dans la salle de séjour et prend part à la discussion. »

Überraschungskarte 2 (Freund/Freundin)
« Il/elle a rendez-vous avec le fils/la fille et essaie de l'assister. »

Ein schönes Beispiel für ein 3. Lernjahr, bei dem die Vorbereitung einer Talkshow im Mittelpunkt steht, findet sich bei Kraus 2006.

Beispiel 2: La présentation

Wenn wir an **Präsentationen** denken, erinnern wir uns bestimmt auch an endlose, monoton und zu schnell abgelesene Referate, bei denen die Zuhörer mit dem Schlaf zu kämpfen hatten und kaum Gewinn aus der häufig intensiven Vorarbeit der Referierenden ziehen konnten, oder auch an die so oft völlig verunglückten, vielfach nicht verständlichen Ergebnispräsentationen aus arbeitsteiligen Gruppenarbeitsphasen. Solche „Katastrophen" zeigen nur eins: Es fehlt die Übung. Präsentieren ist eine anspruchsvolle

Tätigkeit, die **ständiges Training** erfordert – besonders in einer fremden Sprache.
Was tun? Natürlich müssen die Schülerinnen und Schüler instruiert werden, **Informationen** erhalten über methodisch sinnvolles Vorgehen (cf. Fritsch 2005: 2–12), vor allem aber müssen sie vielfältige und wenig belastende **Gelegenheiten** erhalten, entsprechend den Regeln einer guten Präsentation zu üben. Warum nicht hierzu häufiger die Hausaufgaben nutzen, um in den Folgestunden nicht immer die langweilenden „Lesungen“ von zu Hause Verfasstem ertragen zu müssen? Sinnvollerweise erhalten nicht alle Schüler die gleiche Aufgabe, sodass Informationsbedürfnis und -interesse bestehen bleiben. Die Vorbereitung darf nur in Form einer Mindmap, einer Strichaufzählung, einer Bild-Text-Collage, einer Tabelle oder ähnlich erfolgen – vollständige Sätze und **fertige Texte sind als Konzept ausgeschlossen**. Damit die durch diese methodische Abwechslung verhinderte langweilige Verlesung ausformulierter Hausaufgaben nicht zu einer durch unbeholfenes Gestammel unverständlichen Abfolge von Minipräsentationen degeneriert, setzen Lernende mit gleichen Aufgaben sich zu Stundenbeginn zusammen, **vergleichen und optimieren ihre Ergebnisse und präsentieren sie** sich gegenseitig. Eine(r) aus diesen Gruppen informiert anschließend das Plenum auf der Basis der Stichwortnotizen. Die Lehrkraft wird Sorge dafür zu tragen haben, dass es nicht zu einer endlosen und ermüdenden Präsentationsphase kommt, sondern dass diese kleinen Vorstellungen sinnvoll in den Unterricht integriert werden. Die häusliche Vorarbeit – egal ob im ersten Lernjahr oder in der 12. Jahrgangsstufe – wird von den Lernenden als inhaltlich wertvoll für die weitere Unterrichtsarbeit empfunden, nicht als sinnentleerte Erfüllung einer reinen Verpflichtung, deren Zweck und Zielsetzung ihnen manchmal nicht einleuchtet.
Die Vorteile, die diese Form des über weite Strecken monologisch ablaufenden Sprechprozesses für die integrative Anwendung der Zielsprache bietet, liegen auf der Hand. In der Folge geht es um die Frage, wie es bei den sprachlichen Vorbereitungen gelingen kann, dass Schülerinnen und Schüler die häufig zu beobachtende Angst und Scheu vor dem Auftritt vor der Klasse verlieren, und wie sie **in kleinen Progressionsschritten** in die Lage versetzt werden, ihre Arbeitsergebnisse mithilfe geeigneter Stützmedien zunehmend freisprechend vorzustellen (siehe hierzu auch – mit Beispielen: Blume 2006: 18 ff.).

Sicherheit schaffen

Weitgehend freies Sprechen in einer fremden Sprache, wie es bei Präsentationen im Französischunterricht notwendig ist, verlangt ein hohes Maß an Sicherheit bei den Schülern, damit sie sich dieses Unterfangen auch wirk-

lich zutrauen und nicht wieder auf zuvor ausformulierte Lesetexte zurückgreifen. **Probephasen** wie beim Rollenspiel (s. o.) sind beispielsweise gut dazu geeignet, den nur stichwortartig vorliegenden Text vor den Mitgliedern einer kleinen Gruppe laut vorzutragen und so zu verinnerlichen – häusliche Probedurchläufe sollten allerdings schon vorab erfolgt sein.
Die wichtigste Stütze bei der Präsentation ist der **Stichwortzettel** zusammen mit eventuell eingesetzten **Medien** wie Tafel, Folien, Flipcharts oder auch einer PowerPoint-Präsentation. Für alle Medien gilt, dass Schüler – und gerade die der Spracherwerbsphase – zunächst einmal lernen müssen, im Unterricht oder zu Hause angefertigte, meist umfangreichere Lesetexte auf **Schlüsselwörter und Kernaussagen** zu reduzieren. In der Oberstufe müssen sinnvolle Gliederungen mit der Vortragsfolge, Verweise auf mögliche Zitate, Bilder und andere Formen der Visualisierung erstellt werden. Und immer gilt: Reduktion, Reduktion, Reduktion!
Um hier von Anfang an, also von der ersten *Unité* eines Lehrwerks an, die Lernenden daran zu gewöhnen, dass freies Vortragen und Ablesen nicht das Gleiche sind, um ihnen aber auch eine Hilfe an die Hand zu geben, die den von allen Vortragenden so befürchteten Black-out verhindert, sollte das Erstellen solcher Stichwortzettel früh geübt werden. So wird durch den Aufbau methodischer Kompetenz Angst abgebaut und das Vertrauen in die eigene Leistungsfähigkeit gefördert. Auf diesem Weg kann ein kleiner Kniff, der **Kniff mit dem Knick**, ein wenig helfen:
Eine ausführliches Vortragsmanuskript, am Anfang sicherlich ein vollständiger Text, später eine detaillierte Stoffsammlung, wird auf die Vorderseite eines Blattes oder mehrerer Blätter geschrieben (DIN A4 quer), wobei rechts ein Drittel dieser Blätter umgeknickt wird, also damit nicht beschreibbar ist. Das Ganze wird anschließend besprochen und korrigiert.
Jetzt wird das bisher nicht sichtbare Drittel zur Erstellung des Stichwortmanuskriptes herangezogen und mit entsprechenden *points de repère* beschrieben. In fortgeschritteneren Lerngruppen finden sich in dieser rechten Spalte möglicherweise Überschriften als Gliederungssignale des Vortrags, schwer zu behaltende Daten, vielleicht Anfangs-, Übergangs- und Schlussformeln samt logischer Konnektoren.
Das nun beschriebene, jetzt wieder abgeknickte Drittel ist der Teil des Blattes (oder der Blätter), der für den Vortrag als Stichwortkonzept heranzuziehen ist. War anfangs diese Spalte bei der Texterstellung verdeckt, ist nun der Fließtext beim Vortrag nicht mehr sichtbar. Nur für den Fall, dass der vortragende Schüler Schwierigkeiten bekommen sollte, weiß er, dass er mit einem kleinen Dreh auf der Rückseite Hilfe findet. Das gibt ihm die Sicherheit, die die stets vorhandenen Ängste deutlich verringert und das Wagnis

einer Präsentation für ihn kalkulierbar macht. Gleichzeitig übt er sich darin, aus einer Vielzahl von Informationen die kleine Zahl der unbedingt notwendigen zu isolieren bzw. sie unter generalisierende Oberbegriffe zu fassen – wichtige Schritte auf dem Weg zur optimalen Vorbereitung längeren monologischen Sprechens wie es später auch im ersten Teil des mündlichen Abiturs erwartet wird.

Vom Sprechen zum Schreiben zum Sprechen

La Chasse au trésor

Ein Beispiel, das im Unterricht der fortgeschrittenen Spracherwerbsphase, also ab dem 3. oder 4. Lernjahr, ebenso einsetzbar ist wie in der Sek. II, soll stellvertretend für viele andere dokumentieren, wie beide Fertigkeiten mit ihren je eigenen Möglichkeiten gefördert werden können, wobei der Schwerpunkt sicherlich noch auf dem Sprechen liegt, dafür aber auch das Lesen und am Ende der Einheit sogar das Hören immanent mitgeschult werden. *La Chasse au trésor* geht zurück auf Polleti (2000: 7) und lässt sich einsetzen, wenn man eine Lerngruppe an der Auswahl einer Lektüre beteiligen möchte – also auch schon im Verlauf der Sek. I.

Zunächst sucht die Lehrkraft eine größere Anzahl von Lektüren, die thematisch und sprachlich passen könnten. Per Scanner oder Kopierer isoliert sie anschließend den ersten Abschnitt und den letzten und klebt diese Teile auf verschiedenfarbige Karteikärtchen: Alle Anfänge bekommen die gleiche Farbe, alle Enden ebenso. Auf Karteikärtchen einer dritten Farbe notiert sie den Titel der Geschichte, Novelle, Lektüre. Wichtig bei den Vorbereitungen ist, dass die Enden nicht die Spannung für den Fall der späteren Lektüre nehmen dürfen – eventuell muss ein Satz weggelassen werden. In der Regel ist es aber so, dass die Lösung des Problems in den Abschnitten zuvor behandelt wird, während der letzte Absatz nur noch die glücklichen oder tragischen Folgen beschreibt. Bei den Anfängen dagegen sollte darauf geachtet werden, dass sie nicht zu aussagearm sind. Deshalb kann es Sinn machen, nicht nur einen, sondern ggf. auch zwei Absätze zu kopieren.
Mit diesen vorbereiteten Materialien geht es nun in den Unterricht. Die Schülerinnen und Schüler werden darüber informiert, dass sie **an der Auswahl einer Lektüre beteiligt** werden, dass das Ganze aber spielerisch und informativ zugleich ablaufen soll. In der 1. Phase werden sich Anfänge und Enden durch entsprechende Fragen finden müssen. Alle Schüler haben entweder einen Anfang oder ein Ende in der Hand (es macht Sinn, die Kärtchen so zu verteilen, dass Nachbarn immer nur Anfänge oder nur Enden

haben, sodass Vorabinformationen unterbleiben), lesen ihren Textteil durch, machen sich ggf. ein paar Notizen und überlegen sich, wie die Geschichte weitergehen könnte. Nach dieser Phase stehen alle Schüler auf und suchen „ihren“ Anfang bzw. „ihr“ Ende. Dabei ist es problemlos möglich, dass in großen Lerngruppen mehrere Schüler die entsprechenden Teile derselben Geschichte haben: es werden sich immer Paare finden, die, ohne genau von einander zu wissen, parallel an denselben Ausschnitten arbeiten. Je nachdem, in welcher Jahrgangsstufe man dieses Verfahren einsetzen möchte, kann es sehr sinnvoll sein, vor der gerade beschriebenen Variante des *Omniumkontakts* (s. o.) mit den Schülern gemeinsam Fragen zu entwickeln, die bei der Suche nach Anfang oder Ende helfen. Die Phase selbst ist durch intensives **Sprechen** gekennzeichnet – man hat schließlich ein klares Ziel vor Augen –, sie dauert erfahrungsgemäß aber nicht sehr lang.
Wenn sich nun die Paare gefunden haben, **lesen** beide Schüler den ihnen vorliegenden ersten und letzten Teil gemeinsam durch, überlegen was wohl im nicht bekannten Hauptteil passieren könnte und gehen nach vorne zum Lehrerpult, um dort aus den ausgelegten Karteikärtchen mit den Titeln dasjenige auszuwählen, das ihrer Meinung zu ihrer Geschichte passt. Wieder an ihrem Platz zurück, fassen sie die ihnen nun vorliegenden Informationen in Stichworten auf einer Wandzeitung zusammen: Titel, Anfangsszene, Ende und Vermutungen über den Rest. Außerdem machen sie mit einem Smiley ☺ bzw. einem negativen Emoticon ☹ ihre vorläufige persönliche Einschätzung der Lektüre deutlich. In dieser Phase wird viel **geschrieben**, auch wenn es nicht darum geht, vollständige und lange Texte zu entwerfen. In der folgenden Phase stellen die Paare die Ergebnisse ihrer Lektüre und ihres Nachdenkens über die fehlenden Inhalte sowie ihre Bewertung der ihnen vorliegenden Fragmente der gesamten Lerngruppe vor. Interessant dürfte es sein, was die Schüler, die parallel, aber unabhängig von den anderen an den gleichen Abschnitten gearbeitet haben, zu den zuerst präsentierten Ergebnissen zu sagen haben. Hier sind durchaus **Diskussionen** möglich und erwünscht, sodass es neben dem eigentlich dominanten **monologischen Sprechen** in der Phase der Präsentation auch zu **dialogischem Argumentieren** kommen kann. Um sich ein möglichst klares Bild von den Leseeindrücken und Vermutungen der verschiedenen Paare zu machen, müssen die nicht aktiven Schüler intensiv **zuhören**. Am Ende stimmt die Klasse darüber ab, welche Lektüre(n) sie am meisten interessiert; diese wird/werden dann gemeinsam gelesen. Damit individuelle Vorlieben für den einen oder anderen Text nicht vollständig unter den Tisch fallen müssen, können nicht gewählte Geschichten zur individuellen Lektüre verteilt werden. Wenn diese später im Halbjahr die Ergebnisse ihrer *lecture indivi-*

duelle der Lerngruppe vorstellen, können sie auf die Ergebnisse der Doppelstunde zurückgreifen, was für die Zuhörenden die Informationsaufnahme infolge gegebener Vernetzungsmöglichkeiten deutlich erleichtert.
Der Vorteil der Methode liegt neben der Schulung der verschiedenen Fertigkeiten darin, dass die Schüler sich zum einen bei der Lektüreauswahl ernst genommen fühlen, zum anderen durch die Kenntnisnahme von Anfang, Ende und Titel überhaupt eine Chance erhalten, eine eigene, sicherlich nur sehr vorläufige Meinung zu ihnen ansonsten unbekannten Texten zu entwickeln. Der folgende Arbeitsprozess an den ausgewählten Geschichten wird von den Schülern dadurch deutlich motivierter und interessierter angegangen, als dies bei einfach vom Lehrer vorgelegten Texten häufig der Fall ist.

Literatur zur Förderung des Sprechens

AGUADO, KARIN (2003): „Kognitive Konstituenten der mündlichen Produktion in der Fremdsprache: Aufmerksamkeit, Monitoring und Automatisierung", in: *Fremdsprachen Lehren und Lernen*, 32. Jg, S. 11–26.

À plus ! 1./2. Lehrwerk für den Französischunterricht an Gymnasien. Cornelsen Verlag. Berlin. 2004/2005.

À plus ! 1. Méthode intensive. Cornelsen Verlag. Berlin 2007.

BAUSCH, KARL-RICHARD et al. (2005): Bildungsstandards für den Fremdsprachenunterricht auf dem Prüfstand. Gunther Narr Verlag. Tübingen.

BLUME, OTTO-MICHAEL (2006a): „La pensée parle, est parlante – Förderung des Sprechens von Anfang an", in: *Der Fremdsprachliche Unterricht Französisch*, Heft Nr. 84, S. 2–7.

BLUME, OTTO-MICHAEL (2006b): „Präsentieren ohne Angst – kleine Hilfen bei einer anspruchsvollen Tätigkeit", in: *Der Fremdsprachliche Unterricht Französisch*, Heft-Nr. 84, S. 18–22.

BUTZKAMM, WOLFGANG (2004): Lust zum Lehren, Lust zum Lernen. Eine neue Methodik für den Fremdsprachenunterricht. A. Francke Verlag. Tübingen und Basel.

DUCLERCQ, MARIE-CÉCILE/WINZ, PETER (2006a): „Parlez, Parlez ... Verfahren zur Förderung des Sprechens", in: *PRAXIS Fremdsprachenunterricht*, Heft-Nr. 4, S. 46–50.

DUCLERCQ, MARIE-CÉCILE/WINZ, PETER (2006b): „Raconter, commenter, converser, discuter ... Systematische Sprechschulung in vier Etappen", in: *Der Fremdsprachliche Unterricht Französisch*, Heft-Nr. 84, S. 10–16.

DUCLERCQ, MARIE-CÉCILE/WINZ, PETER (2012): Sprechen trainieren. Sekundarstufe II. Cornelsen. Berlin.

Einheitliche Prüfungsanforderungen in der Abiturprüfung Französisch (EPA). Hrsg. v. d. Kultusministerkonferenz 2004, http://www.kmk.org/doc/beschl/EPA-Franzoesisch.pdf.

Gemeinsamer europäischer Referenzrahmen für Sprachen: lernen, lehren, beurteilen (GeR). Hrsg. v. Goethe-Institut Inter Nationes u. a. Langenscheidt Verlag. Berlin u. a. 2001, auch: www.goethe.de/z/50/commeuro/deindex.htm.

HINGLAIS, SYLVAINE (2005): Enseigner le français par des activités d'expression et de communication. Éditions Retz. Paris.

JUE, ISABELLE/VERGER, NICOLE (1999): La Boîte à paroles. Langenscheidt Verlag. Berlin.

KIEWEG, MARIA UND WERNER (2000): „Praxiserprobte Dialogtechniken. Zur Erhöhung der mündlichen Sprachkompetenz in den Grenzen der unterrichtlichen Möglichkeiten", in: *Der Fremdsprachliche Unterricht Englisch*, Heft-Nr. 47, S. 17–20.

KRAMSCH, CLAIRE (1991): Interaction et discours dans la classe de langue. Hatier/Didier. Paris.

KRAUS, ALEXANDER (2006): „Authentische Kommunikationssituationen in einer Talkshow simulieren", in: *Der Fremdsprachliche Unterricht Französisch*, Heft-Nr. 84, S. 24–27.

KURTZ, JÜRGEN (2001): Improvisierendes Sprechen im Fremdsprachenunterricht. Gunther Narr Verlag. Tübingen.

LEUPOLD, EYNAR (2005): Französisch lernen, Frankreich entdecken. Das Methoden- und Arbeitsbuch. Friedrich-Verlag. Seelze-Velber.

LEVELT, WILLEM J. M. (1989): Speaking: from intention to articulation. Bradford Book. Cambridge.

NIEWELER, ANDREAS (2002): „Kommunikationstraining im Französischunterricht", in: *Der fremdsprachliche Unterricht Französisch*, Heft-Nr. 55, S. 32–33.

POLLETI, AXEL (2002): « La machine à paroles », in: *Der Fremdsprachliche Unterricht Französisch*, Heft-Nr. 55, S. 21 f.

POLLETI, MARIE-LAURE (2000): « La nouvelle française n'est-elle qu'une histoire courte? », in: *Der Fremdsprachliche Unterricht Französisch*, Heft-Nr. 44, S. 4–9.

SCHATZ, HEIKE (2006): Fertigkeit Sprechen. Langenscheidt Verlag. München.

SCHIFFLER, LUDGER (2002): Fremdsprachen effektiver lehren und lernen. Beide Gehirnhälften aktivieren. Auer-Verlag. Donauwörth.

SCHUMACHER, SILKE (2004): „Französisch besser in Szene setzen. Elemente der Theaterpädagogik im Französischunterricht". Handout im Rahmen der unterregionalisierten Fortbildung Französisch für Lehrkräfte an Gymnasien und Gesamtschulen mit gymnasialer Oberstufe. Düsseldorf.

SEGERMANN, KRISTA (2000): „Ganzheitsdidaktik – ein pädagogisches Konzept auch für den Fremdsprachenunterricht?", in: *Fremdsprachenunterricht*, 44./53. Jg., Heft-Nr. 4, S. 249–253.

SPENGLER, WOLFGANG (1993): Faites vos jeux. Lernspiele und spielerische Übungen für den Französischunterricht. Langenscheidt Verlag. Berlin.

SPENGLER, WOLFGANG (2006): „Raus mit der Sprache. Verfahren zur Förderung der Sprechfertigkeit im Französischunterricht der Spracherwerbsstufe", in: *Der Fremdsprachliche Unterricht Französisch*, Heft-Nr. 84, S. 28–35.

Time to talk! – Parlons! – Parliamo! – ¡Tiempo para hablar! – Pora pogovoritj! – Eine Handreichung zur Mündlichkeit im Unterricht der modernen Fremdsprachen mit CD-ROM. Hrsg. vom Staatsinstitut für Schulqualität und Bildungsforschung München. Cornelsen Verlag. Berlin 2005.

WOLFF, DIETER (2002): Fremdsprachenlernen als Konstruktion. Grundlagen für eine konstruktivistische Fremdsprachendidaktik. Peter Lang Verlag. Frankfurt/M.

YAICHE, FRANCIS (2002): Photos-Expressions. Hachette. Paris.

Das Schreiben fördern

Einführung

Während von der schriftlichen Beherrschung der Muttersprache als einer unerlässlichen Kulturtechnik eine verantwortliche und Einfluss nehmende Teilnahme am wirtschaftlichen und gesellschaftlichen Leben abhängt, muss bei einer Fremdsprache eine andere, zusätzliche Motivation hinzukommen, denn nur die wenigsten Schülerinnen und Schüler werden nach ihrer Schulzeit umfangreichen Schreibkontakt mit Französisch sprechenden Muttersprachlern haben. Selbst in Unternehmen, die in direktem Kontakt mit frankophonen Partnern stehen, werden Briefkorrespondenz und anderer Schriftverkehr heute schon überwiegend von entsprechenden Fachkräften geleistet – schulisches Schreiben bereitet auf diese Tätigkeiten auch gar nicht vor. Warum muss dann überhaupt die Fertigkeit des Schreibens ebenso gefördert werden wie andere?
Ein entscheidender Grund für die Notwendigkeit, das Schreiben auch im Französischunterricht systematisch zu fördern, liegt darin, dass es in beiden Sekundarstufen „bis dato hauptsächlich der juristischen Absicherung von Lehrkräften dient" (cf. De Florio-Hansen 2005: 221). Da darüber hinaus Französisch, wie alle anderen Fächer, als schriftliches Abiturfach gewählt werden kann, muss schon aus diesem Grunde der Schriftlichkeit von Anfang an der entsprechende Raum zugewiesen werden. Schließlich sollte aber jenseits dieser eher administrativen Überlegungen nicht in Abrede gestellt werden, dass die schreibende Verarbeitung von Sprache eine unverzichtbare Möglichkeit ihrer Vertiefung und Durchdringung darstellt: Anders als bei der Flüchtigkeit mündlicher Kommunikation geht Schreiben immer mit deutlich stärkerer Reflexion über den Inhalt und seine sprachliche Umsetzung einher. Das System wird als Ganzes bemüht, abgespeicherte Lexik und Strukturen werden in breiter Form aktiviert, um vorgegebene oder selbst gewählte Inhalte darzustellen.
Aus diesen ersten Überlegungen zum Schreiben werden bereits die Unterschiede zum Sprechen deutlich. Beim Schreiben ist man in der Regel allein, der Adressat kann nicht direkt reagieren. Daraus resultiert, dass der Schreibende über mehr Zeit verfügt, seine Gedanken zu ordnen und zusammenzustellen. Die fehlende nonverbale Begleitung der Informationen führt dazu, dass er seine Nachricht sprachlich anspruchsvoller und inhaltlich dichter kommunizieren muss, dafür aber auch die Möglichkeit hat, seine Äußerungen zu überarbeiten, zu korrigieren, zu revidieren. Da Schülerinnen und Schüler – heute vielleicht mehr noch als frühere Generatio-

nen – sehr stark aus der Mündlichkeit heraus in den Schreibprozess eintreten und zu wenig an die vorbereitende **gedankliche Planung** denken, nicht hinreichend auf die unerlässliche **inhaltliche wie sprachliche Kohärenz** achten, bisweilen ungenügend den **Adressaten berücksichtigen** und zu selten erste Elaborate einer gründlichen **Überarbeitung** unterwerfen, kommt es immer wieder zu Ergebnissen, die für sie selbst und auch für die Lehrkraft unbefriedigend sind.
Die folgenden Überlegungen widmen sich nach einem theoretischen Blick auf den Schreibprozess als solchen der Förderung des Schreibens in zwei Grundlinien. Zum einen soll es darum gehen, wie die Lernenden durch schülerorientierte Variation der methodischen Zugänge ihre Motivation für schriftliches Produzieren erhalten. Schreiben ist ein mühseliges Geschäft, denn zu der intellektuellen Anstrengung tritt noch die motorische, die vor allem manche Jungen vor große Herausforderungen stellt. Zum anderen zeigen unterschiedliche Anregungen, wie in einem solchen Unterricht der eigentliche Schreibprozess durch entsprechende Übungen und Aktivitäten gefördert werden kann, sodass auch die erreichten Schreibergebnisse mehr Anerkennung finden und dadurch motivationsfördernd wirken.

Theoretische Hintergründe und Zielstellungen

Wenn wir ein breit akzeptiertes Modell des muttersprachlichen Schreibprozesses heranziehen, wie das von Hayes & Flower (cf. Wolff 2002: 222), dann sehen wir einen äußerst komplizierten Prozess auf seine wesentlichen Abläufe reduziert. Wie schon Levelt für den Sprechvorgang sehen Hayes & Flower

> „alle von ihnen genannten Prozesse als zyklisch und rekursiv an, d. h. Planungsprozesse können auch nach Formulierungsprozessen und sogar nach Überarbeitungsprozessen stattfinden. Ebenso können Formulierungsprozesse vor Planungsprozessen und nach Revisionsprozessen durchgeführt werden. Für alle Prozesse gilt, dass sie mit den Komponenten des Langzeitgedächtnisses und der Aufgabenstellung abgestimmt werden müssen." (Wolff 2002: 223)

Dieses Modell zeigt, welche Aspekte für eine aktive Schreibförderung von Bedeutung sind. Da sind die im Langzeitgedächtnis gespeicherten Informationen, die der ständigen Erweiterung bedürfen, insbesondere im Bereich der Lexik, deren Defizite den Schreibprozess in besonderer Weise hemmen, sowie die Planungs- und Ausführungskomponente, deren Phasen, auch wenn sie im muttersprachlichen Schreibprozess nicht seriell ablaufen, in der schulischen Situation, in der diese Kompetenz in einer fremden Sprache erreicht werden soll, anfangs vor allem der isolierten Behandlung bedürfen. Vor diesem Hintergrund erklärt sich auch die dauerhafte Bedeutung des Ansatzes der Fremdsprachendidaktikerin HEDGE, die den zu fördernden Schreibprozess im Klassenraum unterteilt in die Bereiche *Composing*, die inhaltliche Annäherung an einen Text beispielsweise durch Formen des Brainstormings; *Communicating*, die Überlegung der Einbeziehung des Lesers als wesentlichen Adressaten; *Crafting*, die eigentliche Erstellung eines kohärenten Textes; *Improving*, die Phase der Revision und Verbesserung des ersten Entwurfs (cf. HEDGE 2005: 8 ff.).

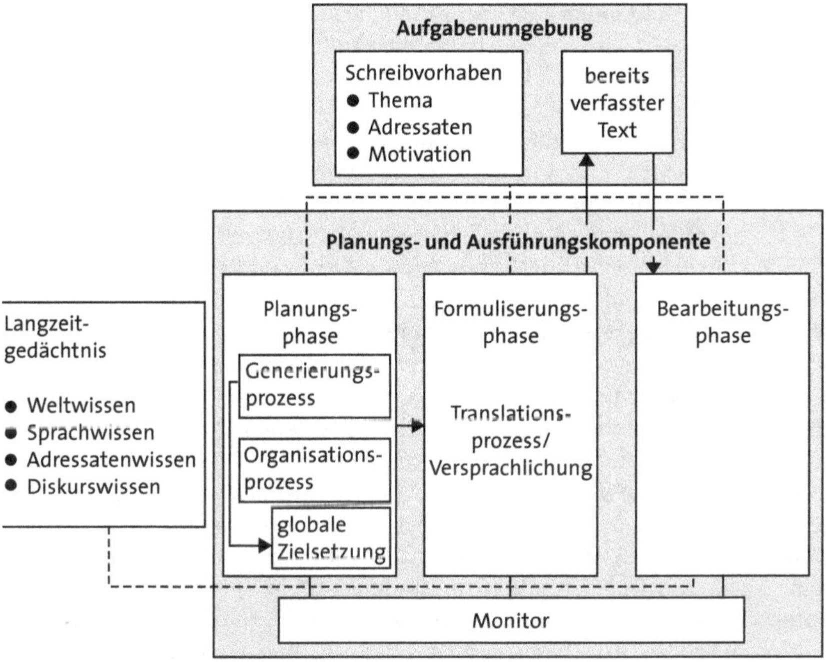

Schreibmodell nach HAYES & FLOWER (1980)

Wenn wir das Modell genauer anschauen, wird deutlich, wo die didaktischen Probleme für unsere Schülerinnen und Schüler, vor allem bei schriftlichen Leistungsüberprüfungen, liegen. Unter dem Zeitdruck einer Klassenarbeit oder Klausur und der vermuteten Erwartung, dass möglichst umfangreiche Problemerörterungen für sich allein schon einen besonderen Wert darstellen, konzentrieren sie sich vorzugsweise auf die eigentliche

Texterstellung, das *Crafting*, wobei die fehlende oder nicht hinreichende Beschäftigung mit der Planung, Ordnung und Strukturierung der zu formulierenden Überlegung und die gerade bei textgestaltenden Aufgaben vielfach zu beobachtende Ausblendung der Frage nach dem Adressaten dazu führt, dass den entstandenen Texten gedankliche Stringenz fehlt und massive Defizite im Bereich der inhaltlichen und sprachlichen Kohärenz zu beobachten sind. Diese Beweggründe führen auch dazu, dass die Lernenden zu wenig Zeit einplanen, um ihren Text zu überarbeiten, weder sprachlich im Sinne der Fehlersuche noch inhaltlich mit Hinblick auf Redundanzen, Gedankensprünge, Widersprüche etc.

Ein weiterer Problembereich ergibt sich daraus, dass beim fremdsprachlichen Lernprozess – im Gegensatz zu dem in der Muttersprache – Systemaufbau und Produktion gleichzeitig ablaufen. Das Kleinkind lernt die Muttersprache in einem kontinuierlichen, anfangs vor allem rezeptiv orientierten Prozess ausschließlich mündlich, bevor es im Alter von 5 oder 6 Jahren in die Schrift und damit in ein neues Zeichensystem eingeführt wird. Unsere Schülerinnen und Schüler haben diese Zeit nicht. Sie müssen sofort alle Fertigkeiten üben und beherrschen, weil sonst die Vermittlung einer fremden Sprache kaum zu den erwarteten Kompetenzerwartungen führen würde.

Wir müssen daher den Aufbau von Schreibkompetenz genauso in kleinen Schritten, mit angemessenen Übungs- und Trainingsmöglichkeiten und Phasen der Bewusstmachung fördern und unterstützen, wie wir das bei den anderen Fertigkeiten auch praktizieren, und müssen gerade in der Zeit, in der die Schüler das neue Sprachsystem aufbauen und entwickeln, unterstützend einwirken. Konkret bedeutet Schreibförderung in unserer Wahrnehmung deshalb zum einen, Möglichkeiten aufzuzeigen, die Lernende motivieren können, **adressatenorientiert und „kreativ"** schreibend tätig zu werden. Zum anderen sollen Anregungen aufgezeigt werden, wie wir im Unterricht den Schreibprozess in der Zielsprache selbst fördern können, sodass die Produkte nach und nach in den Bereichen der sprachlichen Richtigkeit, des Ausdrucks und den Möglichkeiten der kommunikativen Textgestaltung besser gelingen.

Schreibförderung durch kreativitätsorientiertes Schreiben

Erkenntnisse in der Hirnforschung, der Lernpsychologie und Motivationsforschung, aber auch didaktische Folgewirkungen der Rezeptionsästhetik in der Literaturwissenschaft und des Konstruktivismus in der Wissenschaftstheorie haben dazu geführt, dass das Individuum mit seinen Möglichkeiten, seinen Kapazitäten und Schwierigkeiten stärker in den Mittelpunkt unterrichtlicher Planung und Aktivitäten gerückt ist, als dies in früheren Zeiten der Fall gewesen ist. Grammatik wird nicht mehr um ihrer selbst willen gelernt, ihre dienende Funktion zur Erweiterung der Ausdrucksmöglichkeiten steht im Mittelpunkt. Literarische Texte werden nicht mehr nur wegen ihres Bildungswertes an sich oder allein aus literaturwissenschaftlichen Überlegungen in Lehrpläne und Kurssequenzen übernommen, „immer häufiger werden sie aus thematischen Gründen oder in Hinblick auf die vielfältigen Zielsetzungen des Fremdsprachenunterrichts ausgewählt" (cf. Caspari 2005: 14). Die Arbeit an authentischen Dokumenten läuft heute viel stärker als früher in Interaktion zwischen allen Beteiligten, also den Schülern untereinander, der Lehrkraft und dem Text ab, wobei im Idealfall die Schüler den Text befragen, die Fragen mit seiner Hilfe beantworten und durch ihn angeregt werden, bestimmte Aussagen weiterzudenken, Gegenpositionen zu überlegen, Leerstellen in seinem Sinne zu füllen, seine Muster für eigene Vorstellungen als Vorlage nutzen u. a. m. Diese reichhaltigen, aber gewisse Grenzen nicht überschreitenden Möglichkeiten wollen wir mit dem kreativen Schreiben verbinden. Wir intendieren nicht den genialen Entwurf, „das wäre sprachlich immer eine Überforderung, sondern die Fähigkeit zur persönlich getönten Variation im Rahmen vorgegebener Vorstellungs- und Ausdrucksmuster." (Meyer 1996: 394). So verstanden wird kreatives Schreiben auch stets den (literarischen) Text als Bezugsgröße intersubjektiver Verständigung nicht aus den Augen verlieren dürfen und verhindern, dass es zu „einer ausschließlich subjektbezogenen Bedeutungszuweisung" kommt, „die in Beliebigkeit im Umgang mit dem Text ausartet" (cf. Ulm 1999: 344).

■ „Um das spezifische Erkenntnispotenzial kreativitätsorientierter und analytischer Zugänge gezielt zu nutzen, ist es notwendig, die bei der Textarbeit jeweiligen Ergebnisse wechselseitig fruchtbar zu machen." (Caspari 2005: 14) ■

Die Folgen dieses **Paradigmenwechsels** werden zu den Methoden der Textarbeit (s. Kap. 4) intensiver erörtert und an Beispielen veranschaulicht. An dieser Stelle soll nur betont werden, wie eine stärkere Orientierung an den Schülern als Rezipienten, ihre Interessen und Lesefreuden die Arbeit mit und an Texten und die Motivation zur Textproduktion positiv beeinflusst, sodass sie Schreiben nicht mehr nur als Mühsal, sondern als Möglichkeit des Ausdrucks persönlicher Eindrücke, Erlebnisse, innerer Bilder betrachten.

Schreibförderung als Prozess

1. Pour commencer

Aus dem Bewusstsein der Differenzen zwischen Aussprache und Schreibung steht am Anfang des Sprachlehrgangs neben der phonetischen Grundausbildung (s. S. 143), eine ebenfalls von Anfang an und ebenso intensiv erfolgende **Schulung der graphischen Umsetzung der neuen Phoneme**. So können schülerzentrierte, ein individuelles Lern- und Schreibtempo berücksichtigende, darüber hinaus noch motivierende Diktat-Formate gerade bei Schülern der Unterstufe viel zur Überwindung der Anfangsschwierigkeiten leisten.

Diktate

- **Partnerdiktat**, bei dem sich ein Schülerpaar bekannte Textpassagen aus dem Lehrwerk oder kleine, auf entsprechenden, am besten laminierten Kärtchen vorbereitete Texteinheiten im Wechsel gegenseitig diktiert und korrigiert;
- **Dosendiktat**, bei dem ein in Textstreifen mit Einzelsätzen zerschnittener Text verteilt und zunächst von den Schülern in die richtige Reihenfolge gebracht wird; anschließend werden die Einzelsätze von den Schülern nach und nach intensiv gelesen, memoriert, in die Dose gelegt und aus der Erinnerung aufgeschrieben, zum Schluss mit dem Original auf Richtigkeit hin überprüft;
- **Laufdiktat:** hier hängen an verschiedenen Stellen des Klassenraums die gleichen Texte, zu denen die Schüler gehen, zunächst den ersten Satz (oder auch den ersten Absatz) lesen, ihn sich einprägen, zurück zu ihrem Platz gehen und ihn dort aus der Erinnerung niederschreiben, um dann mit den Folgesätzen (oder -absätzen) fortzufahren; am Ende steht wieder eine Selbstkontrolle durch Vergleich des eigenen Textes mit dem Original.

Allen drei Übungsformen gemein ist die Aktivierung aller Schülerinnen und Schüler zur gleichen Zeit, die Möglichkeit des Arbeitens und Lernens im individuellen Lerntempo und die klare Ausweisung solcher Phasen als Trainingsphasen mit Selbstkontrolle. Damit entfallen Ängste, und Lernende können sich in Ruhe auf die Sache konzentrieren.

2. Die Planungsphase/Composing

Obwohl sie für jeden erfolgreichen Schreibprozess eine unerlässliche Voraussetzung ist, wird die **inhaltliche und sprachliche Planung** bei der Abfassung französischer Texte häufig sträflich vernachlässigt. Die Lernenden sollten daher im Unterricht kennenlernen und in Hausaufgaben bewusst üben können, wie ein solcher Planungsvorgang für einen Text in der Zielsprache sinnvoll angegangen werden kann.

Sammelphase/Brainstorming

Hier geht es um allgemeines Sammeln, das noch nicht gefiltert oder vernetzt wird und natürlich in einer Klausursituation nicht zu viel Zeit in Anspruch nehmen sollte. Dennoch macht es Sinn, die Schüler von einer solchen ersten Phase zu überzeugen, damit sie möglichst viele, später dann kritisch gewürdigte Aspekte auf ein leeres Blatt Papier notieren. Das ist auch psychologisch nicht unwichtig, denn der Schüler merkt, dass er der Aufgabe nicht hilflos ausgeliefert, sondern ihr gewachsen ist und aus seinem Wissen und mit neuen Ideen eine Lösung der Probleme erreichen kann.

Ordnen der Informationen

In der Folge dürfen die Schüler nun allerdings nicht bei dem ersten Ergebnis des Brainstormings stehenbleiben, sondern müssen eine inhaltliche Ordnung vornehmen. Um möglichst alle unterschiedlichen Lernertypen entsprechend methodisch zu schulen, werden im Unterricht am besten mehrere mögliche Ordnungsverfahren vorgestellt, besprochen und von der Lerngruppe erprobt.

Mindmaps

Der Vorteil dieser Ordnungsform für den vor allem visuellen Lerner liegt auf der Hand. Die Informationen können hierarchisch und dennoch anschaulich geordnet werden. Die Vernetzung und Zugehörigkeit der einzelnen Ideen und Überlegungen will gut durchdacht sein, sodass am Ende dieser Phase, wenn sie sorgfältig und intensiv durchgeführt worden ist, die Struktur des zu erstellenden Textes gegeben ist und der eigentliche Redaktionsprozess beginnen kann (Varianten und Anwendungsbeispiele siehe Kap. 5). Weitere Vorteile der Mindmap liegen darin, dass sie von ihrer Struktur geradezu einlädt, die inhaltlichen Bausteine, meist werden es Nomen sein, durch Syntagmen oder Teilsätze auszubauen, damit der nachfolgende Schreibprozess durch diese Vorarbeit leichter von der Hand geht und seltener auf Interferenz zum deutschen Satzbau beruhende Fehler gemacht werden.

Tabellen

Für die eher analytischeren, weniger stark auf visuelle Stützen angewiesenen Schülerinnen und Schüler bieten sich Tabellen zur vorbereitenden Planung eines Textes an. Sollen beispielsweise erzählende Texte resümiert werden, hilft die folgende Übersicht:

Personen	**Handlungen**	**Umstände**
Qui ?	*Quoi ?*	*Quand ?* *Où ?* *Pourquoi ?* *Comment ?*

Bei argumentierenden Texten hat sich die folgende Form des tabellarischen Sammelns bewährt:

Überzeugung(en)	
Argumente	
Gegenpositionen und **Bewertungen**	

(Weitere Vorschläge für tabellarische Hilfen bei der Textarbeit: Spengler et al. 1991, 1995)

Spiegelstrichtechnik

Sie funktioniert ähnlich wie die Arbeit an einer Mindmap, führt aber nicht zu einem verzweigten Bild, sondern entweder zu verschiedenen Clustern oder zu einer hierarchischen Anordnung der relevanten Aspekte in linearer Form. Auch hier werden zunächst einmal alle Einfälle zu einem Thema, einer Aufgabe auf Französisch gesammelt, gesichtet, geprüft und geordnet. Anschließend suchen die Schülerinnen und Schüler aus der Erinnerung alle Vokabeln, die sich auf diese Ausgangsimpulse beziehen, und schreiben sie entweder um die Begriffe herum, sodass als Ergebnis ein igelähnlicher Cluster entsteht, oder ordnen sie in weiteren Spiegelstrichen – leicht eingerückt – den Ausgangsbegriffen zu. In beiden Fällen ergibt sich ein inhaltliches und sprachliches Geländer, das für die folgende Produktionsphase genutzt werden kann (cf. Wernsing 1998: 260 f.).
Letztlich ist es egal, wie Schüler die Textproduktion planerisch angehen, wichtig ist, dass sie eine ihnen angenehme Vorgehensweise aus einem größeren Angebot finden, mit der sie in relativ kurzer Zeit zu einer inhaltlichen wie sprachlichen Vorbereitung des Schreibprozesses gelangen und die ih-

nen erlaubt, Ordnung und Struktur in die anfänglich notwendigerweise unvernetzten Gedanken zu bringen. Durch häufiges Üben im Unterricht und in Hausaufgaben vom ersten Lernjahr an, sollen sie erkennen, dass es sich um sinnvoll investierte Zeit handelt, die durch die Beschleunigung des anschließenden Schreibakts schnell wieder hereingeholt wird. Methoden müssen wie Grammatik und Lexik immer wieder angewendet werden, damit wir kompetent über sie verfügen können und Sicherheit im Umgang mit ihnen verspüren – dies wird im alltäglichen Unterricht oft zu wenig beachtet.
Hinzu kommen muss auf sprachlicher Ebene noch ein Basisvokabular zu Einleitung, Überleitung und Schlussfolgerungen, einmal bezogen auf den Gesamttext, zum anderen aber auch für einzelne größere Sinnabschnitte, damit die Struktur nicht nur durch äußere Absätze erkennbar wird, sondern sich auch in sprachlichen Signalen ausdrückt. Hierbei ist darauf zu achten, dass aus der Analyse authentischer Texte im Laufe der Zeit vielfältige Variationsmöglichkeiten erworben werden, die eine Wiederholung immer gleicher Formeln verhindert.

3. Die Einbeziehung des Adressaten/Communicating

Im fortgeschrittenen Schreibunterricht – aber nicht nur dort – wird die Frage nach dem Empfänger immer wichtiger, um **passende und angemessene Texte** zu erstellen. So unterscheiden sich Tagebucheinträge, die der Schreibende an sich selbst richtet, fundamental von Interviews mit anderen Gesprächspartnern, vom Leserbrief an eine Jugendzeitschrift oder vom Beitrag in einem Internetforum. Komplexer und anspruchsvoller werden solche Überlegungen besonders dann, wenn es darum geht, Leerstellen in literarischen Texten füllen, literarische Figuren Briefe schreiben bzw. Perspektivwechsel vornehmen zu lassen. Hier müssen die Charaktere der Personen, die in solchen kreativen Schreibaufträgen aktiv werden, die Grundstimmungen, in denen das bisherige Geschehen abgelaufen ist, ebenso wie Mentalität und Gemütsverfassung anderer betroffener Personen sensibel berücksichtigt werden, damit die Ergebnisse nicht zur Karikatur verkommen.

Zu oft haben Schüler das Gefühl, für die Lehrerin oder den Lehrer zu schreiben, viel häufiger sind daher Schreibaufträge notwendig, die authentische Adressaten erreichen sollen und eine entsprechende Vorbereitung des Textes verlangen.

Im Anfangsunterricht können das z. B. Briefe oder Mails an Straßenverkehrsämter der Orte sein, in denen die Lehrwerkfiguren agieren, um zusätzliches, authentisches Informationsmaterial zu bekommen, das für das weitere Arbeiten benötigt wird. So werden die Schüler in *À plus ! 1* (UNITÉ 5, PRATIQUES ET RÉVISION) aufgefordert, Prospekte über Lyon per Post, per Mail oder über die Website der Stadt anzufordern, die sie in *Unité 7* für die Vorbereitung und Präsentation eines Spaziergangs durch die Stadt heranziehen können (*À plus ! 1* 2004: 81, 112). Weitere Möglichkeiten sind Briefe oder elektronische Mitteilungen an Zeitschriften, Sänger oder Gruppen, Institutionen etc., um Informationen einzuholen, sich an Diskussionen zu beteiligen oder auch nur, um die eigene Meinung zu äußern. Hierzu eignen sich auch Foren und seit neuestem die überall präsenten Blogs in besonderer Weise. Wenn es möglich ist, mit einer Partnerschule einen E-Mailaustausch aufzubauen, so ist dies sicherlich ein großer Gewinn für die Lerngruppe, besonders wenn das Verfassen der Mails auch genutzt wird, um sprachliche Fortschritte zu erreichen: Jede E-Mail ist eine Chance, etwas Neues zu üben und zu festigen, diese Chance darf nicht dadurch vertan werden, dass die Schreibanlässe nicht genügend in den aktuellen Sprachlehrgang integriert sind.

In späteren Lernjahren eignen sich appellative Texte zur Sensibilisierung für den Adressatenbezug von Texten. Wenn Lernende in einer Reihe zur *publicité* eigene Werbeanzeigen oder in Auseinandersetzungen mit politischen Themen Manifeste oder Flugblätter entwickeln, ist es für sie von vornherein klar, dass sie sich die potenziellen Empfänger der Nachricht genau überlegen müssen. Gleiches gilt für poetische Versuche: Das Liebesgedicht an eine imaginierte (oder auch reelle) Person muss anders verfasst werden als ein Rap, der in Anlehnung an ein französisches Muster gesellschaftliche Probleme thematisiert und zum Protest aufruft.

4. Die Texterstellung/Crafting

Dieser Hauptbereich des Schreibprozesses ist mit Sicherheit am schwierigsten direkt zu beeinflussen. Hier können nur vielfältige Übungen dafür sorgen, dass die Schülerinnen und Schüler nach und nach an Kompetenz und Sicherheit bei der **Abfassung inhaltlich wie sprachlich kohärenter Texte** gewinnen. Mögliche Etappen, die keineswegs eine notwendige Chronologie der Abfolge verlangen, seien nachfolgend vorgestellt.

Aufbau zielsprachlicher Muster

Rekonstruktion und Reproduktion

In Anlehnung an Vorstellungen von Hohmann für das Englische (cf. Hohmann 2003) halte ich es gerade am Anfang des Sprachlehrgangs für sinnvoll, bekannte Texte aus dem Lehrbuch oder den Begleitmaterialien von den Schülern reproduzieren bzw. rekonstruieren zu lassen. Ohne dabei die strenge Progression, die Hohmann für den Englischunterricht, der über deutlich mehr Zeit verfügt als der Französischunterricht, vorschlägt, vollständig zu übernehmen, kann man damit anfangen, den Lernenden **„gewürfelte" Textvorlagen** auszuteilen, bei denen

- die Sätze sich in der richtigen Reihenfolge befinden,
- die Satzelemente (Wörter oder Wortgruppen) aber in Unordnung „gewürfelt" sind,
- die Satzanfänge jedoch wieder komplett und richtig sind.

Auch wenn es sich hierbei um eine geschlossene Übungsform handelt, die keine direkte kommunikative Funktion hat, so macht es den Schülerinnen und Schülern erfahrungsgemäß Spaß, durch entsprechendes Erproben und Knobeln die ihrer Meinung nach richtigen Wortfolgen zu rekonstruieren. Alles Wissen um grammatische Regularitäten, Verbanschlüsse etc. muss aktiviert werden, um zu gesicherten Hypothesen zu gelangen. Um das Ganze anschließend aus der reinen Sprachbetrachtung noch in einen kommunikativen Gesamtkontext hinüberzuführen, sollten ganz bewusst solche Texte gewählt werden, die zu einer Antwort (Briefe, Mails etc.) oder einer Stellungnahme (Meinungsäußerungen u.Ä.) anregen, sodass in der Folge mündlich oder wiederum schriftlich eine **Reaktion auf den rekonstruierten Text** erfolgen kann.

An einem Text aus *À plus! 3* soll das Verfahren konkretisiert werden. Der Ausgangstext, ein kleiner Ausschnitt aus einem Meinungspool zum Thema *L'avenir de l'école* könnte anschließend für die Textrekonstruktion entsprechend elementarisiert werden:

Apprendre des langues – important – de plus en plus – deviendra.
Si on veut – à l'étranger – il faudra – trouver du travail – aller pouvoir – partir.
Et si nous – passer – voulons bien – devrons – à l'étranger – dès le collège – apprendre des langues – nous – une année scolaire.
(Cf. *À plus ! 3*, 2006: 84)

Bei der Auswahl der zu wählenden Texte sollte auf eine Progression der Schwierigkeiten geachtet werden, damit nicht der erste Satz gleich der längste und komplexeste ist. Außerdem kann man anfangs mehr mit Wortgruppen arbeiten, die in der Folge stärker segmentiert werden, wodurch sich der Schwierigkeitsgrad deutlich erhöht. Im vorliegenden Fall könnte der Minitext für eine kleine Diskussion im Anschluss genutzt werden: *Passer une année scolaire à l'étranger – possibilité réaliste pour un collégien français ou un lycéen allemand de 13/14 ans ?*

In der Folge lässt sich der Schwierigkeitsgrad dadurch erhöhen, dass der Text nicht mehr vollständig und morphosyntaktisch korrekt dargeboten wird, sondern nur noch die Satzanfänge und ansonsten noch „die sinntragenden Wörter, Wortverbindungen und Konstruktionen in der Grundform und in der Reihenfolge des Handlungsablaufs“ angegeben sind (cf. HOHMANN 2003: 104), wodurch nicht mehr die Wort-für-Wort-Rekonstruktion angestrebt wird, sondern ein Nacherzählen des zuvor hörend oder lesend rezipierten Textes intendiert ist, bei dem allerdings die sprachliche Seite dominiert: Die inhaltlichen Probleme sind durch die Vorgaben weitgehend ausgeräumt. Lässt man die Satzanfänge auch noch wegfallen und gibt nur noch einen roten Faden sinntragender Wörter, Wendungen oder Konstruktionen vor, wird der Grad der sprachlichen Steuerung weiter gemindert, die Anforderungen an den aktiv konstruierenden Lerner gleichzeitig erhöht.

Wenn man sich einen Überblick über die sprachlichen Fähigkeiten einer Lerngruppe verschaffen möchte, kann man auch mit einem selbst erstellten und ggf. adaptierten C-Test arbeiten. Hier werden den Lernenden von einem kurzen, unbekannten Text (< 100 Wörter) der erste und letzte Satz vollständig vorgegeben; in allen anderen Sätzen wird von jedem zweiten (dritten/vierten/...) Wort nur die erste Hälfte vorgegeben (bei ungerader Buchstabenzahl wird ein Buchstabe mehr als die Hälfte getilgt), sodass die Schülerinnen und Schüler die zweite Hälfte ergänzen müssen (nähere Erläuterungen bei ARRAS/GROTJAHN 2002: 9 (73) sowie NIEWELER 2001: 35). Auch hier motiviert die augenscheinliche Unvollkommenheit der Wörter und des Textes zur Vervollständigung. Die Tatsache, dass immer ein wesentlicher Teil des Wortes vorgegeben ist, verhindert weitgehend, dass es mehrere richtige Lösungen geben könnte, wodurch dieser Test als besonders objektiv, valide und reliabel gilt.

Auch eine Reorganisation zerschnittener Texte ist möglich, wobei es am Anfang des Sprachlehrgangs eher die Sätze eines kurzen Textes sein werden, die in die richtige Reihenfolge zu bringen sind, während im fortgeschrittenen Sprachunterricht meist Textteile ausgegeben werden, die zu einem sinnvollen Ganzen zu fügen sind. Bei Gedichten wird es dabei häufig zu mehreren ‚richtigen' Lösungen kommen, deren Besprechung eine intensive, zugleich motivierende Vorbereitung der vertieften Rezeption des Originals darstellt. Während es sich in der Arbeit der Sek. II also um eine interessante *activité avant lecture* handelt, liegt der Akzent in der Sek. I auf der Sensibilisierung der Lernenden für die inhaltliche und sprachliche Kohärenz und Strukturiertheit von Texten.

Schemata und Schablonen

Schreiben nach Modell

Es war Hans-Eberhard Piepho, der uns daran erinnert hat, dass es für die Textproduktion der Schüler eine große Hilfe ist, wenn sie an (authentischen) Beispielen erkennen, dass narrative Texte – aber nicht nur diese – gewissen Schemata folgen, die mit entsprechenden Sprachschablonen verbunden werden können.

■ „Je mehr solcher Schemata und Schablonen Schüler/innen aus Textvorlagen gewinnen und für eigene Texte verwenden, desto aufmerksamer lesen sie Texte hinsichtlich ihrer inhaltlichen Anordnung und der verknüpfenden Mittel." (Piepho 1998: 10) ■

So folgen Abenteuer- oder Erlebnisgeschichten ebenso wie Träume häufig einem **vergleichbaren Muster** (eine Form der Exposition mit Angaben zu Zeit, Ort und den handelnden Personen, das – fantastische oder tatsächliche – Ereignis, eine Form der Krise mit Lösung und glücklichem Ende), dem je nach inhaltlichem Schwerpunkt natürlich auch unterschiedliche Sprachschablonen zugeordnet werden könnten. Entscheidend ist, dass den Lernenden Vorlagen an die Hand gegeben werden, die ihnen sowohl bei der Strukturierung ihrer Gedanken als auch bei deren sprachlicher Überlagerung gerade am Anfang kreativer Textproduktion helfen, und die durch zunehmende Schreiberfahrung erweitert, verfeinert, differenziert werden können. Ein Beispiel für argumentierende Texte könnte wie im nachfolgenden Kasten (S. 181) aussehen.

Auf diese Weise können persönliche und offizielle Briefe, Personencharakteristik oder Bildbeschreibungen eingeführt und vertiefend geübt werden – immer handelt es sich um starr festgelegte Schemata mit dazugehörenden **Sprachschablonen**. Nach und nach erweitern die Schülerinnen und Schüler so ihre Schreibkompetenz, indem sie zunehmend selbstständig typische Sprachschablonen bei den entsprechenden Textsorten aktivieren. Für den Unterricht in der Sek. II haben Deharde und Lück-Hildebrandt (2006) bereits verschiedene *fiches d'écriture* entwickelt, die bei der Abfassung zentraler Textsorten des oberstufengemäßen Schreibens sehr hilfreich sind.

Un texte d'opinion (sans subjonctif)

Poser le problème de départ/formuler la conviction personnelle	Je ne comprends pas pourquoi/ comment … Je suis d'avis que … Je suis pour/contre … À mon avis, à l'âge de … ans, les parents … Faut-il vraiment … Voilà la question qui se pose. Il est vrai qu'il nous faut aller à l'école, mais est-ce qu'il nous faut aussi … ? Ma réponse est claire : …
discuter différents aspects (thèse/antithèse)	Bien sûr, il est vrai que… Mais … D'une part, on peut dire que …, mais d'autre part il faut constater aussi que … Je comprends bien les (gens) qui disent/ prétendent que … mais je ne suis pas d'accord avec … parce que … Alors que … est/sont d'avis que …, moi je pense/crois que … parce que … Comme …, je … Malgré cela, il est évident que …
présenter une solution/ la synthèse	Finalement, je crois … C'est pourquoi, je suis sûr(e) que … À mon avis/Quant à moi, pour résoudre le problème, il faut …

Webcode: FM163120-019

Eine schöne Übung zur sprachproduktiven Anwendung des Wissens über unterschiedliche Textsorten für fortgeschrittene Lerner der Übergangs- und Aufbaustufe stellt Adelheid Schumann vor, indem sie zu einem Interview, das der *Nouvel Observateur* mit einer 18-jährigen Französin, Caroline, die ihre Eltern verlassen hat und nach Dänemark gezogen ist, geführt hat, die wichtigsten Textsorten in sieben Aufgaben erarbeiten lässt (cf. Schumann 1997: 282).

Konnektoren

Textkohärenz: die Bedeutung und das Üben von Konnektoren

Moderne Lehrwerke helfen Lernenden bereits sehr früh, wichtige Konnektoren zur Verdeutlichung zeitlicher und anderer logischer Abhängigkeiten kennen und anwenden zu lernen. Deshalb soll an dieser Stelle nicht mehr viel dazu gesagt werden. Wichtig ist, dass mit fortschreitendem Sprachlehrgang zum einen an **authentischen** Texten Häufigkeit und Einsatz solcher Verknüpfer überprüft wird, damit der Inflation ihrer Verwendung Einhalt geboten wird, und die Schüler andere sprachliche Möglichkeiten, textinterne Zusammenhänge auszudrücken, kennenlernen. Zum anderen bleibt es eine dauerhafte Aufgabe des Sprachunterrichts, die besondere Funktionalität der Konnektoren für die Kohärenz des Textes und die innere Logik seiner Aussagen zu vertiefen (cf. Scholler 1998: 22–31).

Eine Möglichkeit, dies schon früh mit einfachen, später mit anspruchsvolleren Beispielen motivierend zu üben, besteht darin, den Schülern einen offenen Anfang eines erzählenden Textes vorzugeben und ihn in Gruppen fortschreiben zu lassen, wobei jede Gruppe mit einem anderen Konnektor (die Auswahl der Konnektoren muss genau mit dem Textanfang abgestimmt werden, damit die Aufgabe für alle Gruppen lösbar bleibt) beginnen muss, wie z.B.:

Un jour …
Par conséquent …
Par contre …
Il est vrai que …
Malgré cela …
Alors …
En plus …

Der Vergleich der einzelnen Gruppenergebnisse macht deutlich, wie sehr der jeweilige Verknüpfer die Fortsetzung einer für alle gleichen Geschichte beeinflusst hat, und verbindet kreatives Schreiben mit Gewinn an Sprachkompetenz.

Ansonsten bieten sich gerade Texte aus Internetforen an – wegen ihrer sprachlichen Defizite häufig erst nach Korrektur durch die Lehrkraft –, auf Konnektoren hin untersucht zu werden. In den Foren werden fast alle menschlichen Probleme diskutiert, sodass man zu sehr vielen Unterrichtsthemen entsprechend kurze und sprachlich meist nicht übermäßig anspruchsvolle Originaltexte finden kann. Zur Überprüfung der Sicherheit im Einsatz von logischen Verknüpfern kann man diese authentischen Texte insofern manipulieren, als man sie zu einer „Cocktail"-Übung für Konnektoren umformt: mehrere Möglichkeiten – eben ein Cocktail – werden für eine Lücke angeboten, von denen nur eine passt.

In der Sek. II muss neben das Üben der richtigen Konnektoren die Herstellung von Textkohärenz durch Pronominalisierung und richtigen Einsatz von Determinanten treten, damit Beziehungsfehler und Wiederholungen aufhören (Übungen finden sich in: Blume et al. 2002: 38–41 sowie in Spengler et al. 1991: 163–204).

5. Methoden der Textüberarbeitung und -verbesserung/Improving

Die neben der Planungsphase am wenigsten beachtete Phase des Schreibprozesses ist die der anschließenden **Überarbeitung und Korrektur**. Nach dem Motto „Es ist geschafft, Schluss, aus, Ende“ erfolgt kaum eine konzentrierte Durchsicht des ersten Textentwurfs, in Klausuren besteht oftmals auch keine Zeit mehr dazu. Das ist insofern ein Problem, als die Schüler mit einer vernünftigen und aufmerksamen Revision ihres Textes eine Vielzahl von kleineren und auch größeren sprachlichen Problemen und inhaltlichen Unzulänglichkeiten selbst finden und verbessern könnten.

Textüberarbeitung

Folgende Methoden der Überarbeitung von Texten, die die Selbstständigkeit der Schülerinnen und Schüler fördern und die Lehrkraft von zusätzlicher Korrekturarbeit entlasten, haben sich in der Unterrichtspraxis bewährt:

- **Vorlesen und Besprechen von Texten in Kleingruppen**, die der Klasse anschließend den ihrer Meinung nach gelungensten Text vorstellen.
- **Rondo/Zettellawine:** Die schriftlich vorliegenden Texte gehen reihum. Sie sind namentlich nicht gekennzeichnet, werden eingesammelt, gemischt, wieder verteilt und zirkulieren dann. Jeder Leser schreibt etwas darunter, nicht viel: eine Frage – ein Kommentar – eine Idee – ein Urteil.
- **Collecte et distribution:** Alle Texte werden eingesammelt. Einige Schüler nehmen einen Teil der Arbeiten mit und werten sie in dem Sinne aus, dass sie drei Arbeiten auswählen, die ihnen besonders gefallen. Diese werden von der Lehrperson korrigiert, von Schülern vorgetragen, in ansprechende schriftliche Form gebracht und in einem Klassenordner oder einer *documentation* für alle gesammelt.
- **Textes sur transparent:** Texte werden auf Folie geschrieben, gemeinsam korrigiert und kommentiert.
- **Textes – modèles:** Die Lehrkraft sammelt alle Texte ein, korrigiert sie, wählt gelungene Texte aus und bringt sie in eine ansprechende Form (was auch von Schülern übernommen werden kann). Diese dienen als Mustertexte und können in einem Dossier gesammelt werden.
- **Journaux muraux/affiches:** Die Texte werden an Wandzeitungen rings um die Klasse herum aufgehängt. Die Schülerinnen und Schüler zirkulieren nun und schauen sich die Texte an, korrigieren, wenn sie Fehler sehen und schreiben, wenn sie wollen, auch Kommentare auf die Texte (oder auf vorgefertigte Kommentarblätter). „Besonders gelungen, gefällt mir nicht, problematisch …“

- **Kurs-Magazin:** Von den Schülern erstellte Texte werden zusammen mit den Original-Texten (Chansons, Gedichte, Kurztexte, Auszüge), Bild- und Textcollagen, Vokabularien usw. zu einem Kurs-Magazin zusammengestellt und für alle vervielfältigt.
- **Portfolio:** Was das Kursmagazin für alle ist, stellt das Dossier des Portfolios für den Einzelnen dar. Hier werden besonders gelungene Texte, die vom Lehrer korrigiert und anschließend vom Schüler überarbeitet worden sind, gesammelt.
- **Leserbriefe:** Leser (= Schüler) schreiben Briefe an einen Autor (= Schüler) mit Anmerkungen, Hinweisen und signieren mit fiktivem Namen. Der Autor erhält Briefe und reagiert im Gespräch oder bis zum nächsten Treffen schriftlich darauf.
- **Lektorieren:** Linker oder rechter Nachbar wird um Lektorierung gebeten, das heißt, er macht Vorschläge für die Überarbeitung, bespricht alle Vorschläge mit dem Autor.
- **Gegen- oder Antworttexte:** Schüler gestalten ihren eigenen Text als Reaktion auf einen vorgetragenen bzw. gelesenen Text, insbesondere wenn dieser provokativ ist und zum Widerspruch herausfordert.

Textlupe

In mehrfacher Hinsicht ergiebig ist die Textlupe (cf. Bobsin 1996: 45–49). Hier bereitet die Lehrkraft einen strukturierten **Kommentarzettel** vor, der mit dem Text in einer Gruppe von 3–5 Schülern herumgeht und auf dem die Lesenden – mit Zeilenangaben – Lob, Kritik und konkrete Verbesserungsvorschläge notieren. Im Unterricht der Sek. I könnte das unten aufgeführte Arbeitsblatt natürlich auch auf Deutsch vorgelegt werden.

Beispiel:
« Écris tes commentaires et tes suggestions dans les trois colonnes. Quand tu auras terminé et que tu n'auras plus d'idées, donne le texte et la feuille avec tes commentaires à ta voisine/ton voisin. »

élèves	Ce qui m'a bien plu !	Ici, j'ai remarqué quelque chose ! Ici, j'ai une question ! Ici, quelque chose me gêne !	Mes tuyaux ! Mes propositions !
1er élève			
2e élève			
3e élève			

Diese Form der Auseinandersetzung mit den jeweiligen Texten stellt eine schülerzentrierte, individualisierte kritische Auseinandersetzung mit dem Text der Mitschüler dar und fördert die Textproduktionskompetenz in vielen Bereichen (Sprachrichtigkeit und Ausdruck; Umgang mit Nachschlagewerken; Textaufbau und -kohärenz; thematische Relevanz und Logik der thematischen Entfaltung; Textartenkonformität). Da es jedem leichter fällt, einen fremden Text auf Stärken und Schwächen hin zu analysieren, gewinnen die Schülerinnen und Schüler aus den Kommentaren der anderen interessante Erkenntnisse in Bezug auf ihren eigenen Text, die sie aufgrund der fehlenden Distanz allein kaum gefunden hätten. Grundlage der Kommentierungen muss ein zuvor erstellter Kriterienkatalog sein, der die kritische Würdigung der Texte leitet. Wenn auch diese Form der Textbearbeitung einen hohen zeitlichen Aufwand erfordert, so liegt doch ihr Vorteil im individuellen Arbeitstempo und in der hohen Sachorientierung.

Eine Variante der Textlupe stellt der Fokus auf sprachliche Stolpersteine in Einzelarbeit dar (Menzel 2000: 14–15). Dieses Verfahren eignet sich auch als Training für die Durchsicht von Klausurtexten, indem der Schüler seine Textabschnitte – besser als den Gesamttext am Ende – unter Fokussierung auf bestimmte Problemfelder (Determinanten, Genus, Rechtschreibung, Präpositionen, *accord* etc.) nacheinander wie mit einer Lupe untersucht und entsprechend bearbeitet. Die Isolation der überprüften Aspekte führt dazu, dass mehr Fehler als bei einem einzigen Durchgang gesehen werden. Das Arbeiten mit dieser Form der Textlupe ersetzt zwar keine umfassende Überarbeitung, weil sie sich nur auf die sprachliche Richtigkeit konzentriert, sie ist aber Teil eines größeren Prüfungsprozesses, den die Schülerinnen und Schüler – auch bei Klausuren – abarbeiten können.

Überarbeitung anhand von Checklisten in vier Stufen:
1er degré: orthographe, ponctuation
2e degré: grammaire
3e degré: style
4e degré: contenu
(cf. Bludau 2002: 89).

6. Arbeiten am PC

Zum Abschluss dieses Kapitels sei noch auf die vielfältigen Möglichkeiten hingewiesen, die sich aus der **Textproduktion am Computer** mithilfe einer modernen Textverarbeitung oder anderer Lernsoftware ergeben. Nicht nur dass das Problem der unleserlichen und damit störenden Schrift hinfällig ist, sowohl Planung, Abfassung als auch Überarbeitung eines Textes laufen immer in dem Bewusstsein ab, dass alles, was verfasst wurde, leicht (manchmal auch zu leicht – die Gefahren sind bekannt) revidiert, verändert, erweitert, umgestellt werden kann. Zwischenspeicherungen lassen momentane Ergebnisse als Version 01, 02 etc. erscheinen, bis schließlich ein die Verfasser überzeugendes und druckreifes, also auch ästhetisch zufriedenstellendes Ergebnis vorliegt. Die Arbeit, die am besten zu zweit oder zu dritt an einem Rechner erfolgt,

■ „erleichtert es den Schülern, den notwendigen Perspektivenwechsel zum eigenen Text aufzubauen. Unterrichtserfahrungen mit eher schreibschwachen Schülern legen die Vermutung nahe, dass die visuelle Verfremdung eines mit dem Computer geschriebenen und ausgedruckten Textes den Perspektivenwechsel vom Schreibenden zum kritisch Lesenden erleichtert." (Pleininger 1996: 50–54) ■

Vom Schreiben zum Sprechen

Das Stumme Schreibgespräch

Das Stumme Schreibgespräch stellt eine ausgezeichnete Methode dar, bei kontrovers beurteilten Fragen im Rahmen einer Unterrichtssequenz eine intensive mündliche Diskussion durch eine ebenso intensive schriftliche Auseinandersetzung vorzubereiten. In Partner- oder Kleingruppenarbeit wird auf großen Plakaten, die mit jeweils einer Frage *(La violence à l'école augmente – quoi faire ?)* oder einem Impuls *(L'école virtuelle, l'école de demain)* versehen sind, schriftlich und bei vollständiger Ruhe – Gespräche sind in dieser Phase nicht erlaubt – diskutiert. Die Lernenden nehmen schreibend Stellung zu dem, was ihre Klassenkameraden vorbringen, diese Stellungnahmen können anschließend ebenfalls wieder schriftlich kommentiert und ergänzt werden. Die „Stummheit" dieser Phase hat den Effekt, das Interesse auf das geschriebene Wort zu richten. Die Methode hat starken Aufforderungscharakter und macht je nach Art des Impulses auch Spaß. Nach einer vorher festgelegten Zeitspanne ist die schriftliche Diskussion zu Ende und die mündliche Auswertung beginnt: Die Gruppen können sich auf ihre Kontroversen beziehen und hören, was andere Gruppen zum gleichen Problem thematisch besprochen haben. Aus der Vielfalt der Ergebnisse ergibt sich eine angereicherte Diskussion (cf. Methodensammlung 1997).

Literatur zur Förderung des Schreibens

À plus ! 3. Französich für Gymnasien. Cornelsen Verlag. Berlin 2006.

ARRAS, ULRIKE/GROTJAHN, RÜDIGER (2002): TestDaF: Aktuelle Entwicklungen, http://www.testdaf.de/html/publikationen/pdffiles/arras_grotjahn.pdf.

BLUDAU, MICHAEL (2002): „Editing – der weiße Fleck auf der fachdidaktischen Landkarte“, in: *Fremdsprachenunterricht*, 46./55. Jg., Heft-Nr. 2, S. 86–92.

BLUME, OTTO-MICHAEL/MÖSSER, THOMAS/SCHENK, SYLVIE (2002): Französische Grammatik: Übungsbuch.Cornelsen Verlag. Berlin.

BOBSIN, JULIA (1996): „Textlupe: neue Sicht aufs Schreiben“, in: *Praxis Deutsch*, 23. Jg., Heft-Nr. 137, S. 45–49.

CASPARI, DANIELA (2005): „Kreativitätsorientierter Umgang mit literarischen Texten – revisited“, in: *PRAXIS Fremdsprachenunterricht*, 2. Jg., Heft-Nr. 6, S. 12–16.

DE FLORIO-HANSEN, INEZ (2005): „Schreibforschung und Schreibdidaktik – Überlegungen zum Schreiben im Fremdsprachenunterricht“, in: *Französisch heute*, 36. Jg., Heft-Nr. 3, S. 218–230.

DEHARDE, KRISTINE/LÜCK-HILDEBRANDT, SIMONE (2006): „Fiches d'écriture et fiches de correction. Ein Werkzeug für Lernende und Lehrende“, in: *Praxis Fremdsprachenunterricht*, Heft-Nr. 1, S. 38–43.

Der Fremdsprachliche Unterricht. Schreibprozesse fördern: üpréparer, rédiger. corriger. Heft 2 (2008) *Französische Grammatik: Übungsheft 2. Les textes.* Cornelsen Verlag. Berlin. 2013.

HADORN-PLANTA, DETA (2003): „Pour voyager en exercices“, in: *Der fremdsprachliche Unterricht Französisch*, 37. Jg., Heft-Nr. 65, S. 27.

HEDGE, TRICIA (2005): Writing, Resource Books for Teachers. Oxford University Press/ Cornelsen Verlag. Oxford/Berlin.

HOHMANN, HEINZ-OTTO (2003): „Erzählen als Komponente der Kommunikationsfähigkeit. Vorstufen zum zusammenhängenden Formulieren“, in: *Fremdsprachenunterricht*, 47./56. Jg., Heft-Nr. 2, S. 102–107.

KRAUS, ALEXANDER (2005): „Mit Google und Word Fehler vermeiden. Strategien zur Berichtigung freier Texte“, in: *Der fremdsprachliche Unterricht Französisch*, 39. Jg., Heft-Nr. 78, S. 26–30.

LEGENHAUSEN, LIENHARD/WOLFF, DIETER (1991): „Der Micro-Computer als Hilfsmittel beim Sprachenlernen: Schreiben als Gruppenaktivität“, in: *PRAXIS des neusprachlichen Unterrichts*, 38. Jg., Heft-Nr. 4, S. 346–356.

LISCHAK, KIRSTEN/ZIMMER, JULIANE (2000): Schreibkonferenzen, die Geheimnisse des Schreibens. Erfahrungen mit Schreibkonferenzen, http://www.dagmarwilde.de/futvsose00/gruppenjournale/g6schreibkonf.html.

MENZEL, WOLFGANG (2000): „Die ‚Textlupe‘. Ein Verfahren zur Überarbeitung selbst verfasster Texte“, in: *Praxis Deutsch*, Heft-Nr. 164, S. 14–15.

Methodensammlung. Anregungen und Beispiele für die Moderation (1997). Hrsg. vom Landesinstitut für Schule und Weiterbildung. DruckVerlag Kettler. Bönen 3. Auflage.

MEYER, WOLFGANG (1996): „Kreatives Üben im Französischunterricht der Grund- und Aufbaustufe“, in: *PRAXIS des neusprachlichen Unterrichts*, 43. Jg., Heft-Nr. 4, S. 392–401.

NIEWELER, ANDREAS (2004): „Schreibschulung im Französischunterricht“, in: *Der fremdsprachliche Unterricht Französisch*, 38. Jg., Heft-Nr. 72, S. 2–7.

NIEWELER, ANDREAS (2001): „Wissen, was man kann. Möglichkeiten zur Selbstevaluation im Fremdsprachenunterricht“, in: *Friedrich Jahresheft*, Seelze-VELBER, S. 32–35, auch: http://www.learn-line.nrw.de/angebote/lakonkret/fach/sek1/nieweler01_selbstevaluation.htm.

PIEPHO, HANS-EBERHARD (1998): „Schreiben – eine Kulturtechnik zwischen Konvention und Kreativität“, in: *Fremdsprachenunterricht*, 42./51. Jg., Heft-Nr. 1, S. 8–10.

PLIENINGER, MARTIN (1996): „Chamäleon-Geschichten – Kombinationstexte auf dem PC schreiben und überarbeiten“, in: *Praxis Deutsch*, 23. Jg., Heft-Nr. 137, S. 50–54.

SCHOLLER, DIETRICH (1998): „Se débrouiller à l'écrit. Ein Trainingsprogramm zur Verbesserung der Textproduktion“, in: *Fremdsprachenunterricht*, 42./51. Jg., Heft-Nr. 1, S. 22–31.

SCHUMANN, ADELHEID (1997): „Textsorten analysieren – Textsorten produzieren. Eine Anleitung zum funktionalen Tempus- und Modusgebrauch im Französisch“, in: *PRAXIS des neusprachlichen Unterrichts*, 44. Jg., Heft-Nr. 3, S. 278–285.

SPENGLER, WOLFGANG/BLUME, OTTO-MICHAEL/MEYER, WOLFGANG (1991): Atout Bac. Band 2. Mentor Langenscheidt. München.

SPENGLER, WOLFGANG/BLUME, OTTO-MICHAEL/MEYER, WOLFGANG (1995): Atout Bac. Band 3. Mentor Langenscheidt. München.

ULM, DIETER (1999): „Vom Umgang mit Gedichten. Anmerkungen zum schülerorientierten Literaturunterricht“, in: *PRAXIS des neusprachlichen Unterrichts*, 46. Jg., Heft-Nr. 4, S. 339–346.

WERNSING, ARMIN VOLKMAR (1998): „La fôte – für mehr Gelassenheit. Fehlerbewertung bei freien Textaufgaben auf der Sekundarstufe I“, in: *Französisch heute*, 29. Jg., Heft-Nr. 3, S. 258–263.

WOLFF, DIETER (2002): Fremdsprachenlernen als Konstruktion. Grundlagen für eine konstruktivistische Fremdsprachendidaktik. Peter Lang Verlag. Frankfurt/M.

8 Umgang mit den „Neuen Medien"

von Sabine Münchow

Die „Neuen Medien"

Neue Medien im Fremdsprachenunterricht? Ist der Lehrer bzw. die Lehrerin nicht „Medium" genug für einen spannenden Unterricht?
So einfach ist die Frage heute nicht mehr zu beantworten, da die „Neuen Medien", wie sie heute allgemein bezeichnet werden, in allen Bereichen des öffentlichen und privaten Lebens Einzug gehalten haben. Ob es sich nun um Online-Banking, schnelle Reservierung von (Theater-/Bahnfahr-)Karten, oder zügige Auskunft über das billigste Flugticket handelt, das Internet ist zu einem Bestandteil des Alltags im 21. Jahrhundert geworden. Die Schülerinnen und Schüler nutzen die Neuen Medien sehr intensiv (um sich z. B. die neueste Musik, den neuesten Film herunterzuladen), und darum sollten wir diese Fähigkeiten auch im Unterricht einfordern.
Die vorgestellten Beispiele zeigen, dass die neuen **Lerntechnologien** im Sprachunterricht meist mit „klassischen" Unterrichtsmethoden einhergehen (Methoden des kreativen Schreibens, Arbeit mit Texttypen usw.), wobei der Einsatz von Neuen Medien zusätzlich eine neue Qualität des Gelernten und der erstellten Produkte bringen kann, denn „virtuelle, multimediale Angebote verbessern Lernergebnisse dann, wenn sie mit aktivem und kreativem Lernen verbunden sind." (PÄDAGOGISCHER MEHRWERT … 2005: 8; cf. BOFINGER 2004).

In den letzten Jahren sind viele Initiativen (beispielsweise **Schulen ans Netz**) gestartet oder Portale im Internet gegründet worden, die Lehrkräften Hilfestellung bei ihrem Unterricht geben wollen. Näheres dazu auf den Internetseiten:

- http://www.lehrer-online.de
- http://www.bildungsserver.de
- http://www.zum.de
- http://www.dlr.de/Portaldata/45/Resources/dokumente/bildungsforschung/MMB_Veroeffentlichung_Lehrer_Online_20080505_final.pdf

Verschiedene Bundesländer führten in den Schulen der Sekundarstufe 1 das Fach Informatik ein, um zunächst die Bedienung eines Computers zu lehren und dabei auch einen kritischen und vernünftigen Umgang mit dem

Internet zu vermitteln. Diese Medienkompetenz kommt natürlich auch dem Fremdsprachenunterricht zugute.
Im Internet findet man mit dem Suchserver *Google* (www.google.de) unter den Suchbegriffen *(Neue Medien + Definition)* recht genaue Auskünfte zu diesem Thema.

So werden verschiedene Aspekte der Neuen Medien erörtert:

- Bei den Neuen Medien handelt es sich um neue Medientechniken mit neuen Distributionsformen von Bild, Ton und Schrift. Dazu zählen DVD, MP3 Player, Smartphone, Videokassette, Breitbandkabel, der Satellit, die *Cloud* sowie neue Methoden der Textübermittlung.
- Die Kommunikation zwischen (zwei) Menschen durch Sprache und Schrift findet zunehmend über computerlesbare Daten statt (Chatroom, Skype, Facebook und andere soziale Netzwerke).
- Auch die Kaufkraft der Nutzenden spielt eine Rolle. Die Hardware veraltet ziemlich schnell und „sollte“ auf den neuesten Stand gebracht werden, um komplexe Programme (z. B. Spiele) auch nutzen zu können.

In der freien Enzyklopädie *Wikipedia* fand sich 2005 folgende **Definition**:

■ „Als Neue Medien im weiteren Sinne werden heute meist Medien bezeichnet, die auf Daten in digitaler Form zugreifen, also z. B. E-Mail, World Wide Web, DVD, CD-ROM etc. Im engeren Sinne sind Dienste gemeint, die über das Internet möglich sind. Als Kennzeichen der Neuen Medien lassen sich die rechnergestützte Handhabung, das digitale Vorliegen der Daten sowie die Interaktivität beim Umgang mit diesen Daten festhalten. [...] Seit Mitte der 90er-Jahre ist [der Begriff] für die digitalen Medien bzw. die verschiedenen Formen der Internet-Kommunikation gebräuchlich. Erst die Digitalisierung von Informationen, Ton, Bild, Bewegtbild etc. und die schnelle Weiterentwicklung der Kompressionsverfahren ermöglichten die Bewältigung der enorm großen Datenmengen, wodurch der Übergang von der Dienstleistungsgesellschaft in die Informationsgesellschaft eingeleitet wurde. Manchmal wird auch der Begriff Multimedia durch den der Neuen Medien substituiert, da durch die Digitalisierung die Integration von allen möglichen Kommunikationswegen wie Sprache und Text, Video und Audio, Telekommunikation, Unterhaltungselektronik und Computertechnik geschehen kann, und dieses Zusammenwachsen bezeichnend ist für die Angebote der neuen Informations- und Medienwelt.“ (Cf. http://de.wikipedia.org/wiki s. v. Neue Medien) ■

Methoden und Möglichkeiten

Was gehört zu den Neuen Medien?

Um diese Medien problemlos einsetzen und nutzen zu können, muss die räumliche Ausstattung der Schulen mit dieser Entwicklung einhergehen. Ideal wären Räume (nicht nur für den Sprachunterricht) mit einem fest installierten Beamer, einem PC, einer Leinwand, Lautsprechern und einem digitalen Whiteboard (cf.http://de.wikipedia.org/wiki/Whiteboard). In den Klassenräumen sollten Aktivlautsprecher vorhanden sein, um einen schnellen und unkomplizierten Einsatz eines MP3-Players zu gestatten (z.B. um mit Liedern/Chansons zu arbeiten), und für Schüler und Lehrkräfte sollte es einen außerhalb des Unterrichts zugänglichen PC-Raum zum Arbeiten geben.

Wie kann man nun im Sprachunterricht diese verschiedenen Medien nutzen? Anhand einer (nicht vollständigen) Liste soll ein kleiner Überblick gegeben werden:

- **Förderung des Hör- und Hörsehverständnisses** mithilfe vorgegebener Medien bzw. Dateien:

Medium/Datei	Anwendungsbereich
MP3-Dateien (ein Format, das digitale Tonaufnahmen stark komprimiert, so dass sie problemlos auf externe Speichermedien gebracht werden können wie USB-Stick, MP3-Player)	Ausschnitte aus Hörbüchern (im Internet zu finden), Hörverstehensübungen, Lieder, Radioausschnitte/-sendungen, Diktate, Nachsprechübungen usw.
Bilddateien im JPEG- oder GIF-Format (gängige Speicherformate, die problemlos per E-Mail im Internet verschickt werden können)	Schnelle, unproblematische und aktuelle Dokumentation fremdsprachlicher Wirklichkeit (Bilder von Werbeplakaten, touristische Sehenswürdigkeiten, Momentaufnahmen von Personen oder Situationen, Auszüge aus Comics etc.)
Videoclips z.B. im Quicktime-Format (ein Allroundprogramm zum Abspielen von Audio- und Videodateien)	Arbeit mit Werbespots für Filme (*teaser*), kleine Filmausschnitte und Werbespots allgemein (Fundort: Internet)
DVDs	Filmvorführungen in den Originalsprachen (ggf. mit deutschen Untertiteln), Arbeit mit Filmausschnitten/-sequenzen und Standbildern

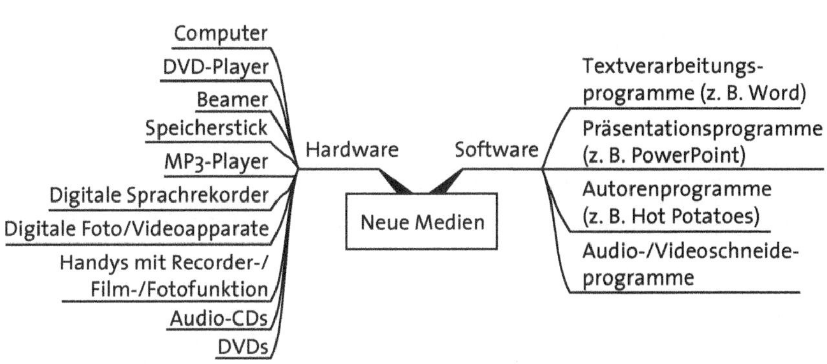

Übersicht Neue Medien

Erstellung eigener Dateien/Medien mithilfe von Softwareprogrammen:

Medium/Datei	Anwendungsbereich
PowerPoint	Präsentation von Ergebnissen durch Kombination von Text, Bild und Ton auf sogenannten „Folien“ (siehe Beispiel S. 196)
Textverarbeitungsprogramme (z. B. Microsoft Word)	Abfassung von Texten mit der Möglichkeit der Abspeicherung als Webseite
Autorenprogramme	Erstellung von interaktiven Arbeitsblättern/ Wörterbüchern usw. (siehe unten *Hot Potatoes*)
Bild- und Audiobearbeitungsprogramme	Veränderung und/oder Bearbeitung von Bildern, z. B. zur Erstellung von Foto-Romanen (cf. Garçon 2004) mit integrierten Sprechblasen oder Bearbeitung von Tonaufnahmen zur Integration in andere Programme (PowerPoint, Webseiten u. a.)
HTML-Editoren (Programme zur Erstellung von Webseiten)	Erstellung einer eigenen Homepage, Schülerprodukte im Internet veröffentlichen, Baumroman schreiben (siehe *Parlez-moi d'amour*, S. 188)

Software zum **Lernen, Üben, Verfestigen, Nachschlagen und Austauschen:**

Medium/Datei	Anwendungsbereich
Autorenprogramme (z. B. Hot Potatoes) (siehe unten sowie Kuhn 2005)	Erstellung von interaktiven Arbeitsblättern wie: Kreuzworträtsel, Cloze-Texte, Multiple Choice, Webquests u. a.
Vokabeltrainerprogramme (z. B. tmx) (cf. http://www.tmx.de)	Zum individuellen Lernen von Vokabeln in motivierender Form
Virtuelle Klassenzimmer (z. B. http://www.lo-net.de)	*E(lectronic)Learning, b(lended)Learning* (siehe unten); Austausch von Dateien zwischen Lehrkraft – Schüler/Schüler – Schüler
Wörterbücher, Lexika und Enzyklopädien	Schnelle Recherche zu verschiedenen thematischen Gebieten, Nachschlagen von Vokabeln bzw. auch Übernahme von Definitionen für die Erstellung von Vokabelhilfen auf dem Computer (s. u.)
Übersetzungsmaschine (z. B. http://www.online-translator.com)	Übersetzen von fremdsprachigen Texten (meistens kommen völlig unverständliche Texte dabei heraus – könnte aber eine gute Übung für Schüler sein)
Thematische CD-ROMs	Z. B. zum kreativen Schreiben (*Machines à écrire,* cf. Denize 1999; Münchow 2000, 2001a) oder zur Geschichte Frankreichs (cf. Bonafoux 1998)
Webseiten zu vielen verschiedenen (Sprach-) Übungsformen	Siehe Literatur- und Webhinweise

Zu den oben genannten Einsatzmöglichkeiten nun einige Erläuterungen:

Autorenprogramme

Das gar nicht mehr so kleine Autorenprogramm ***Hot Potatoes*** ist ein echter Renner zur Erstellung von interaktiven Arbeitsblättern geworden, die für alle Fächer in großer Vielfalt im Internet zu finden sind. Vorteil dieser Übungsseiten: die Lerner bekommen sofort ein Feedback über die Richtigkeit ihrer Antworten und sie können die Übungen so oft sie wollen wiederholen.

Informationen zu *Hot Potatoes*:
Da es zu diesem kostenlosen Programm sehr viele Aufsätze gibt, sei hier nur auf die deutsche Seite verwiesen: http://www.hotpotatoes.de bietet neben dem kostenlosen Download des Programms auch eine Gebrauchsanweisung bzw. eine Einführung (Tutorial) an. Weitere Einführungen finden sich bei GRÜNEWALD 2004 und unter http://www.klampfl.de/HotPotatoes.
Verschiedene Einsatzmöglichkeiten im Unterricht werden aufgezeigt von KUHN 2005 sowie unter www.lehrer-online.de.

eLearning

Ein wichtiger Bereich, der bisher vor allem in der Wirtschaft für Fortbildungsmaßnahmen genutzt wird, ist das *eLearning*.
Gab es früher die Studienbriefe, die monatlich zugesandt und dann individuell bearbeitet wurden, gibt es nun das sogenannte **virtuelle Klassenzimmer** (cf. MEURER et al. 2004) oder die virtuelle Schule. In diesen Räumen sind Online-Plattformen eingerichtet mit Aufgaben, Arbeitsblättern, Grafiken, Bildern und Hinweisen auf eventuelle Hilfsmittel. In Chat-Räumen können die Teilnehmenden miteinander kommunizieren, sich austauschen und gegenseitig beraten, in einem Forum/auf einem Marktplatz können Fragen gestellt und schließlich per E-Mail die gelösten Aufgaben an die betreuende Lehrkraft zur Korrektur zurückgesandt werden. In einem Kalender wird der genaue Arbeitsplan eingetragen und über einen Dateiaustausch können die Teilnehmenden sich untereinander ihre Ergebnisse zukommen lassen.
Das *eLearning* hat vor allem Stärken in Bereichen, die sich visuell leicht umsetzen lassen und wenig abstrakte Anteile enthalten.
UWE LEHNERT warnt jedoch vor der „Wunderwaffe *eLearning*", da

> „mit der Abnahme von abstrakten Begriffen [...] auch eine Abnahme der Fähigkeit zu komplexem und schlussfolgerndem Denken verbunden [ist]. Denken findet dann im Wesentlichen nur auf konkret-anschaulicher Ebene statt." (LEHNERT 2005: 21)

Da *eLearning* ohne direkten Kontakt zu anderen Lernenden oder der Lehrkraft stattfindet, wird für die Schule wohl nur das **Blended Learning**, das *bLearning* infrage kommen, das heißt, es wechseln Phasen des *eLearning* per Computer von zu Haus oder anderen Orten (Fernunterricht) ab mit Phasen des konkreten Treffens in einem gemeinsamen Raum (Präsenzunterricht), sodass die Lehrkraft direkte Hilfestellung geben, Fragen beantworten und auf Probleme eingehen kann.
Das *eLearning* verändert die Lerner- und Lehrerrolle, die Lernorganisation,

es fördert die Lernerautonomie und braucht technische Einrichtungen, die problemlos funktionieren.

Das von Lehrer-online eingerichtete *lo-net* (http://www.lo-net.de) bietet die Möglichkeit, virtuelle Klassenräume und Plattformen für *eLearning* einzurichten und ist für alle Lehrer und deren Schüler kostenlos. Dazu gibt es noch eine E-Mail-Adresse für alle eingetragenen Benutzer. Viele Schulen und Universitäten haben Plattformen eingerichtet, in denen Schüler und Lehrer arbeiten können.

eLearning

Weitere Hinweise finden sich auf den folgenden Internetseiten

- http://de.wikipedia.org/wiki/Virtuelles_Klassenzimmer
- de.wikipedia.org/wiki/E-Learning
- http://www.e-teaching.org/glossar/
- www1.fh-koeln.de/elearning/was_ist_elearning/
- http://www.hauptsache-bildung.de/2012/das-virtuelle-klassenzimmer-neue-wege-und-moglichkeiten-im-fernlernen/
- http://erwachsenenschule.de/e-learning.html
- http://www.uni-hamburg.de/eLearning/index.html

Nachschlagewerke

Wer ein schnell und problemlos einzusetzendes **Wörterbuch** auf dem Computer haben möchte, ist mit *i-Finger Pons Lexiface compact* (www.pons.de/home/service/faq/lexifacepro/) gut bedient. Es kann schnell aufgerufen werden, und in Zusammenarbeit mit *Word* bietet es schnelle und gute Nachschlagemöglichkeiten, da das Programm bei Anklicken eines Begriffs eine Übersetzung gibt.

Internet

Das Internet bildet wohl das wichtigste Instrument heutzutage zur **Informationsbeschaffung und Recherche** auch für den Fremdsprachenunterricht und bietet neue Ansätze einer Lernkultur.

Es gibt sehr viele spannende Möglichkeiten mit dem Internet oder dem PC im Sprachunterricht zu arbeiten. Einige Beispiele sollen im Folgenden vorgestellt werden, da sie Möglichkeiten bieten, den Unterricht zu intensivieren, zu verändern und/oder zu bereichern.

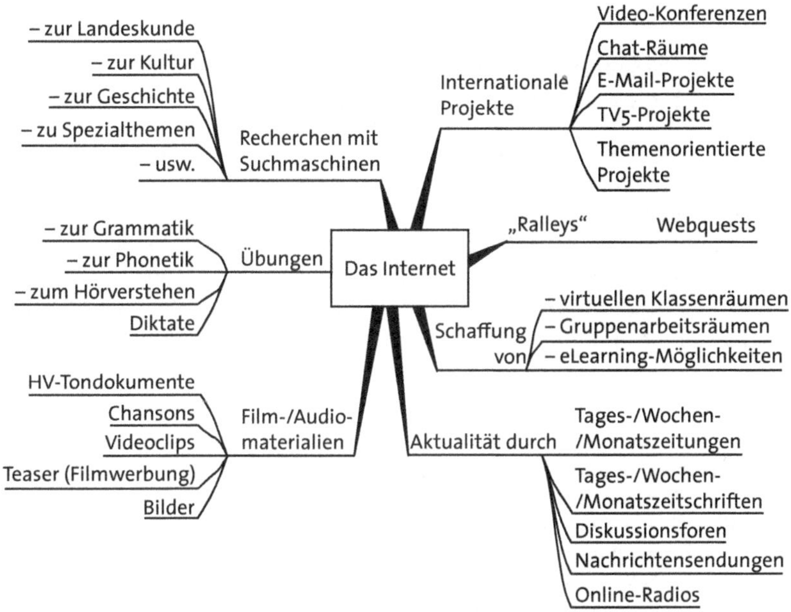

Das Internet und seine Einsatzmöglichkeiten im Unterricht

Recherchen über Linklisten

Internetportale bieten einen guten Zugang zu der oft unübersichtlichen Fülle von Materialien. Wenn sie gut geführt und immer auf den neuesten Stand sind, kann man über sie schnell fündig werden.

Interessante Linklisten für Französisch

- http://www.edugroup.at/praxis/portale/franzoesisch.html
- http://www.zum.de/Faecher/F/NW/
- http://franzoesisch.zum.de
- http://www.fplusd.de
- http://www.lpm.uni-sb.de/typo3/index.php?id=759
- http://www.schule-bw.de/unterricht/faecher/franz/gs-fr/gs-material.html
- http://www.franzoesischonline.com
- www.4teachers.de/?action=show&id=44
- http://www.kompetenzzentrum-it.de/index.php?id=173
- http://bildungsserver.hamburg.de/franzoesisch/unterricht/materialien/
- http://www.wagner-juergen.de

Im Folgenden nun zwei etwas ausführlicher beschriebene Projekte mit Einsatz der Neuen Medien.

Beispiele aus der Unterrichtspraxis

Beispiel 1: *Parlez-moi d'amour !* – eine interaktive Liebesgeschichte als Hypertext

Im Bereich der Textproduktion lassen sich Hypertextseiten gut einsetzen, zum Beispiel beim Schreiben einer kollektiven und interaktiven Liebesgeschichte in Form eines Baumromans. Bei der Abfassung einer Geschichte in Baumform werden die **Basiskompetenzen Schreiben und Leseverstehen** auf verschiedenen Sprachniveaus und in unterschiedlicher Komplexität trainiert, **Methoden- und Sachkompetenz** vermittelt, die **Sozialkompetenzen** geschult und der **Umgang mit den Medien** Computer und Internet geübt.

> **Hypertexte**
> Hypertexte bieten die Möglichkeit, mittels eines Links eine direkte Verbindung per Mausklick zwischen zwei Texten/Bildern herzustellen und so von einem Text/Bild sofort auf eine neue Seite zu gelangen. Miteinander verbundene Seiten erkennt man daran, dass Textstellen (oft blau) markiert bzw. unterstrichen sind und bei Bildern/Texten statt des Cursors eine Hand erscheint, wenn man mit der Maus darüberfährt.

Baumgeschichten / Baumromane

Das Prinzip der Baumgeschichten bzw. Baumromane geht auf Raymond Queneau zurück (Näheres bei Denize 1999; Münchow 2000). Am Ende einer kurzen Bilder- oder Textsequenz werden die Leserinnen und Leser durch Fragen oder provozierende Aussagen dazu aufgefordert, über **alternative Möglichkeiten des Weiterlesens** zu entscheiden. Musste man zu „Buchzeiten“ noch auf den Seiten hin und her blättern, um den Verweisen zu folgen, geht es mit dem Medium Computer bzw. mit Hypertextseiten und per Mausklick sehr schnell. So wird aus dem linearen, konventionellen Lesen – von Seite 1 bis zum Ende des Buches – ein im Buch hin und her springendes Lesen, indem man über die angebotenen Leseverweise Texte liest, die ursprünglich in dieser Abfolge nicht geschrieben wurden. Durch die Entscheidungsmöglichkeiten ergibt sich eine sehr große, mathematisch berechenbare Anzahl an neuen Kombinationen, wie man an den zehn Sonetten von Queneau sieht (cf. http://mob1951.pagesperso-orange.fr/poesie.htm), in denen alle einzelnen Zeilen der Terzette und Quartette miteinander kombinierbar sind und auf diese Weise 1014 mögliche Gedichte ergeben, deren Lektüre in einem Menschenleben nicht zu schaffen ist. Man könnte diese Form der Textlektüre fast wie eine Endlosspirale ansehen, da mit jedem Neubeginn der Lektüre eine andere Geschichte entstehen kann. Viele Lesemöglichkeiten bestehen parallel, sodass sich eine Art Ästhetik der Gleichzeitigkeit herausbildet.

Aus der Idee der Baumstruktur ergeben sich interessante **Ansätze für den Unterricht**:

allgemein:
- alle erstellten Texte sind für das Endprodukt gleich wichtig;
- alle in der Lerngruppe verfassten Texte können in das Gesamtprojekt eingebunden werden, auch wenn sie unfertig oder sprachlich sehr einfach sind;
- alle Texte werden nach denselben Vorgaben geschrieben, sodass sich für die Schülerinnen und Schüler eine Vergleichbarkeit der Produkte ergibt;
- es entstehen viele verschiedene Geschichten;
- es gibt keine einheitliche Geschichte, sondern nur individuelle Leseergebnisse und damit unterschiedliche Enden.

für die Lernenden heißt dies, jeder Schüler:
- ist Produzent und Rezipient, Verfasser und Leser gleichzeitig;
- durchläuft einen individuellen Schreib- und Leseparcours (er schafft seine eigene (Lese-)Geschichte);
- liest in seiner eigenen Geschwindigkeit und bestimmt den inhaltlichen Fortgang seiner Lektüre;
- ist relativ hoch motiviert für das Lesen fremder (Schüler-)Texte;
- kann mehrfach ohne Wiederholung lesen, schult dabei sein Leseverständnis (in der Fremdsprache) und schärft seine Wahrnehmung für Lösungsstrategien anderer Schüler zur Bearbeitung von Texten nach bestimmten Vorgaben.

Bei dieser Methode wechseln sich intensive Schreib- und Lesephasen mit Phasen ab, die durch die Arbeit mit dem Computer dominiert werden. Es ergeben sich **vier Arbeitskomplexe** (cf. Münchow 2001b: 22):

Phase 1: Verfassen einzelner (Liebes-)Geschichten auf der Basis von kreativen Schreibanweisungen (cf. Debyser 1990: 91)
Das Schreiben findet direkt am Computer statt, da
- Korrekturen effektiver und nachhaltiger am Bildschirm durchgeführt werden können (z.B. mittels Rechtschreibprogrammen und/oder durch Teamarbeit vor dem Bildschirm, durch eine schnelle Speicherung auf externen Medien, um zu Hause weiterarbeiten zu können);

- digitale Wörterbücher bei der Formulierung der fremdsprachlichen Texte helfen (cf. http://www.tv5.org) und Vokabeln direkt als Anmerkung (für die künftigen Leser) in den Text integriert und Fotos, Logos etc. aus dem Internet direkt eingesetzt werden können.

In dieser Schreibphase entwerfen x-Gruppen x-lineare Geschichten nach bestimmten Schreibanweisungen in einer vorgegebenen Anzahl von Kapiteln, sie verfassen x-Entwicklungen von Personen und Situationen und verwenden ein Programm, das Webseiten editiert (z. B. in *Word*).

Phase 2: Lektüre der Liebesgeschichten
Um Verknüpfungen zwischen den eigenen und fremden Kapiteln zu schaffen, findet eine Lesestunde der linearen Geschichten statt.
Jede Gruppe hat auf ihrem Computer die eigene Geschichte geöffnet. Alle Geschichten werden von den Schülern gelesen, indem sie von Computer zu Computer wandern. Sie notieren sich nach der Lektüre eines jeden Kapitels eine Frage oder eine provokative Aussage, die Neugier auf den Text weckt, denn jedes eigene Kapitel soll mindestens eine Verknüpfung zu einem darauf folgenden fremden Kapitel einer anderen Gruppe aufweisen.

Phase 3: Verknüpfung der einzelnen Kapitel am Computer
Die in der Lesephase notierten Fragen, provozierenden Sätze, Überschriften oder auch nur Worte (mit Ausrufe- oder Fragezeichen) werden vor das Kapitel geschrieben, auf das sie sich beziehen (am Schluss von Kapitel 1 stehen die Fragen, die sich auf das 2. Kapitel einer anderen Gruppe beziehen), denn über diese Texte werden die verschiedenen Kapitel miteinander verlinkt.
Bei dieser Verlinkung und den daraus folgenden interaktiven Lesemöglichkeiten ergeben sich Geschichten, die nicht geschrieben wurden, Geschichtsausgänge, die nicht vorhersehbar sind und inhaltliche Verknüpfungen, an die niemand gedacht hat. Ein Vorteil dieser Struktur ist, dass auch dann,

Verknüpfung = Hyperlink
Die meisten Textverarbeitungsprogramme bieten die Möglichkeit der Verlinkung, z. B. Word. In der Menüleiste gibt es meist ein kleines Icon mit einer Weltkugel und einer Kette (wenn nicht, geht man über das Menü: Einfügen und weiter Hyperlink). Klickt man dieses Icon an, öffnet sich ein Fenster, in dem nachgefragt wird, welche Datei bzw. welches Dokument man verknüpfen möchte. Über den Button Durchsuchen wählt man dann das entsprechende Dokument aus.

wenn nicht alle Kapitel einer Liebesgeschichte geschrieben wurden (weil Schüler gefehlt haben oder zu langsam waren), alle Schreibergebnisse über die Verlinkungen in das Gesamtprodukt einfließen können, nur gibt es dann keine vollständige lineare Lektüre dieser (unvollständigen) Einzelgeschichten.

Phase 4: interaktive Lektüre des gemeinsamen Endprodukts
Sind alle Texte miteinander verknüpft, ist die Motivation hoch, verschiedene Geschichtenstränge herauszufinden. Die Schülerinnen und Schüler werden

- die längsten/kürzesten Varianten ausprobieren;
- die Anzahl der Möglichkeiten herausfinden, zu einem guten oder schlechten Ende zu kommen;
- die witzigste/unglaublichste Geschichte zusammenstellen usw.

Kurz gesagt, sie werden sehr viel lesen und Spaß an den Texten haben, da sie immer wieder auf Bekanntes (die *Schreibzwänge*) stoßen und ihr Ergebnis mit dem anderer Gruppen vergleichen können, um dabei andere Lösungsstrategien als die ihren zu entdecken und neue in ihr eigenes Repertoire zu übernehmen.

Außer Liebesromanen kann jede andere Form von narrativen Texten in dieser Baumromanform erstellt werden, wichtig ist nur, dass eine gemeinsame personale und situative Ausgangsbasis vorhanden ist (sprich: gemeinsame Festlegung des situativen Kontextes und Festlegung der Personen, ihrer Identität, ihrer Eigenschaften usw.).
Das Schreibprojekt muss nicht in einem Arbeitsgang durchgeführt, sondern kann an die jeweilige (Sprach-)Arbeit angepasst werden und im Laufe eines Jahres parallel dazu entstehen. Situationen aus dem Klassengeschehen können integriert werden, sodass eine größere Identifikation möglich ist und am Ende des Jahres über die erstellten Texte auch der Lernfortschritt sichtbar wird.

Einsatzmöglichkeiten
In folgenden Bereichen kann die Struktur des Baumromans gut verwendet werden:

- E-Mail-Projekte (z.B. eine virtuelle Stadtführung);
- Reiseprojekte;
- (Liebes-)Geschichten ausgehend von Personen des Lehrbuchs oder einer gemeinsamen Klassenlektüre;
- Quiz (z.B. ein Mode-Quiz: *Quel est ton style vestimentaire ?*);
- Darstellung alternativer Verhaltensweisen im Umgang mit Menschen aus unterschiedlichen Ländern;

- einfache Geschichten (Beispiele finden sich unter http://www.phil.uni-passau.de/hyp-soap).

Beispiel 2: DVD, Internet und PowerPoint:

8 femmes, un meurtre, une coupable, mais laquelle ?

DVD

Die Schülerinnen und Schüler meines Leistungskurses 11, die erst zwei Jahre Französisch hatten, möchten einen **Film im Unterricht** behandeln. Aber welchen Film auswählen, der sprachlich nicht zu komplex, von der Handlung leicht verständlich und auch spannend ist? Ich verfalle auf *8 Femmes* von François Ozon, wobei ich unsicher bin, ob die Chanson-Einlagen der acht Schauspielerinnen bei der Klasse nicht Gelächter hervorrufen werden.

Da dieser Leistungskurs in einem Profil eingebettet ist, in dem auch die Vermittlung von Methodenkompetenz stattfindet, will ich die Filmanalyse mit einer Einführung in das Programm *PowerPoint* verbinden. Statt der zweiten Halbjahresklausur sollen die Schüler eine sich selbst erschließende **Präsentation** zu den Ergebnissen ihrer Arbeit am Film erstellen. Um im Folgenden effektiv im Computerlabor an den Präsentationen arbeiten zu können, kaufen sich alle Schüler einen USB-Stick, das heißt ein Speichermedium mit minimal 68 MB, auf dem sie ihre Arbeiten und Ergebnisse abspeichern und mir auch später statt Klausurheft zur Korrektur mitgeben.

Internet

Vorentlastung des Films

Eines der Filmplakate ordnet jeder der Frauen eine Blume zu. Eine gut gemachte Internetseite mit vielen Bildern und die *bande annonce* des Filmes zusammen mit Adressen zur Recherche über die *langage des fleurs* bilden den Einstieg in den Film (cf. http://www.commeaucinema.com/film/dossier-special-8-femmes,5112). In einer Doppelstunde im Computerlabor suchen die Schülerinnen und Schüler mithilfe des Arbeitsbogens *Le Langage des fleurs* (siehe unten) im Internet die Bedeutungen dieser Blumen heraus und stellen Hypothesen zum Charakter der Frauen und ihrer möglichen Filmrolle auf.

Die Auswertung der Farbsymbolik, die ein Strukturelement des Filmes bildet und die inhaltliche Zusammenfassung finden anschließend in der Klasse statt. Des Weiteren bearbeiten sie eine Webseite zum Film und sehen sich dazu eine *bande annonce* an. In der folgenden Doppelstunde wird der Film auf DVD ohne Untertitel in der französischen Version angesehen.

Ziele dieser Doppelstunde:

- ***La fiche de travail***
  - *connaître les leurs et leur langage symbolique*
  - *découvrir les noms des femmes*
  - *faire des hypothèses sur leurs rôles dans le film*
  - *vérifier ces hypothèses plus tard*
- ***La bande annonce***
  - *comprendre le résumé*
  - *faire la connaissance des femmes (gestes, mimique)*
  - *reconnaître le genre du film (un polar)*
- ***Le travail avec les pages web***
  - *l'entrée dans la maison (le hall comme centre de l'action)*
  - *la présentation des actrices*
  - *l'écoute possible des chansons*
  - *mieux connaître les actrices (filmographie)*

Einstieg in den Film

Mein Erstaunen auf die Reaktionen der Schülerinnen und Schüler ist groß: Ihnen gefällt der Inhalt, die Einheit des Ortes, das Spiel der verschiedenen Frauen und am besten finden sie die Chansons im Film. Ihre Aufmerksamkeit (bedingt durch die Vorentlastung) galt vor allem den Farben und der Kleidung der Schauspielerinnen, um herauszufinden, ob ihre Rolle dazu passt.

Erstellung von Texten zum Film

Der Schwerpunkt der Arbeit mit dem Film ist die Charakterisierung der acht Frauen, die jede in einem anderen Texttyp treffend beschrieben werden sollen. Die Lernenden sind frei in der Auswahl der Textsorte. Mögliche Textsorten dafür können sein:

- *questionnaire*
- Gedicht
- Chanson (z.B. « Léa » der Gruppe *Louise Attaque*)
- Brief
- Horoskop
- Subjonctif-Text
- Menükarte
- Rezept (cf. Gauthey & Spiekermann 1998: 72ff.)

Le Langage des fleurs

Fiche de travail pour les recherches avec les ordinateurs

1. Notez le résumé du film sur le site : http://fr.wikipedia.org/wiki/8_femmes
2. Remplissez la grille.
3. Enregistrez votre travail sur une clé numérique (USB-Stick) ou ailleurs.

Le Langage des fleurs 8 femmes	La signification des fleurs dans la littérature, l'amour ... Cherchez leur signification sur Internet.	Quelle actrice est quelle fleur ? Quelles caractéristiques va-t-elle avoir ? Quelle couleur y a-t-il pour chaque femme ?	Quel rôle est-ce que l'actrice va jouer dans le film ? Hypothèses ...
Suzon une rose (rose)			
Catherine une marguerite			
Mme Chanel un tournesol			
Augustine le ricin			
Louise une orchidée			
Mamy une pensée			
Pierrette une rose (rouge)			
Gaby une orchidée			

Webcode: FM163120-020

Ziele dieser Textproduktionen sind:

- das Kennenlernen verschiedener Möglichkeiten des kreativen Schreibens zur Charakterisierung und Beschreibung von Personen;
- eine indirekte Wiederholung von Grammatik in der direkten Anwendung;
- eine Form der Visualisierung (in PowerPoint) zu finden, die eine zusätzliche Stützung des Textes darstellt;
- die Vielfältigkeit der Produkte (bei gleicher Ausgangslage) im Vergleich zu erkennen;
- ein Produkt für das eigene Portfolio zu erstellen.

Chanson

Da den Schülerinnen und Schülern die Lieder von Suzon und Catherine besonders gefielen, wurden diese im Unterricht genauer behandelt, sollen hier aber nicht näher beschrieben werden. Ich möchte stattdessen auf das Lied *Léa* (Liedtexte sind schnell zu finden unter: http//en.lyrics-copy.com/louise-attaque/lea.htm) der Gruppe *Louise Attaque* (siehe http://www.louiseattaque.com) genauer eingehen, da diese Liedstruktur für eine der Charakterisierungen übernommen werden sollte.

In dem Chanson wird dominant mit Adjektiven der Extreme in der Negation gearbeitet. Durch die Häufung des Lautes [pa] aus der französischen Verneinungsform und Adjektiven, die mit dem Konsonanten [pa] beginnen oder ihn enthalten, bekommt das Lied eine sehr klare Struktur. Die Lernenden erfassen sehr schnell dieses (Laut-)Spiel und die jeweiligen Gegensatzpaare der Beschreibung. Über die Nennung von Extremverhalten, die einander gegenübergestellt werden, können sich die Zuhörer ein Bild der besungenen Frau machen, deren Verhalten irgendwo in der Mitte dieser Extreme liegt, die also eher eine ganz „normale" junge Frau ist.

Die Schüler hören das Lied ein erstes Mal, beim zweiten Hören schreiben sie die Adjektive auf, die sie verstehen. Anschließend wird eine gemeinsame Liste von Adjektiven erstellt, die sich die Lernenden untereinander erklären. Mit dieser Liste und mithilfe eines Wörterbuchs erstellen sie zu Hause die Beschreibung einer der acht Frauen.

Interessant war, dass viele Schüler versucht haben, auch noch zusätzlich einen Reim in ihren Texten unterzubringen, um die poetische Struktur besser hervorzuheben.

PowerPoint Präsentationen

Korrekturen

Zunächst muss gesagt werden, dass Korrekturen dieser Art noch länger dauern als normale Klausuren. Einige Auflagen bei der Abgabe von PowerPoint-Präsentationen können aber die Korrekturen erleichtern und damit zeitlich in einem zumutbaren Rahmen bleiben.

Auflagen

Alle Texte müssen auch in einem Textverarbeitungsprogramm (z. B. Word) abgegeben werden:

- entweder unformatiert zum Ausdrucken für eine „normale" Textkorrektur;
- oder um mithilfe des Menüs (über: → Extra → Änderungen verfolgen → Änderungen hervorheben → Änderungen während der Bearbeitung markieren) die Texte zu korrigieren. Dies geschieht relativ schnell (mithilfe des Programms zur Rechtschreibung und Grammatik für Französisch) und die Schüler können die Korrekturen nachvollziehen, da diese gleich in einer anderen Farbe auf dem Bildschirm erscheinen. Ein weiterer Vorteil ist, sie können die digitalen Korrekturen für die Nachbereitung ihrer Präsentationen verwenden, sodass diese (dann fast fehlerfreien) Arbeiten mit in ein Medienportfolio übernommen werden können.

> **Präsentationen**
> Viele nützliche Hinweise zu verschiedenen Formen von Präsentationen bietet die Webseite http://www.teachsam.de/index.htm.

Bewertung

Es ist sinnvoll, zwischen einer horizontalen und einer vertikalen Bewertung zu unterscheiden.

Horizontale Bewertung

Die horizontale Bewertung bezieht sich durchgehend auf die gesamte Präsentation, sodass ein Gesamteindruck über folgende Bewertungskriterien entsteht:

- **Textproduktion**
  - angemessene Länge, Aussagekraft, Originalität und **Besonderheit** der Texte;
  - **Aufmerksamkeitsfokussierung** des Lesers durch verbindende Texte zum besseren Verständnis der gesamten sich selbst erklärenden Präsentation.

- **Präsentation**
  - alle **Verknüpfungen** sind funktionsfähig und leicht erkennbar;
  - die **Abfolge** (Reihenfolge) der Folien ist logisch aufgebaut und genau geplant, die Strukturierung des Dargebotenen ist nachvollziehbar;
  - die **Navigationsmöglichkeiten** sind gut durchdacht, sodass die Lesenden nicht in Seiten steckenbleiben und einen Ausgangspunkt suchen müssen;
  - der Text ist gut **lesbar** (Schriftgröße) und die farbliche Gestaltung der Folien passt zu den Textfarben, den Bildern und den dargestellten Inhalten;
  - Stützung des Inhaltes durch **Animationen** (z.B. beginnt eine Präsentation der *8 femmes* mit einem roten Theatervorhang, langsam erscheint der Titel und plötzlich ertönt ein Schuss. Damit ist das Interesse sofort geweckt);
  - **Antizipation** von lexikalischen Schwierigkeiten, Vorbereitung von Vokabelerklärungen für ein lesendes Schülerpublikum;
  - ausreichende Anzahl und ansprechende Auswahl von **Bilddokumenten** zur Stützung der Textaussagen;
  - der **Umfang** der Präsentation entspricht der von der Lehrkraft festgelegten Maximalzahl von Folien.

Vertikale Bewertung

Hier werden die normalen Bewertungskriterien für Klausuren auf die einzelnen Textproduktionen angewandt, das heißt, die Texte werden nach Sprachrichtigkeit, Inhalt und Stil bewertet.

- **Insgesamt bekommt man also zwei Noten:**
  - für die schon fast künstlerische Gestaltung der Präsentationen
  - und für die Textproduktionen zum Thema.

Je nach Gewichtung ergibt sich daraus die Endnote.

An einigen Schulen gibt es schon ein Medienportfolio, sodass die Schüler ein solches Produkt hier gut einbringen können.
Für meine Schülerinnen und Schüler war die Kombination von Arbeit am Computer (Erstellung einer Powerpoint-Präsentation) und Französisch lernen zunächst völlig ungewohnt. Viele hatten noch nie eine Präsentation gemacht und kannten das Programm auch nicht, sodass sie erst in diesem Rahmen Erfahrungen mit diesem Medium sammeln konnten. Gerade Lernende, die sich kaum mit dem Medium beschäftigt hatten, bekamen über diese Arbeit einen großen Motivationsschub, was sich auch in den zum Teil außerordentlich gut gelungenen Layouts und den (positiven) Beurteilungen

der Unterrichtseinheit zeigt. Seitdem gehen sie sehr selbstverständlich mit dieser Art von Präsentationsmöglichkeit um, haben ihre Kenntnisse auch schon erfolgreich in anderen Fächern umgesetzt und benutzen diese Form als eine ganz normale Form der Darstellung von Ergebnissen, die sie im Unterricht oder zu Hause erarbeitet haben.

Ein mögliches Raster zur Bewertung (cf. Ballstaedt 1993; Gudjons 2004):

	1	2	3	4	5	6
Gesamteindruck ■ Übersichtlichkeit/Navigation ■ Indexseite ■ Titelseite ■ Rückverweise ■ Wirkung auf Leserinnen und Leser ■ Verständlichkeit (Vokabel-Erklärungen) ■ Motivationsbogen zum Weiterlesen						
Layout ■ Einsatz von Schrift ■ Einheitlichkeit des Layouts/Stringenz ■ Visualisierung von Überschriften ■ Einheitlicher Einsatz von Farben, Logos (z. B. bei Schrift/Hintergrund) ■ Zusammenhängende/verweisende Texte ■ Lesbarkeit der Texte ■ Gezielter Einsatz von Animationen in Bezug auf den zu vermittelnden Inhalt ■ (Funktionierende) Verlinkungen ■ Bedienungsanleitung zur Präsentation						
Inhalt ■ Kurze Darstellung von Thema und Ablauf/Verlauf ■ Klarheit über Ziel der Präsentation ■ Einführungstext ■ Hintergrundinformationen ■ Logischer und übersichtlicher, sich selbst erschließender Aufbau ■ Inhaltliche Verknüpfung einzelner Themen/Punkte ■ Abschließende Bewertung ■ Bibliographische Angaben ■ Verweise auf das Internet ■ Informationszuwachs/Ergebnisse interessant für die Leserinnen und Leser						

Tipps und Literatur

Internet

Canal rêve

Die Website *Canal rêve* bietet « apprendre le français sur une chaîne de télévision virtuelle ». Christian Ollivier hat damit in Form einer Fernsehsendung eine sehr spannende und vielfältige Seite für französischlernende Schüler geschaffen: http://babelnet.sbg.ac.at/canalreve.

Deutsch-Französische Beziehungen

Eine sehr gut betreute und stets aktualisierte Datenbank zum Thema Deutsch-Französische Beziehungen für den Geschichts-, Geographie- und Französischunterricht bietet: http://www.deuframat.de

Hörverstehen

Zum Thema Hörverstehen wird man fündig bei dem Verlag Didier, der verschiedene Module für den Anfangsunterricht aufbereitet: http://www.didierconnexions.com

Sprachtraining

Um Grammatik zu lernen und zu wiederholen: ein interaktiver Krimi, *Le polar fle – apprendre le français avec l'inspecteur Roger Duflair* (http://www.polarfle.com), der auf unterschiedlichen Sprachniveaus gelesen und dessen Plot nur gelöst werden kann, wenn alle (Grammatik-)Übungen und Texte bearbeitet wurden. Beim Einschicken der Lösung gibt es auch umgehend eine Bestätigung der Lösung oder ein Bedauern über den doch noch nicht geklärten Fall.

Wortschatz

Ausführliche Hinweise zur Wortschatz-Arbeit mit dem Internet bieten:

- Overmann, Manfred (2004): « L'acquisition du vocabulaire à travers l'internet », in: Münchow (2004), S. 9–22;
- Tramnitz, Birgit (2005): « Quel temps fait-il ? », in: *Der Fremdsprachliche Unterricht. Umgang mit Neuen Medien,* 39. Jg., Heft-Nr. 76, August 2005, S. 8–12;
- Wortschatzarbeit;
  - http://bildungsserver.hamburg.de/wortschatzarbeit/
  - http://www.vokabeln.net/franzoesisch-lernen/
  - http://lehrerfortbildung-bw.de/faecher/franzoesisch/rs/wortschatz-grammatik/usequenzen/

- weitere gute Übungsmöglichkeiten bieten die Seiten von THIERRY PERROT:
  - http://lexiquefle.free.fr
  - http://phonetique.free.fr (phonétique pour pratiquer le français)
  - http://peinturefle.free.fr (apprendre le français en peinture)
  - http://usinaquiz.free.fr (fabriquer des activités pédagogiques sur Internet)
  - http://jeudeloie.free.fr (apprendre le français en s‘amusant).

Literatur

BALLSTAEDT, STEFFEN-PETER (1993): „Schriftliche Unterlagen für Schülerhand“, in: *Pädagogik*, Heft-Nr. 5, S. 27.

BOFINGER, JÜRGEN (2004): Neue Medien im Fachunterricht. Eine empirische Studie über den Einsatz neuer Medien im Fachunterricht an verschiedenen Schularten in Bayern. Auer Verlag. Donauwörth.

BONAFOUX, PASCAL (1998): 2000 ans d'histoire de France. Havas interactive. Paris.

DEBYSER, FRANCIS (1990): L'Immeuble. Hachette BELC. Paris.

DENIZE, ANTOINE (1999): Machines à écrire: CD-Rom. Gallimard. Paris.

Der Fremdsprachliche Unterricht. Umgang mit Neuen Medien, 39. Jg., Heft-Nr. 76, August 2005.

GARÇON, GUILLAUME (2004): « Le Roman photo multimédia: un projet d'écriture collective et d'initation à l'image », in: Münchow 2004, S. 100–105.

GAUTHEY, SYLVIE/SPIEKERMANN, DANIELLE (1998): Die Fundgrube für den Französischunterricht. Das Nachschlagewerk für jeden Tag. Cornelsen Scriptor. Berlin.

GRÜNEWALD, ANDREAS (2004): „Kurze Einführung in *Hot Potatoes*“, in: Münchow 2004, S. 45–52.

GUDJONS, ARNE (2004): „Gelungene Präsentationen setzen arbeitsmethodische Kompetenzen voraus“, in: *Pädagogik. Die gute Präsentation*, Heft-Nr. 3, S. 20.

KUHN, CHRISTINA (2005): „‚Lernerzentriert und motivierend!‘ Zur Integration von Autorenprogrammen in fremdsprachlichen Lernumgebungen“, in: *Neusprachliche Mitteilungen aus Wissenschaft und Praxis*, Heft-Nr. 1–2, S. 40.

LEHNERT, UWE (2005): „Audiovisuell in den PISA-Keller, kritische Gedanken zur *Wunderwaffe eLearning*“, in: *Pädagogischer Mehrwert* ... 2005, S. 20–21.

MEURER, OLAF/WERNSING, ARMIN VOLKMAR (2004): „Vom Schüler zum Mitarbeiter – virtuelle Klassenräume im Unterricht“, in: Münchow 2004, S. 53–71.

MÜNCHOW, SABINE (2000): „CD-ROM: Machines à écrire“, in: *Der Fremdsprachliche Unterricht Französisch*, 34. Jg., Heft-Nr. 48, S. 48.

MÜNCHOW, SABINE (2001a): „CD-ROMs im Französischunterricht“, in: *CD-Rom im Fremdsprachenunterricht*, S. 49 ff.

MÜNCHOW, SABINE (2001b): „Einen Baumroman schreiben“, in: *Praxis Schule 5–10*, 12. Jg., Heft-Nr. 5, S. 22.

MÜNCHOW, SABINE (Hrsg.) (2004): Computer, Internet & Co. im Französischunterricht. Cornelsen Scriptor. Berlin.

Pädagogischer Mehrwert durch neue Medien, Lehren und Lernen mit dem Computer. L.A. Multimedia. Westermann Verlag 2/2005.

9 Evaluation und Leistungsmessung

von Annette Scheersoi und Andrea Kärmer

Einführung

Das Bewerten zählt zu den unerlässlichen Aufgaben einer Lehrkraft. Dabei steht außer Frage, dass dem Lehrerurteil objektive, nachvollziehbare Daten zugrunde liegen sollten. In diesem Kapitel werden Möglichkeiten, an solche Daten zu gelangen, exemplarisch vorgestellt und Beurteilungskriterien aufgezeigt, nach denen die Leistungsmessung vorgenommen werden kann.

Im *Gemeinsamen europäischen Referenzrahmen* (GeR; EUROPARAT 2001) sind unterschiedliche Zielbereiche zur Ermittlung des Lernstandniveaus formuliert. Der Kommunikativen Kompetenz fällt dabei eine besonders wichtige Rolle zu. Im Gegensatz zur traditionellen Schulpraxis, in der fast ausschließlich Ergebnisse von Lern- und Leistungsprozessen beurteilt wurden, soll bei der zeitgemäßen Leistungsmessung die **Kommunikative Kompetenz** im Mittelpunkt stehen. Mit anderen Worten, nicht mehr das sogenannte deklarative Sprachwissen (*savoir*) steht dabei im Vordergrund, wie es zum Beispiel durch reine Reproduktion beim einfachen Abfragen von Vokabeln ermittelt wurde, sondern das prozedurale Sprachwissen. Das bedeutet auch, dass die Lernenden als aktiv gestaltende, selbstverantwortliche Individuen bei der Leistungserfassung berücksichtigt werden. Die Leistungsmessung soll also nicht punktuell an einen bestimmten Zeitpunkt gebunden sein, sondern muss in allen Phasen des Unterrichts und des Lernprozesses stattfinden. Nur so kann das prozedurale Wissen (*savoir faire* und *savoir apprendre*) sowie die Persönlichkeitskompetenz *(savoir être)* berücksichtigt werden. Durch eine **lernprozessbegleitende Diagnose** können Stärken und Schwächen der Lernenden im tatsächlichen Arbeitsprozess sichtbar gemacht werden, und das Nachdenken über gewählte Lerntechniken und -strategien sowie über sinnvolle Lernwege (Selbstreflexion) kann individuell gefördert werden. Die Kompetenzen der Lernenden können dabei mithilfe von Kompetenzmodellen erfasst werden, die unterschiedliche Leistungsniveaus und unterschiedliche Fertigkeitsbereiche (z. B. Arbeitstechniken oder kommunikative Aktivitäten) beinhalten. Eine derartige Beurteilungspraxis wird den Ansprüchen eines kommunikationsorientierten Französischunterrichts gerecht, da auch komplexe sprachproduktive Leistungen erfasst und bewertet werden können. In diesem Kontext spielen vor allem **pragmatische, integrative Testformen** eine Rolle. Diese Testformen, nach denen sich auch internationale Sprachzertifikate wie *DELF* ausrichten, überprüfen Kenntnisse und Fertigkeiten nicht in erster Linie sprachbezogen (Diktate, Lückentexte etc.) sondern mithilfe von inhalts- und mitteilungsbezogenen Aufgaben (gelenkte Texterstellung).

Wozu Leistungsmessung und Evaluation?

Das Ziel der Leistungsbeurteilung – ganz allgemein – ist es, den Lernenden in regelmäßigen Abständen sachorientiert und gründlich über sein Lernen und seine Leistungen zu informieren, um ihm dann individuell die erforderliche problemzentrierte Hilfe zur Selbsthilfe eröffnen zu können (cf. JÜRGENS 2005: 5). Durch diese **persönliche Rückmeldung** fühlt sich der Schüler in seiner Arbeit ernst genommen; es spielt für die Lernmotivation eine große Rolle, zu wissen, ob das, was man tut, richtig und nützlich ist, und ob es den Erwartungen der anderen Beteiligten gerecht wird. Die Motivation, sich anzustrengen, kann durch den Wettbewerb im direkten Leistungsvergleich mit den Mitschülern zusätzlich gefördert werden. Neben diesen lernstrategischen und motivationalen Gründen ermöglicht die Leistungsbewertung und Lerndiagnose ebenso wie die Evaluation der Lehrkraft Rückschlüsse auf die Qualität und Passung der angewendeten Lehrverfahren und die Vergleichbarkeit mit anderen Lerngruppen.
Neben der **Fremdbeobachtung** durch die Lehrperson spielt bei der Leistungsbewertung zunehmend auch die **Selbstevaluation** durch den Lernenden eine Rolle. Ein zentrales Kriterium des selbstgesteuerten und lebenslangen Lernens wird auf diese Weise gefördert, da die Schülerinnen und Schüler lernen, sich selbst zu beobachten, ihr Lernen zu reflektieren und selbstständig weitere Lernschritte zu planen und durchzuführen. Gleichzeitig wird der Blick der Lernenden für die eigenen Fähigkeiten sensibilisiert und eigene Lernfortschritte werden sichtbar, was sich positiv auf die Lernmotivation auswirkt. Eine Bewertung, welche aus der Kombination von Lehrerbeurteilung und Schülerselbstbeurteilung entstanden ist, wird darüber hinaus besser verstanden und akzeptiert, da sich die Lernenden nicht mehr nur dem Fremdurteil durch die Lehrkraft ausgeliefert sehen. Die Schüler können natürlich nicht *ad hoc* als Beurteilende ihrer eigenen Leistungen eingesetzt werden. Die Selbstbeurteilung muss durch gezielte Beobachtung der eigenen Lernprozesse trainiert werden, und ein **Bewertungsschema**, welches der Urteilsfindung zugrunde liegt, muss – günstigstenfalls gemeinsam mit den Lernenden – erstellt werden. Im Folgenden werden diese Punkte besonders berücksichtigt.

Evaluation im schulischen Kontext

Die Evaluation im Französischunterricht befasst sich neben Evaluation der Sprachkompetenz noch mit weiteren Arbeitsbereichen, die dokumentiert, ausgewertet und beurteilt werden. In der Schule geht es bei der Evaluation meist um die allgemeine Vergleichbarkeit – also die Frage, ob bestimmte Normen erfüllt worden sind – sowie um die **Bewertung von Lernprozessen und -produkten**, mit dem Ziel, die Qualität des Lernens zu verbessern. Zu diesem Zweck werden bestimmte Arbeitsbereiche systematisch evaluiert (verschiedene Unterrichtsmethoden, die Zufriedenheit der Lernenden, die Effizienz des Unterrichts etc.). Das Ziel der Evaluation ist, Daten verfügbar zu machen, die möglichst aussagekräftig für die spezifische Situation der Schule bzw. des Unterrichts sind. Bei der Auswahl der Evaluationsmethoden und -instrumente sollte die Lehrperson deshalb darauf achten, dass sie auch tatsächlich das messen, was in dem betreffenden Kontext gemessen werden soll. Die Methoden und Instrumente müssen praktikabel und ökonomisch einsetzbar sein, klare Ergebnisse liefern, schnelle Rückmeldungen ermöglichen und für alle Beteiligten verständlich sein.

Methoden der Evaluation und Leistungsmessung

Leistungen von Sprachenlernenden sind vielgestaltig: mündliche und schriftliche Leistungen, lernzielbezogene Leistungen und Grundlagenkompetenzen, individuelle Leistungen und Gruppenleistungen, Leistungen, die sich auf den Lernprozess beziehen und solche, die in Lernergebnissen bestehen etc. Um sie zu messen, greift die allgemeine Schulpraxis meist auf **klassische Prüfungsformen** wie Klausur, Klassenarbeit und Test, Aufsatz, Hausarbeit, Referat und mündliche Prüfung bzw. Abfrage zurück. Wie anfangs erwähnt, muss eine **zeitgemäße Leistungsbewertung** in allen Phasen des Unterrichts und des Lernprozesses stattfinden und auch das prozedurale Wissen sowie die Persönlichkeitskompetenz berücksichtigen. Dies ist mit den klassischen Prüfungsformen nur bedingt möglich bzw. erfordert eine neue Art von Aufgabenstellungen, die die Lernenden als Individuen berücksichtigt, indem sie freie und vielfältige, individuelle Antwortmöglichkeiten zulässt. Zusätzlich sollten neue Formen der Leistungsmessung, wie beispielsweise Selbstevaluation durch den Lernenden sowie verschiedene Formen von Befragungs- und Beobachtungsverfahren, in die Praxis umgesetzt werden.

Mögliche Erhebungsmethoden und Instrumente zeigt die folgende Tabelle:

Erhebungsmethoden	Erhebungsinstrumente
Bericht	freier Bericht Bericht anhand einer Gliederung
Strukturiertes Gespräch	Leitfaden Checkliste
Befragung	Fragebogen standardisierte Kriterienliste Kartenabfrage
Beobachtung	freie Form mit Beschreibung Checkliste zur Beobachtung kriteriengeleiteter Beobachtungsbogen
Dokumenten- und Datenanalyse	Portfolio Lerntagebuch

Im Folgenden werden Methoden und Instrumente vorgestellt, die besonders auch für die Selbstevaluation durch die Lernenden genutzt werden können.

EPS

Das EPS als Instrument zur Einschätzung von Sprachkompetenzen

Ein erprobtes Evaluationsinstrument zur Ermittlung und Dokumentation des Lernstandes bei Fremdsprachenlernern ist das *Europäische Portfolio der Sprachen* (EPS; Europarat 2000). Es wurde vom Europarat entwickelt und in den Jahren 1998 bis 2000 in 15 Ländern erprobt. Da es sich auf den GeR (s.o.) bezieht, können die Leistungen der Lernenden nach anerkannten europäischen Beschreibungsstandards dokumentiert und auf nationaler und internationaler Ebene vergleichbar gemacht werden. Es eignet sich hervorragend für die Selbstevaluation.

Formal besteht das Portfolio aus drei Teilen:

1. Sprachenpass (aktueller Stand der sprachlichen Kompetenzen → zusammenfassende, berichtende Funktion),
2. Sprachenbiographie (Dokumentation der persönlichen Geschichte des Sprachenlernens, Instrumente zur Selbstbeurteilung, Hilfen zur Reflexion und Planung des Sprachenlernens → Lernbegleiter) und
3. Dossier (Sammlung von Schülerarbeiten → Präsentationsfunktion).

Das EPS dient also sowohl als **Dokumentationsinstrument**, mit dessen Hilfe schulische und außerschulische Erfahrungen beim Sprachenlernen so-

wie interkulturelle Erfahrungen festgehalten werden, als auch als **Lernbegleiter**, indem es den Lernenden Anregungen und Hinweise an die Hand gibt, die besonders das selbstgesteuerte Lernen und die Reflexion über das individuelle Sprachenlernen systematisch unterstützen und somit die Lernerautonomie fördern.
Für die Selbstevaluation liefert das *Europäische Portfolio der Sprachen* vielfältige Anregungen, unter anderem eine Anleitung zum Gebrauch der Kategorien des GeR – *„Was ich in meinen Sprachen schon kann"*.
Im Kapitel 3 der Sprachenbiographie werden die Lernenden angeleitet, ihre eigenen **Leistungen und Lernfortschritte einzuschätzen**. Schritt für Schritt werden sie zu diesem Zweck an die Arbeit mit den Kompetenzstufen des GeR herangeführt. Ein kurzer Ausschnitt soll das Vorgehen verdeutlichen (zitiert nach Europarat 2000, Auszug aus dem EPS, Sprachenbiographie, Kapitel 3):

„Was ist schwerer, was ist leichter beim Hörverstehen?
1. Ich verstehe das Wesentliche von kurzen, klaren und einfachen Durchsagen im Radio oder von anderen Tonträgern, wenn langsam und deutlich gesprochen wird.
2. Ich kann Radio-, Fernsehsendungen und Spielfilmen folgen, wenn in normalem Tempo und deutlich gesprochen wird und keine Dialektfärbungen vorkommen.
3. Ich kann kurze Anweisungen, Aufforderungen und Fragen verstehen und darauf reagieren.
4. Ich kann aus dem Zusammenhang und mithilfe von Gesten, Minenspiel und Reaktionen der anderen Gesprächsteilnehmer schließen, was im Detail zur Diskussion steht und worin sich die Sprecher unterscheiden.
5. Ich verstehe jede Art gesprochener Sprache unabhängig vom Sprechtempo, Umgebungsgeräuschen und Dialektfärbungen. Und ich kann dabei idiomatische Wendungen und Metaphern aus dem Zusammenhang deuten.
6. Ich kann aus Radio- und Fernsehsendungen die für mich wichtigen Informationen entnehmen, wenn es um mir vertraute Themen geht."

Anhand der Kategorien des GeR können die Lernenden dann ihre Sprachkompetenzen in den Bereichen *Hören, Lesen, Miteinander sprechen, Schreiben* und *Korrektheit* einschätzen:

Hören sehr gut ⇗ gut ⇨ nicht so gut ⇘	Sprache	Selbsteinschätzung		
Ich kann kurze Anweisungen, Aufforderungen und Fragen verstehen und darauf reagieren.				
Ich kann Angaben zu Ort, Zeit und Menge verstehen, wenn es sich um alltägliche Situationen und Tätigkeiten handelt.				
Ich kann CD- und Kassettenaufnahmen folgen, wenn sie etwas mit dem zu tun haben, was wir im Unterricht besprochen haben.				
Wenn ich Radio höre oder Leute miteinander sprechen, kann ich Wörter und Sätze wiedererkennen und weiß was sie bedeuten, vorausgesetzt es wird sehr langsam und sehr deutlich gesprochen.				
Wenn ich den Sachverhalt oder die Art der Quelle kenne (z. B. Fahrpläne, Rezepte, Speisekarten, Lehrbuchtexte), kann ich Texten alle wesentlichen Informationen entnehmen.				
Ich kann Texte auch dadurch entschlüsseln, dass ich auf andere Informationen, etwa in Bildern, Überschriften zurückgreife, auch auf das, was ich zu dem Thema aus Erfahrung weiß. Ich werde auch nicht entmutigt, wenn das etwas länger dauert.				
Ich kann geschriebene Anweisungen verstehen und befolgen, auch Anmerkungen zu meinen eigenen Arbeiten.				
Ich kann Texte, z. B. Erzählungen, Märchen, Fabeln, Schilderungen, verstehen, wenn ich darin Begriffe, Namen, Wörter wiedererkenne, die ich erwartet habe oder die mir vertraut sind.				

Auszug aus dem EPS, Sprachenbiographie, Kapitel 3; zum Kompetenzbereich Hören (Europarat 2000)

Webcode: FM163120-022

Zur selbstständigen Bewertung der eigenen Französischkenntnisse eignen sich auch die Evaluationsbögen (*Portfolio de français*) des Lehrwerks *À plus !*, die in die *Carnets d'activités* integriert sind, und die die Schülerinnen und Schüler alters- und wissensstandsgerecht ansprechen (cf. *À plus ! 1 (Carnet d'activités): Mon premier portfolio de français* (2005: o. S.) sowie *À plus ! 2 (Carnet d'activités): Petit portfolio de français* (2005: o. S.).

Lerntagebuch

Das Lerntagebuch als Instrument zur Reflexion von Lernprozessen

Ein geeignetes Instrument zur Beobachtung und Reflexion von Lernprozessen und Arbeitsverhalten stellt das Lerntagebuch dar, in dem die Lernenden kontinuierlich – beispielsweise über den Zeitraum einer Woche oder einer Unterrichtssequenz – den Unterrichtsfortschritt reflektieren und ihren eigenen Lernprozess dokumentieren. Auf diese Weise wird gleichzeitig das selbstgesteuerte, eigenverantwortliche Lernen gefördert, denn der Nutzer lernt, Lernwege zu planen und vorzubereiten, Lernhandlungen bewusst durchzuführen und zu kontrollieren sowie Lernprozesse und deren Ergebnisse zu bewerten. Lerntagebücher können teambezogen sein („Logbuch") und von mehreren Schülern gemeinsam geführt werden oder persönlich von jedem Schüler individuell verfasst werden (cf. HESKE 2005: 36). Die Eintragungen beziehen sich auf des Erlernte („Heute haben wir gelernt ...") sowie auf das Lernen selbst (Planung von Arbeitsprozessen und Reflexion des Lernprozesses). HESKE (2005: 37) schlägt für die Sekundarstufe II folgende Strukturierungspunkte vor:

Strukturierung eines Lerntagebuchs:

- **Stundenreflexion**
  auf inhaltlicher und persönlicher Ebene wird die konkrete Unterrichtsstunde reflektiert;
- **Aha-Effekte**
  besondere Erkenntnisse bzw. Lernfortschritte werden festgehalten;
- **Standortbestimmungen**
  eine individuelle Standortbestimmung hinsichtlich des Lernprozesses innerhalb einer Unterrichtsreihe wird vorgenommen, indem z.B. persönliche Lernstrategien dargestellt und begründet oder erarbeitete Fachinhalte in Form einer Mindmap dargestellt werden;
- **Selbsterklärungen**
  komplexe Sachverhalte werden in eigenen Worten dargestellt (sich selbst erklärt) und auf diese Weise vertieft;
- **Fehleranalysen**
  eigene Schwächen werden diagnostiziert und Fehler analysiert;
- **Fragestellungen**
  aus der Unterrichtsreflexion heraus werden weiterführende Fragen formuliert, die in der nächsten Unterrichtsstunde bearbeitet werden können.

Für die Sekundarstufe I können zur Strukturierung des Lerntagebuchs zu den drei Themenbereichen (Inhalte, Planung von Arbeitsprozessen, Reflexion des Lernprozesses), Orientierungsfragen formuliert werden (in Anlehnung an Gläser-Zikuda 2005: 34):

Themenbereiche eines Lerntagebuchs:

- **Inhalt:**
  - *Quel était le thème du cours aujourd'hui ?*
  - *Qu'est-ce que je savais déjà avant ?*
  - *Qu'est-ce que j'ai appris de nouveau ?*
  - *Quelles nouvelles expressions/nouvelles règles est-ce que j'ai apprises ?*
  - *Qu'est-ce que je n'ai toujours pas compris ?, etc.*
- **Planung von Arbeitsprozessen:**
  - *Quelle(s) tâche(s) est-ce que je dois faire aujourd'hui ?*
  - *Comment est-ce que je vais procéder ?*
  - *De quoi ai-je besoin? (dictionnaire, cahier de grammaire ?)*
  - *Qu'est-ce que je vais faire (apprendre/répéter/préparer, etc.) après ?*
- **Reflexion des Lernprozesses:**
  - *Qu'est-ce qui était facile ?*
  - *Où est-ce que j'ai eu des difficultés ?*
  - *Comment est-ce que j'ai résolu ces difficultés ?*
  - *Est-ce que je suis arrivé à mon but ? Si non, pourquoi ?*
  - *Est-ce que je suis satisfait(e) de mon travail ?, etc.*

Die Lernenden brauchen Strukturierungshilfen und konkrete Anregungen, was in welcher Form in den Lerntagebüchern aufgenommen werden kann oder soll. Klar definierte Vorgaben sind daher für ein unterrichtsnahes Werkzeug unumgänglich (Beispiele für Lerntagebuchvorlagen finden sich bei Gläser-Zikuda 2005 und Heske 2005).

Für die Erstellung von Lerntagebüchern bieten sich Hefte oder besser Ordner an, in die man auch Zeichnungen, Mindmaps u.Ä. einheften kann. Diese können dann in regelmäßigen Zeitabständen der Lehrkraft oder auch den Mitschülern vorgestellt und in „Lerngesprächen" oder schriftlich in „Lernbriefen" beurteilt werden, die sich jeweils auf Lernfortschritte und Leistungen beziehen. Für das Urteil der Mitschüler bietet sich in diesem Zusammenhang der Einsatz eines einfach strukturierten Rückmeldebogens an (cf. Gläser-Zikuda 2005: 34).

Beobachtungsbögen

Beobachtungsbögen für die strukturierte Selbst- und Fremdbeobachtung

Systematische Beobachtungen durch vorstrukturierte Beobachtungsbögen sollen den Schülerinnen und Schülern eine konkrete Hilfestellung sein und individuelle Fördermaßnahmen bieten. Bei diesem Verfahren lassen sich Fremd- und Selbstbeobachtung unterscheiden. Beobachtungsbögen für Lernende sollen hier als Grundlage der Selbstreflexion dienen und die Selbstständigkeit bei der Gestaltung von Lernprozessen fördern. Um bei Beobachtungsbögen für Lehrende die Transparenz der Bewertung und die Akzeptanz von Seiten der Lernenden zu gewährleisten, sollten die Beobachtungskriterien entweder mit den Lernenden gemeinsam erarbeitet oder diesen zumindest kommuniziert werden. Gleiches gilt für die anzusetzenden Bewertungsmaßstäbe.

Damit sie ihren Zweck erfüllen, müssen die Beobachtungsbögen einfach anzuwenden sein. Durch die Eintragung in ein festgelegtes Kategoriensystem sind beispielsweise schnelle Markierungen durch Ankreuzen in der entsprechenden Spalte möglich. Dabei kann das Beobachtete vom Lehrenden sowohl in Klassenlisten als auch in personenbezogene Bögen eingetragen werden. In beiden Fällen sollte auf den Beobachtungsbögen Raum für ergänzende, frei formulierte Bemerkungen gelassen werden. Die im Vorfeld festgelegten Beobachtungskriterien sollten sich auf bestimmte Qualifikationsanforderungen beziehen und eine aussagekräftige Auswertung ermöglichen. So kann beispielsweise die Anlehnung an die Anforderungen der Curricula bzw. die Kriterien des GeR hilfreich sein. Zur Beobachtung des Lern- und Arbeitsverhaltens bzw. der individuellen Lernentwicklung kann ein Beobachtungsbogen für Lehrkräfte oder ein Selbstbeobachtungsbogen für Lernende in folgender Form eingesetzt werden (siehe Tabelle nächste Seite).

Für die Bewertung ist eine Unterscheidung in fünf Leistungsstufen absolut ausreichend und sinnvoll. „++" steht entsprechend für besonders gut, „– –" für besonders schlecht. Natürlich können genauso gut andere Symbole oder Leistungsbeschreibungen verwendet werden, ebenso wie man die fünf Leistungsstufen auf drei (+/0/–) reduzieren kann. Derartige Beobachtungsbögen eignen sich in leicht veränderter Form beispielsweise auch für die Bewertung mündlicher Leistung oder als Grundlage für eine gezielte Stärken-Schwächen-Analyse (siehe nächste Seite).

Nom: **Période d'observation (date) :**						
L'élève sait .../Je sais ...	**++**	**+**	**0**	**–**	**––**	**Remarques :**
faire un diagramme						
trouver les racines des nouveaux mots et les comprendre						
résumer brièvement le contenu d'un texte						
faire les devoirs correctement et rapidement						
...						

Beobachtungsbogen für Lehrende oder Lernende

Webcode: FM163120-023

Evaluationszielscheibe

Erfassung und Bewertung von Kompetenzen mithilfe der Evaluationszielscheibe

Ein allgemeines Evaluationsinstrument, welches im Französischunterricht sowohl für die Selbstevaluation als auch für die Bewertung durch die Lehrenden genutzt werden kann, hat die Form einer Zielscheibe oder eines Spinnennetzes, wobei die Fertigkeiten beliebig gewählt werden können und außen an den Achsen eingetragen werden (Leupold 2002: 203). Auf den Achsen findet dann die jeweilige Bewertung statt. Im Mittelpunkt des Netzes steht die Ausgangskompetenz 0, jeder Ring stellt eine Kompetenzstufe dar – je weiter außen, desto höher. Diese Stufen müssen im Vorfeld definiert werden und die entsprechenden Kriterien objektiv nachvollziehbar sein. Bei Bedarf können den Stufen auch Noten zugeordnet werden. Durch eine Verbindung der einzelnen Achsen ergibt sich ein Gesamtbild des Lernstandes. Um den Lernfortschritt zu dokumentieren, kann, in einem festgelegten zeitlichen Abstand, im gleichen Netz eine erneute Bewertung der Fähigkeiten – beispielsweise in einer anderen Farbe – stattfinden.

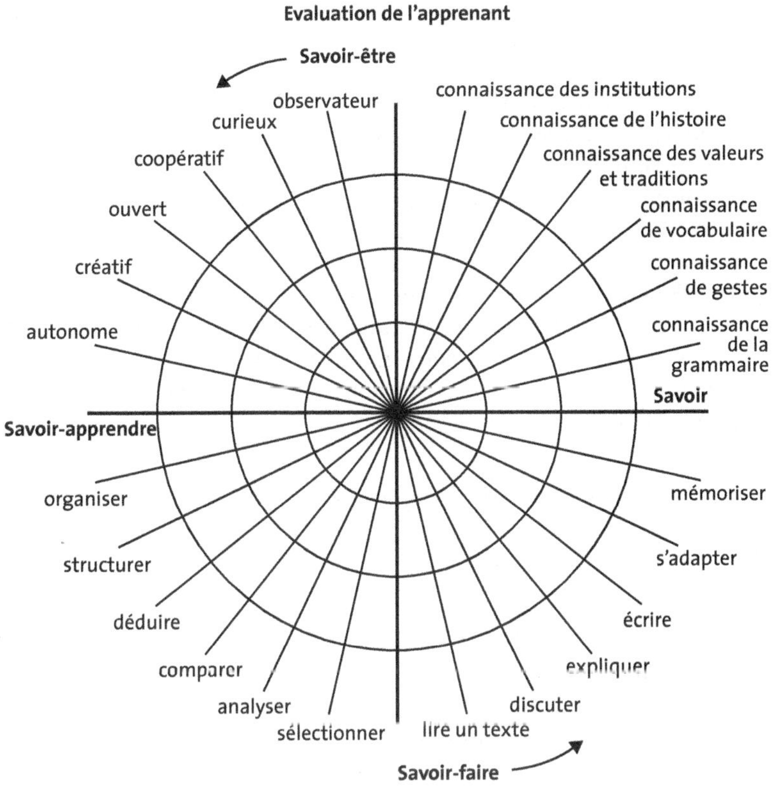

Évaluation de l'apprenant – Evaluationszielscheibe nach EYNAR LEUPOLD, *entnommen aus „Praxis des neusprachlichen Unterrichts", Heft-Nr. 2/1999, S. 173; © Eynar Leupold, Kirchzarten*

Kompetenzmodell des GeR

Die Erfassung und Bewertung von Kompetenzen mithilfe des GeR-Modells

Um die Kompetenzen der Lernenden erfassen und bewerten zu können, eignet sich das Kompetenzmodell des *Gemeinsamen europäischen Referenzrahmen* (EUROPARAT 2001), das durch die Bereitstellung objektiver Kriterien für die Beschreibung von Sprachkompetenz gleichzeitig auch den Vergleich von Lernzielen, Niveaustufen, Materialien, Tests und von Lernerfolgen in unterschiedlichen Systemen und Situationen ermöglicht. Die verschiedenen Leistungsniveaus und Fertigkeitsbereiche werden dabei in Form eines Profilrasters mit einer horizontalen und einer vertikalen Dimension dargestellt. Die Niveaustufen bilden im Kompetenzmodell des GeR die „horizontale Ebene“. Es werden sechs Kompetenzniveaus (von A1 = elementar bis C2 = kompetent) vorgeschlagen, die mithilfe von sogenannten Deskriptoren (= Beschreibungen) erläutert werden (Europarat 2001). Auf der „vertikalen Ebene“ lagern sich die Kompetenzbereiche an, deren Vielfalt über vier grundlegende kommunikative Sprachaktivitäten vorstrukturiert wird *(réception, production, interaction, médiation)*. Diese Formen der Sprachverarbeitung werden weiter differenziert, und die einzelnen Fertigkeiten werden mithilfe von Performanzkriterien (z.B. Grammatische Korrektheit oder Flüssigkeit des Sprechens) beschrieben. Auf diese Weise ermöglicht der GeR eine kriteriale, nach Kompetenzniveaus abgestufte Leistungsmessung, die den Ansprüchen einer zeitgemäßen Beurteilungspraxis gerecht wird (für ein konkretes Beispiel siehe weiter unten die Bewertung von mündlichen Leistungen).

Beispiele aus der Unterrichtspraxis

Evaluation

Motivationskurve

Erfassung der Lernmotivation

Um die Einstellung zum Lernen und die Motivation der Schüler während einer Unterrichtsreihe oder in den Phasen des Unterrichts – zum Beispiel beim Einsatz verschiedener Unterrichtsmethoden – zu evaluieren, eignet sich die Motivationskurve (nach Abendroth-Timmer 2001):

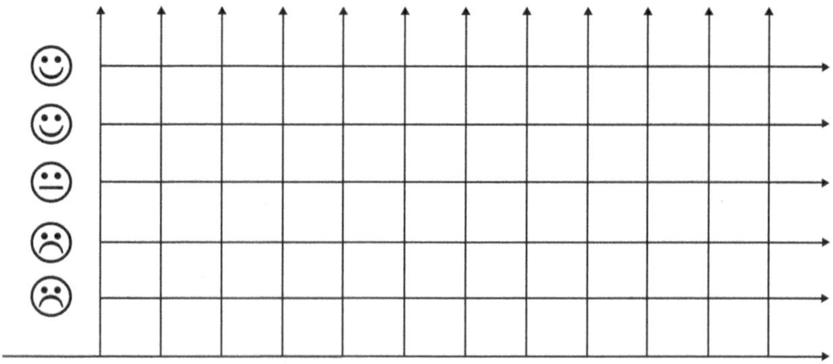

An die einzelnen vertikalen Linien werden die Daten der zu bewertenden Unterrichtsstunden von Themenbereichen oder Arbeitsweisen geschrieben.

Vorlage für eine Motivationskurve (Scheersoi in Anlehnung an Abendroth-Timmer 2001)

In einem Raster, dessen horizontale Linien den Grad der Zufriedenheit („viel Spaß" bis „gar keinen Spaß") bilden, und dessen vertikalen Linien für einzelne Unterrichtsstunden oder bestimmte Arbeitsphasen stehen, markieren die Lernenden jeweils die Stelle im Raster, an der sich die Linie zum Themenbereich der Unterrichtsstunde oder Arbeitsphase mit der Linie zu dem von ihnen gewählten Grad der Zufriedenheit (Smiley) kreuzen.
Für die Auswertung werden die fünf verschiedenen Smileys durch die Zahlen von 5 bis 1 ersetzt. Die Markierungen werden miteinander verbunden, sodass eine Motivationskurve entsteht. Aus dieser Kurve lässt sich die allgemeine **Motivation des Lernenden** ablesen (Mittelwert). Darüber hinaus können auch **Themenbereiche oder Arbeitsweisen identifiziert** werden, die sich besonders positiv (Maximum) oder negativ (Minimum) auf die Lernmotivation/-freude ausgewirkt haben (ein Beispiel für eine Motivationskurve für eine bilinguale Unterrichtsreihe zum Thema „Ordnen der Vielfalt der Lebewesen" findet sich in SCHEERSOI (2008).

Leistungsmessung

Bewertung von schriftlichen Leistungen

Um den Ansprüchen eines kommunikationsorientierten Französischunterrichts gerecht zu werden und auch komplexe sprachproduktive Leistungen erfassen und bewerten zu können, sind neue Formen der schriftlichen Leistungsbewertung erforderlich. Wie eingangs erwähnt, sollten in einem zeitgemäßen Französischunterricht vor allem pragmatische, integrative Testformen eine Rolle spielen. Die Lernkontrolltypen sind dabei halboffen oder offen, sodass die Lernenden die Möglichkeit haben, frei und vielfältig zu antworten. Durch derartige Formen des kreativen Schreibens (z.B. einen Dialog weiterschreiben, eine visuelle Vorlage kommentieren, zu Schlüsselwörtern eine Geschichte schreiben, Assoziationen entwickeln, eine Geschichte in eine andere Epoche transponieren etc.) können neben dem deklarativen Wissen **(savoir)** auch persönlichkeitsbezogene Kompetenzen der Lernenden **(savoir-être)** eingebracht werden. Letztere spielen auch im Bereich des interkulturellen Lernens, der im Zuge der fortschreitenden Globalisierung der Lebens- und Wirtschafträume zunehmend an Bedeutung gewinnt, eine wichtige Rolle (Einstellungen, Selbstbild, Sicht der anderen etc.). In Klassenarbeiten und Klausuren sollten diese Punkte daher ebenfalls Beachtung finden. In diesem Zusammenhang eignet sich die Einbindung authentischer landeskundlicher Materialien, die zum interkulturellen Vergleich oder Perspektivwechsel auffordern (Zeitungsanzeigen, Reklame, Tondokumente, Karikaturen etc.). Um schließlich auch die Dimensionen des **savoir-apprendre** und des **savoir-faire** zu integrieren, werden zusätzlich Teilaufgaben formuliert, für deren Lösung bestimmte Lern- und Arbeitstechniken genutzt und verbalisiert werden müssen (ein Beispiel für eine Klassenarbeit findet sich bei LEUPOLD 1997: 17).

Während sich die Bewertungspraxis in der Vergangenheit in erster Linie an den Defiziten orientierte, sollte in einem kommunikationsorientierten Französischunterricht der Blick verstärkt auf das Können der Lernenden gerichtet sein **(Kompetenzorientierung)**, da auf diese Weise das Selbstvertrauen der Lernenden gestärkt und die Lernmotivation gefördert wird. Besonders beim kreativen Schreiben sollte sich die Korrektur daher auf die wichtigsten Normabweichungen beschränken, und es sollten Pluspunkte für individuelle Ideen vergeben werden (DE FLORIO-HANSEN 2006: 45).

Zentrale Abschlussprüfungen (z. B. Zentralabitur)

Bei zentral gestellten Prüfungsaufgaben können die Leistungen der Lernenden nicht mit Bezug auf einen spezifischen Unterrichtsablauf gewertet werden. Stattdessen muss sich die Bewertung auf standardisierte, zu erwartende Lernergebnisse beziehen. Die Formulierung eines Erwartungshorizontes bzw. von Musterlösungen erweist sich in diesem Zusammenhang als wenig hilfreich, denn es ist dabei nur bedingt möglich, die erwarteten Leistungen genau genug auszuweisen und eine trennscharfe Orientierungshilfe für die Beurteilung von Schülerleistungen bei den konkreten Aufgaben bereitzustellen. Darüber hinaus werden die erforderlichen Spielräume für die Würdigung individueller Leistungen vernachlässigt und die Bewertung wird nicht in ausreichendem Maße transparent.
Um eine **einheitliche und transparente Bewertungspraxis** zu schaffen, wird folgendes Verfahren vorgeschlagen (cf. ZENTRALABITUR NRW 2007/2008a): Zu den einzelnen Aufgaben werden Kriterien – als zu erbringende Teilleistungen – ausgewiesen, die im konkreten Zusammenhang zu den jeweiligen Anforderungen stehen und diese im Einzelnen aufschlüsseln. Um ein hohes Maß an Transparenz und Vergleichbarkeit sicherzustellen, müssen die Teilleistungen möglichst genau ausformuliert sein. In dem Kriterienkatalog werden neben den **inhaltlichen Leistungen** auch die **Darstellungs- bzw. sprachlichen Leistungen** aufgeschlüsselt und bewertet. Die Einheitlichkeit der Bewertung wird hierbei durch die Übernahme der Kriterien des GeR gewährleistet.
Die Schülerleistung wird bei diesem **kriteriengeleiteten Bewertungsverfahren** also zunächst genau beschrieben, um anschließend einschätzen zu können, inwieweit die in der Aufgabe gestellten Anforderungen erfüllt wurden. Die erbrachten Teilleistungen werden dabei einem **Punktsystem** zugeordnet, das auch als Grundlage für die Ermittlung einer erreichten Notenstufe genutzt werden soll.

Ein Beispiel für die kriterielle Bewertung des Bereichs „Sprachliche Leistung/Darstellungsleistung“ für das Zentralabitur findet sich z.B. unter: www.standardsicherung.schulministerium.nrw.de/abitur-gost/fach.php?fach=5

Bewertung von mündlichen Leistungen

Die Bewertung mündlicher Leistungen wird durch ihre schlechte Dokumentierbarkeit erschwert. In einem zeitgemäßen Französischunterricht sollte aber die Ausbildung der Sprechfertigkeit das Hauptziel sein. Entsprechend darf sich die Bewertung nicht ausschließlich an dem Ergebnis schriftlicher Leistungskontrollen orientieren. Neben Wortschatz, Grammatik, Semantik und Phonologie müssen bei der Bewertung der mündlichen Leistungen auch strategische Kompetenzen, die Lernfähigkeit sowie persönlichkeitsbezogene Kompetenzen berücksichtigt werden. Hilfestellungen finden sich beispielsweise im GeR (Europarat 2001), in dem die klassischen Bewertungsbereiche **Sprachproduktion** (= aktives Sprechen) und **Sprachrezeption** (= Hören und Verstehen) in diesem Zusammenhang zusätzlich erweitert wurden. Die Sprachproduktion wird hier in monologisches und dialogisches Sprechen unterteilt (cf. auch Kap. 7 dieses Bandes). Diese Unterteilung trägt der Tatsache Rechnung, dass ein Lernender, der sich klar und verständlich ausdrücken kann, indem er beispielsweise über eigene Erfahrungen berichtet, nicht auch zwingend in der Lage sein muss, im Rahmen einer Diskussion zu argumentieren und auf Gesprächspartner einzugehen. Auf dieser generellen Ebene gibt es für die **sechs Niveaustufen** des Referenzrahmens (A1 bis C2) **Kompetenzbeschreibungen**, die entweder der Selbstevaluation durch die Lernenden dienen oder für die Leistungsbewertung durch Lehrende oder Prüfer bestimmt sind. Die jeweiligen kommunikativen Aktivitäten werden im GeR dann noch weiter ausdifferenziert. Im Spektrum des monologischen Sprechens wird beispielsweise unterschieden nach „Erfahrungen beschreiben“, „Argumentieren“ oder „Vor Publikum sprechen“, im Bereich des dialogischen Sprechens (= Mündliche Interaktion) werden Anwendungsbereiche wie „Konversation“, „Informelle Diskussion (unter Freunden)“ oder „Informationsaustausch“ berücksichtigt. Für die sechs Niveaustufen liegen ebenfalls Kompetenzbeschreibungen vor.

Diese **Beurteilungsskalen** sind holistisch. Um ein ganzheitliches Bild davon vermitteln zu können, welche Kompetenzen auf dem betreffenden Niveau vorauszusetzen sind, werden im GeR also zunächst in umfangreichen Auflistungen diejenigen Merkmale aufgeführt, die man für die wesentlichsten hält. Den jeweiligen kommunikativen Aktivitäten (Sprachproduktion und -rezeption) werden weitere Skalen zugeordnet, die sich konkret auf verschiedene Aspekte der mündlichen Leistung beziehen, wie z. B. Korrektheit, Flüssigkeit und Aussprache. Die folgende Tabelle zeigt zur Verdeutlichung eine solche Skala, die sich ausschließlich auf die Flüssigkeit (als funktionale Kompetenz) bezieht und die bei den jeweiligen kommunikativen Aktivitäten zur Einschätzung des Kompetenzniveaus genutzt werden kann.

	Flüssigkeit
C2	Kann sich auch in längeren Äußerungen natürlich, mühelos und ohne Zögern fließend ausdrücken. Macht nur Pausen, um einen präzisen Ausdruck für seine/ihre Gedanken zu finden oder ein geeignetes Beispiel oder eine Erklärung.
C1	Kann sich beinahe mühelos spontan und fließend ausdrücken; nur begrifflich schwierige Themen können den natürlichen Sprachfluss beeinträchtigen.
B2	Kann sich spontan verständigen und drückt sich auch in längeren und komplexeren Redebeiträgen oft mit bemerkenswerter Leichtigkeit und Flüssigkeit aus. Kann in recht gleichmäßigem Tempo sprechen. Auch wenn er/sie eventuell zögert, um nach Strukturen oder Wörtern zu suchen, entstehen kaum auffällig lange Pausen. Kann sich so spontan und fließend verständigen, dass ein normales Gespräch mit einem Muttersprachler ohne Belastung für eine der beiden Seiten möglich ist.
B1	Kann sich relativ mühelos ausdrücken und trotz einiger Formulierungsprobleme, die zu Pausen oder in Sackgassen führen, ohne Hilfe erfolgreich weitersprechen. Kann sich ohne viel Stocken verständlich ausdrücken, obwohl er/sie deutliche Pausen macht, um die Äußerungen grammatisch und in der Wortwahl zu planen oder zu korrigieren, vor allem, wenn er/sie länger frei spricht.
A2	Kann sich in kurzen Redebeiträgen verständlich machen, obwohl er/sie offensichtlich häufig stockt und neu ansetzen oder umformulieren muss. Kann ohne große Mühe Redewendungen über ein vertrautes Thema zusammenstellen, um kurze Gespräche zu meistern, obwohl er/sie ganz offensichtlich häufig stockt und neu ansetzen muss.
A1	Kann sehr kurze, isolierte und meist vorgefertigte Äußerungen benutzen, macht dabei aber viele Pausen, um nach Ausdrücken zu suchen, weniger vertraute Wörter zu artikulieren und Abbrüche in der Kommunikation zu reparieren.

Qualitative Aspekte des mündlichen Sprachgebrauchs: Flüssigkeit (zitiert nach GeR, Kap. 5.2.3.2 in Europarat 2001)

Beurteilungsskalen, die sich durch zahlreiche Kategorien und ausführliche Kompetenzbeschreibungen auszeichnen, sind im Schulalltag allerdings nicht handhabbar. Den Bedürfnissen und Lernzielen sowie der Lerngruppe entsprechend müssen daher die jeweils besonders relevanten Kategorien ausgewählt und die passenden Kompetenzbeschreibungen zugeordnet werden. Die Kompetenzbeschreibungen sollten dabei möglichst kurz und konkret sein und eigenständigen Lernzielen entsprechen, um bei der Beurteilung als voneinander unabhängige Kriterien benutzt werden zu können. Auf diese Weise kann ein **Profil des jeweiligen Lernstands** erfasst werden, welches dem Lernenden konkret verdeutlicht, was er bereits kann und was er zur Erreichung der Lernziele noch abdecken muss.
Zur Erfassung der Kompetenzen eignen sich **Beobachtungsbögen**, die in Form von Klassenlisten oder personenbezogenen Bögen gestaltet werden können. Ein personenbezogener Bogen, der auch als Grundlage für individuelle Fördermaßnahmen eingesetzt werden kann, wird zur Veranschaulichung in der nachstehenden Abbildung dargestellt. Er orientiert sich am Kompetenzmodell des GeR und ist auf zwei Beobachtungsaspekte und wenige Kompetenzbeschreibungen beschränkt, um den Einsatz als unterrichtsnahes Werkzeug zu ermöglichen. Die Beobachtungsaspekte und die Niveaustufe der Kompetenzbeschreibung (hier B1) sind bei der Erstellung solcher Beobachtungsbögen je nach Anlass und Lerngruppe entsprechend auszuwählen und anzupassen. Hierzu wird für jeden relevanten Aspekt mindestens eine Kompetenzbeschreibung aus den Skalen des GeR ausgewählt oder selbst formuliert. Die Kompetenzbeschreibungen können – je nach Einsatzbereich und Zielsetzung der Beobachtung – z.B. den gewünschten Standard für das Bestehen einer Prüfung („bestanden") oder auch das Lernziel eines bestimmten Kurses bezogen auf den entsprechenden Aspekt wiedergeben.

Ein Beispiel für eine Klassenliste, mit deren Hilfe die Lernenden im Laufe einer Unterrichtseinheit gezielt beobachtet werden können und die auch im fremdsprachlichen Unterricht einsetzbar ist, findet sich bei Owczarski 1991.

Name:

Klasse: Unterrichtseinheit/Beobachtungszeitraum:

	+	o	–	Bemerkungen
Beobachtungsaspekt: An Gesprächen teilnehmen				
Kann einem Alltagsgespräch folgen, muss aber manchmal um Wiederholung bestimmter Wörter und Wendungen bitten, wenn schnell oder lange gesprochen wird.				
Kann sich mithilfe von einigen Umschreibungen über die meisten Themen des eigenen Alltagslebens äußern.				
Kann in einer Diskussion über Themen von Interesse die eigene Meinung äußern und die der anderen erfragen sowie kurz Stellung dazu nehmen.				
Beobachtungsaspekt: Zusammenhängendes Sprechen				
Kann relativ flüssig unkomplizierte Geschichten oder Beschreibungen wiedergeben, indem er/sie die einzelnen Punkte linear aneinander reiht.				
Kann eine vorbereitete, unkomplizierte Präsentation zu einem vertrauten Thema so klar vortragen, dass man ihr meist mühelos folgen und die wichtigen Punkte erkennen kann.				

Beobachtungsbogen zur Bewertung mündlicher Teilleistungen in Anlehnung an den GeR

Webcode: FM163120-027

Tipps und Literatur

Französische Sprachdiplome und Sprachtests

DELF-Kritierien

Seit dem Herbst 2005 sind die DELF-Prüfungen *(Diplome d'études en langue française)* an den *Gemeinsamen europäischen Referenzrahmen für Sprachen* (GeR) angepasst und das neu geschaffene Diplom A1 bietet auch schon Anfängern die Möglichkeit, am Ende des ersten Lernjahres eine vollständige Prüfung in Französisch abzulegen und ihre Lernleistung zu überprüfen. Im Gegensatz zum bisherigen *DELF scolaire* werden in jede Prüfung alle Kompetenzen *(compréhension de l'oral, compréhension des écrits, production écrite* und *production orale)* integriert und mit jeweils 25% des Gesamtergebnisses gewertet. Auf der Internetseite www.bildungsportal.nrw.de/BP/LINKS/DELF können Aufgabenbeispiele und eine ausführliche Handreichung, die auch Kompetenzbeschreibungen zu den einzelnen Niveaustufen und Bewertungsraster enthält, heruntergeladen werden.

Dialang-Test

Beim *Dialang-Test* handelt es sich um einen Online-Sprachtest, der den Lernenden hilft, zu erkennen und einzuschätzen, wie gut sie in Lesen, Hören, Schreiben, Wortschatz oder Grammatik sind, und wie sie ihre Sprachkenntnisse verbessern können. *Dialang* ist das erste umfangreiche Testsystem für Fremdsprachen, das auf dem GeR basiert (cf. http://www.dialang.org).

Mündliche Klassenarbeiten

In einigen Bundesländern können mündliche Klassenarbeiten schriftliche Leistungsüberprüfungen in beiden Sekundarstufen ersetzen.
Zur Leistungsbewertung bei mündlichen Klassenarbeiten siehe auch:

- Ritter, Markus/Rogge, Michael/Winz, Peter/Wirtz-Kaltenberg, Petra (Hrsg.) (2011): *Let's talk! Parlonsen! I Hablemos!* Eine Handreichung für mündliche Prüfungen in den Klassen 5–12, mit CD-ROM. Cornelsen Verlag. Berlin.

Literatur

JÜRGENS, E. (2005): **Leistung und Beurteilung in der Schule. Eine Einführung in Leistungs- und Bewertungsfragen aus pädagogischer Sicht. Academia Verlag. Sankt Augustin.**
Mit diesem Buch werden Lehrerinnen und Lehrer aller Schulformen sowie Pädagogikstudierende praxisbezogen an die komplexe Problematik von Leistung in der Schule herangeführt. Besonderer Stellenwert kommt dabei der Überprüfung und Beurteilung mündlicher und schriftlicher Leistungen mithilfe unterrichtspraktischer Verfahren zu, wie schriftliche Klassenarbeiten, mündliche Lernerfolgskontrollen und schulische Tests.

WINTER, F. (2004): **Leistungsbewertung. Schneider Verlag. Hohengehren.**
Im offenen Unterricht sind die herkömmlichen Ansätze der Leistungsbewertung meist nicht mehr einsetzbar. In diesem Buch werden theoretische Hintergründe der Leistungsbewertung in der Schule dargelegt und neue Methoden der Leistungsbewertung (Portfoliokonzept, Lernkontrakte, Selbstbewertung, Lerntagebücher etc.) anhand anschaulicher Beispiele vorgestellt.

ABENDROTH-TIMMER, DAGMAR (2001): Teilprojekt: Motivation im Sachfachunterricht mit bilingualen Modulen: Modelle – Methoden – Internationalisierung. Zu Entwicklung, Einsatz und Auswertung der Erhebungsinstrumente, http://www.fb10.uni-Bremen.de/romanistik/projekte/biscuit/biscuit.htm.

À plus! 1./2. Carnet d'activités. Cornelsen Verlag. Berlin 2005.

DE FLORIO-HANSEN, INEZ (2006): « De la littérature contemporaine à la créativité des apprenants », in: *Praxis Fremdsprachenunterricht,* 3. Jg., Heft-Nr. 1, S. 44–47.

EUROPARAT (2000) – Abteilung für Sprachenpolitik: Europäisches Portfolio der Sprachen, http://www.learn-line.nrw.de/angebote/portfolio.

EUROPARAT – RAT FÜR KULTURELLE ZUSAMMENARBEIT (2001): Gemeinsamer europäischer Referenzrahmen für Sprachen: lernen, lehren, beurteilen, hrsg. v. Goethe-Institut Inter Nationes et al. Langenscheidt Verlag. Berlin, http://www.goethe.de/referenzrahmen.

GLÄSER-ZIKUDA, MICHAELA (2005): „Lerntagebücher in der Primar- und Sekundarstufe I", in: *Schulverwaltung spezial,* Heft-Nr. 3: Pädagogische Diagnostik. Hilfe zum besseren Lernen, S. 32–35.

GREGOR, GERTRAUD (2001): „Fehler vermeiden", in: *Der fremdsprachliche Unterricht Französisch*: Mit Fehlern umgehen – Fehler umgehen, Heft-Nr. 52, S. 35–37.

HESKE, HENNING (2005): „Lerntagebücher", in: *Schulverwaltung spezial,* Heft-Nr. 3: Pädagogische Diagnostik. Hilfe zum besseren Lernen, S. 36–38.

JÜRGENS, EIKO (2005): „Grundkompetenz Diagnose und Förderung", in: *Schulverwaltung spezial,* Heft-Nr. 3: Pädagogische Diagnostik. Hilfe zum besseren Lernen, S. 4–6.

KLEPPIN, KARIN/RAABE, HORST (2001): „Fehler als Übungs- und Lernanlass", in: *Der fremdsprachliche Unterricht Französisch*: Mit Fehlern umgehen – Fehler umgehen, Heft-Nr. 52, S. 15–19.

LEUPOLD, EYNAR (1997): „Die erste Klassenarbeit in Französich: vive la différence !“, in: *Der fremdsprachliche Unterricht Französisch*: Klassenarbeiten und Klausuren, Heft-Nr. 26, S. 16–17.

LEUPOLD, EYNAR (2002): Französisch unterrichten. Grundlagen. Methoden. Anregungen. Kallmeyer. Seelze-Velber.

OWCZARSKI, ROLF (1991): „Bewertung mündlicher Leistungen im Fach Deutsch“, in: Niedersächsisches Landesinstitut für Lehrerfortbildung, Lehrerweiterbildung und Unterrichtsforschung (Hrsg.): Mündliche Leistungen und ihre Bewertung in der Realschule, *NLI Berichte*, Bd.-Nr. 43, S. 34–36.

POLLETI, AXEL (2001): „Mon Dieu ! Qu'est-ce qu'ils faisent ? Von kapitalen Böcken und ihrer Erlegung“, in: *Der fremdsprachliche Unterricht Französisch*: Mit Fehlern umgehen – Fehler umgehen, Heft-Nr. 52, S. 4–12.

REIFF, ROSEL (2006): „Selbst- und Partnerdiagnose im Mathematikunterricht“, in: *Friedrich Jahresheft*, Nr. XXIV: Diagnostizieren und Fördern. Stärken entdecken – Können entwickeln, Friedrich Verlag. Seelze, S. 68–72.

SCHEERSOI, ANNETTE (2008): „Motivation im Biologieunterricht mit bilingualen Modulen“, in: *Frankfurter Beiträge zur biologischen Bildung*, Heft-Nr. 6: Didaktik der Biowissenschaften, hrsg. v. d. Johann Wolfgang Goethe-Universität Frankfurt/Main.

TESCH, BERND/LEUPOLD, EYNAR/KÖLLER, OLAF (Hrsg.) (2008): Bildungsstandards Französisch: konkret. Cornelsen Scriptor. Berlin.

TAGLIANTE, CHRISTINE (2005): *L'évaluation et le cadre européen commun*. Paris. CLE International)

Zentralabitur NRW Französisch: www.standardsicherung.schulministerium.nrw.de/abitur-gost/fach.php?fach=5.

10 Projektorientiertes und fachübergreifendes Arbeiten

von Aurélie Lamers-Etienne und Nicola Schulze Wettendorf

Vorstellung der Methoden

Projektarbeit und projektorientiertes Arbeiten

Begriffserklärung

Im Allgemeinen kann Projektarbeit als die Verbindung der Vermittlung theoretischen Wissens mit dem praktischen Tun definiert werden. Viele Pädagogen, die Grundlagen der Projektarbeit vorstellen (von Freinet bis Dewey), haben folgende Ansätze gemeinsam: Sie alle favorisieren das aktive, verantwortliche Handeln der Lernenden sowie die Idee, die „Mauer der Schule" zu überwinden und verknüpfen den Prozesscharakter des lernenden Handelns mit einer produktorientierten Zielsetzung.

Die Projektmethode erfordert eine Reihe von spezifischen Leistungen:

- selbstverantwortliches Lernen,
- erfahrungs- und interessenbezogenes Lernen (Schülerorientierung),
- ganzheitliches Lernen mit allen Sinnen,
- handlungsorientiertes Lernen,
- produktorientiertes Lernen,
- binnendifferenzierendes Lernen,
- die Identifikation mit der Arbeit,
- Teamfähigkeit bzw. soziales Lernen,
- Planungs- und Organisationskompetenz.

(Cf. Sievers 2003: 8).

Kern der Projektmethode

Der Kern der Projektmethode lässt sich mit drei Merkmalen charakterisieren: **Schülerorientierung, Handlungsorientierung** und **Produktorientierung**. Erstens erklärt sich die Schülerorientierung durch die Tatsache, dass die Schülerinnen und Schüler im Mittelpunkt der Projekte stehen. Ihre Erfahrungen und Interesse prägen sowohl die Thematik als auch die Vorgehensweise. Zweitens macht das Kriterium der Lerneffektivität in der praktischen Tätigkeit – *Learning by doing* (Dewey) – die Handlungsorientierung zum unverzichtbaren Kern bzw. zur Grundlage der Projektmethode (cf.

Witzensbacher 1985: 8; demzufolge sich 90 % des durch eigene Tätigkeit Erprobten im Langzeitgedächtnis einnistet). Dazu kommt drittens die untrennbare Verbindung mit der Produktorientierung, die Sievers (2003: 8) als das markanteste Merkmal der Methode bezeichnet. Wie auch Frey verdeutlicht, ist „das Entscheidende an der Projektmethode nämlich nicht, dass am Schluss ein hergestelltes Produkt (Theatervorführung, Dokumentation usw.) vorliegt, sondern dass diese Herstellung in einer bildenden Weise geschieht." (Frey 1990: 65). Aus dem angestrebten Ziel, das Produkt fertigstellen zu wollen, ergeben sich die Motivation und die Einigung der beteiligten Schülerinnen und Schüler sowie die Strukturierung der Arbeit.

Integration der Methode im Französischunterricht

Im Bereich des Französischunterrichts wird der Begriff des *Projektorientierten Arbeitens* bevorzugt, da es im Fremdsprachenunterricht als konsequente Fortsetzung *handlungsorientierten Arbeitens* (das den Sprachvermittlungsprozess bestimmt) gesehen wird. Das projektorientierte Handeln wird zu einem methodischen Verfahren, das – in den laufenden Unterricht integriert – über die Lehrwerk- oder Textarbeit hinausgeht und durch die Realität von Lehr- und Lernprozessen (curriculare Vorgaben, begrenzte Zeit, räumlich-mediale Ausstattung etc.) seine Grenzen erhält.

Kieweg hat die wesentlichen Merkmale des Projektunterrichts im Fremdsprachenunterricht beschrieben, und Leupold zeigt mit folgender Zusammenfassung in welche Richtung ein Plädoyer für projektorientiertes Arbeiten im Fremdsprachen- bzw. Französischunterricht gehen sollte (zitiert nach Kieweg 1998: 5).

Merkmale des Projektunterrichts:

- Das Projekt wird gemeinsam von Lernern und Lehrern konzipiert;
- das Weltwissen der Schülerinnen und Schüler wird bewusst mit einbezogen;
- andere Personen werden am Unterricht beteiligt;
- Schüler nutzen die Medien zielorientiert als Informationsquellen;
- die Ergebnisse des Unterrichts werden dokumentiert;
- die traditionelle Lehrerrolle wird variiert.

Diese Elemente entsprechen dem pädagogischen Anliegen schulischer Unterrichts- und Erziehungsarbeit und sind damit auch konstitutive Elemente eines projektorientierten Arbeitens.

Der heutige Französischunterricht zielt einerseits ab auf die Förderung des interkulturellen Lernens und die Ausbildung der Lernerautonomie und ist durch heterogene Lernergruppen gekennzeichnet; andererseits zielt er ab auf die Einbeziehung authentischer Texte, auf schülerorientierte und aktivierende Verfahren sowie auf eine Evaluation von Lernprozessen bzw. Lernerdisposition (cf. LEUPOLD 1999: 6).

Beim projektorientierten Arbeiten ist es wichtig, zu betrachten, dass

- „das Projekt als punktuelles Highlight innerhalb eines Schuljahres nur ausnahmsweise und dann interessant ist, wenn es sich gleichsam um eine mise au point, um ein Zusammenführen von im Unterricht erarbeiteten Wissens- und Handlungsstrukturen handelt." (LEUPOLD 2002: 141)

Bewertung und Evaluation des projektorientierten Arbeitens

SIEVERS (2003: 11) bezeichnet Zensuren bei der Leistungsbewertung von Fachprojekten als eine unverzichtbare und anerkannte „Währung", an die die Schülerinnen und Schüler gewohnt sind: „Die Schüler fordern dies in der Regel auch ein als Honorierung der erheblichen (Mehr-)Arbeit, die sie investiert haben."
Grundsätzlich bezieht sich die Bewertung auf das gemeinsame Produkt und die individuelle Reflexion der Arbeit im Projekt (Arbeitsprozessbericht). Im Fremdsprachen- bzw. Französischunterricht muss die Beurteilung des projektorientierten Arbeitens mehr als die Anerkennung der Fortschritte im Bereich der sprachlichen Kompetenz umfassen. Leupold schlägt in dieser Hinsicht ein **Beurteilungsraster mit vier Kompetenzbereichen** (Wissens-, Handlungs-, Lern- und Persönlichkeitskompetenz) vor, um die Komplexität der Arbeit zu berücksichtigen und um nicht nur die Leistung, in Bezug auf die sprachlichen Fertigkeiten, zu benoten. Damit wird der Lernende in seinem Engagement individuell – bezüglich seiner eigenen Handlungskompetenz und seiner Bereitschaft Neues zu lernen – *und* in der Gruppe gewürdigt. Transparenz und Dialog sind wichtige Elemente hinsichtlich der Beurteilungskriterien.

In der Projektarbeit können Methoden eingeführt und geübt werden, die Teil eines schulinternen Methodencurriculums sind, wie z.B. Gruppenarbeit in der Jahrgangsstufe 5 oder einfache Textverarbeitung und Präsentation in der Jahrgangsstufe 6.

Die Vorteile projektorientierten Arbeitens im Französischunterricht sind:

- Die Schülerinnen und Schüler sind zum aktiven Handeln aufgefordert, und es wird ihnen bei Schwierigkeiten mit lehrerzentriertem Unterricht geholfen;

- projektorientiertes Arbeiten bietet den Lernenden die Möglichkeit, sich handelnd an dem Spracherwerbsprozess zu beteiligen, und erzeugt damit eine neue Motivation für die tägliche Unterrichtsarbeit;
- die Sprache wird benutzt, um miteinander zu interagieren und wirkliche Inhalte zu transportieren, das heißt, die fachdidaktische Forderung eines handlungsorientierten Unterrichts wird auf diese Weise erfüllt.

(Cf. RÜSCHOFF/WOLFF 1999: 60)

Die Anreicherung besteht zusammenfassend darin, dass im Unterricht Gruppen- und Individualinitiativen gefordert und gefördert werden.

> „Damit wird Unterricht zu einem Ort und Moment gemeinsamen Lernens von Sprache und Verhalten, der Ausbildung der Wissenskompetenz, der Lernkompetenz, der Handlungskompetenz sowie der Persönlichkeitskompetenz gemacht." (LEUPOLD 1999: 6)

Weiterhin bietet das projektorientierte Arbeiten einen Beitrag zum Methodenlernen, da bestimmte Methoden eingeführt und geübt werden können (z.B. Gruppenarbeit, Präsentation, Internetrecherche). Möglich ist dabei auch, fächerverbindend oder fächerübergreifend zu arbeiten, indem man ein Thema in zwei Fächern parallel bearbeitet und dann in der produktiven Phase fächerübergreifend abschließt (cf. SIEVERS 2003: 11).

Fachübergreifendes Arbeiten

Fachübergreifender Unterricht – ein allgemeiner Trend

Ähnlich wie der Trend zum projekt- und problemorientierten Arbeiten ist inzwischen auch die Forderung nach fachübergreifenden Unterrichtsformen zu einem festen Bestandteil der modernen didaktischen Leitlinien (fast) aller Fächer geworden. Damit soll sowohl aktuellen didaktischen Prinzipien als auch gesellschaftlichen Erfordernissen und veränderten Rahmenbedingungen, die mit dem traditionellen Fachunterricht so nicht mehr fassbar sind, entsprochen werden (cf. BRINKMÖLLER-BECKER 2000: 9). Auch in den Richtlinien und Lehrplänen ist der fachübergreifende Unterricht explizit verankert und für die Oberstufe sogar als Pflichtbestandteil eingefordert (cf. RICHTLINIEN UND LEHRPLÄNE FRANZÖSISCH 1999: XIX ff., 77 ff.).

Sowohl der Projektunterricht als auch der fachübergreifende Unterricht gelten als „offene" Unterrichtsformen, wobei der projektorientierte Unterricht stärker auf eine Öffnung nach außen zielt und der fachübergreifende Unterricht mehr eine Unterrichtsöffnung nach innen anstrebt (cf. WOLTERS 2004: 123). Es ist offensichtlich, dass beide Formen des Unterrichts inein-

andergreifen und häufig gleichzeitig praktiziert werden, zum Beispiel wird Projektarbeit häufig aus den Blickwinkeln verschiedener Fächer betrieben und ist somit auch fachübergreifend.
Die Definition entsprechend der Richtlinien und Lehrpläne für die Sek. II zur Systematisierung verschiedener Formen fächerübergreifenden Unterrichtens unterscheidet **fachübergreifenden** Unterricht von **fächerverbindendem** Unterricht (cf. MOEGLING 1998: 57 ff.):

- „Fachübergreifender Unterricht findet zunächst im Fach selbst statt. Er hat den ‚Blick über den Tellerrand' [...] zum Gegenstand. Fächerverbindender Unterricht besteht in der themen- oder problembezogenen Kooperation zweier oder mehrerer Fächer." (BRINKMÖLLER-BECKER 2000: 12) ■

Da es sich in diesem Beitrag um die Vorstellung von Formen des fachübergreifenden Arbeitens innerhalb des Französischunterrichts handelt, wird im Folgenden, entsprechend dieser Definition, der Begriff fachübergreifendes Arbeiten verwendet. Das wesentliche Kennzeichen des fachübergreifenden Unterrichts besteht in der Verbindung von Inhalten, Fragestellungen und Verfahrensweisen unterschiedlicher traditioneller Schulfächer sowie in seiner integrativen, anstelle der additiven Gestaltung der Lernorganisation (cf. WOLTERS Auflistung didaktischer Aspekte von Projektunterricht und fachübergreifendem Unterricht, 2004: 146–147). Sein besonderes Charakteristikum, das ihn von allen anderen Unterrichtsformen abhebt, ist das Bewusstsein dafür, dass man „die Lebenswirklichkeit nicht aus der Perspektive einzelner Schulfächer isoliert betrachten kann, sondern dass sie sich nur ganzheitlich erleben und erschließen lässt." (FREUDENSTEIN 2002: 3)

Zu den Konzepten des fachübergreifenden Arbeitens, die auch für den Französischunterricht eine besondere Rolle spielen, gehören:
- Interdisziplinarität
- ganzheitliches Lernen
- Handlungsorientierung
- Rollen- und Perspektivwechsel
- Interkulturelle Kommunikation
- soziales Lernen und Methodenlernen
- Selbstständigkeit
- Schulung von Kommunikations- und Argumentationsfähigkeit
- Methodenreflexion
- Schulung von Medienkompetenz

Fachübergreifendes Arbeiten im Französischunterricht

Bereits ein Blick auf die genannten Konzepte des fachübergreifenden Unterrichtens zeigt, dass es sich hierbei um die Anforderungen handelt, die auch an einen modernen Fremdsprachenunterricht gestellt werden. Das dem Französischunterricht gemäß Lehrplan übergeordnete Lernziel der „interkulturellen Handlungskompetenz" kann letztlich nur durch Unterrichtsformen erreicht werden, welche fachübergreifende Lernorganisationen beinhalten.

■ „Die Ausbildung interkultureller Kompetenz ist ein fächerübergreifendes Anliegen." (Leupold 2002: 278) ■

Ähnlich wie es beim Projektunterricht der Fall ist, begegnen viele Lehrpersonen auch dem fachübergreifenden Unterricht mit Vorbehalt, aus Angst vor dem organisatorischen Mehraufwand oder fachlichen Defiziten (cf. Brinkmöller-Becker 2000: 15). Dennoch bietet sich gerade der Fremdsprachenunterricht für eine phasenweise Integration anderer Lerninhalte und -methoden an, da authentisches Sprachenlernen ohnehin nur inhaltsgebunden erfolgen kann, sodass diese Inhalte auch aus anderen Fächern in den Fremdsprachenunterricht importiert werden können. Die **Kombination aus Fremdsprache und Sachfach** (z. B. Biologie, Geschichte, Erdkunde) liegt nahe, jedoch bestehen auch durch die Integration einer weiteren Fremdsprache vielfältige Möglichkeiten zu fach- bzw. sprachenübergreifendem Unterricht. Eine besondere Form bildet dabei der **bilinguale Unterricht**, bei dem die Integration von fremdsprachlichem Lernen im Fachunterricht und die Verknüpfung von sprachlichen und fachlichem Lernen bereits institutionalisiert wurde.

Für die organisatorische Umsetzung sind verschiedene Formen denkbar, z. B. durch

- punktuelle und partielle Integration anderer Fachinhalte und -methoden in den FSU;
- Fächerkoppelungen, die eher projektorientierten Charakter haben; diese können entweder in Form von *team-teaching* als Blockunterricht durchgeführt werden oder aber das gewählte Thema wird nacheinander in verschiedenen Fächern und aus verschiedenen Perspektiven betrachtet;
- feste Verankerung in der Struktur der Sek. I/II (Profilbildung, bilingualer Zweig o.Ä.).

Die erstgenannte und einfachste Variante ist ein nah an der konventionellen Organisationsstruktur der Schule ausgerichteter Ansatz, das heißt eine Integration in die vorgesehene Stundentafel unter Beibehaltung des Fachlehrerprinzips. Entsprechend sollen auch hier Möglichkeiten zur Umsetzung fachübergreifender Arbeitsweisen im Französischunterricht dargestellt werden, die **mit geringem organisatorischem Aufwand** bewältigt werden können (natürlich ist auch die umgekehrte Variante denkbar: eine punktuelle, jeweils themengebundene Verwendung der französischen Sprache in verschiedenen Sachfächern). Dies ist zunächst die themengebundene, stunden- oder phasenweise Integration anderer Fachinhalte und -methoden in den Französischunterricht, also gewissermaßen eine Umkehrung des traditionellen bilingualen Sachfachunterrichts, die heute vielerorts schon in Formen von Modulen (z.B. MEMO-Projekt, Comenius 2.1) durchgeführt wird. Gleichzeitig ist dabei auch eine mehr oder weniger starke Projektorientierung des Unterrichts möglich und wünschenswert. Dank der Ausrichtung des Französischunterrichts auf die Ausbildung von „interkultureller Kompetenz" und der Integration von landeskundlichen Inhalten ermöglicht der traditionelle Französischunterricht viele thematische aber auch methodische Anknüpfungspunkte für fachübergreifende Unterrichtsphasen.

Dabei bietet die **fachübergreifende Lern- und Arbeitsorganisation** Vorteile, die gerade für den Französischunterricht von großem Nutzen sind. Dazu gehören:

- die Verwendung der Fremdsprache in ihrer natürlichen Funktion: als Transportmittel und Arbeitssprache;
- die Entstehung von authentischen Kommunikationssituationen;
- sach- und inhaltsorientiertes Sprachenlernen;
- ein durch Problemorientierung entstehender Projektcharakter, der Schülerinteressen, Selbstständigkeit und Teamgeist, Methodenlernen, Selbstevaluation und Reflexion und somit Kompetenzen, die von Kernlehrplänen und dem *Gemeinsamen Europäischen Referenzrahmen* explizit eingefordert werden, in den Vordergrund rückt.

Methodische Maßnahmen

Es lassen sich nur schwer konkrete Methoden des fachübergreifenden Arbeitens für den Französischunterricht herausstellen, denn die Wahl und Umsetzung der Methoden ist abhängig von den Inhalten bzw. der gewählten Fächerkombination. Somit werden die jeweils fachspezifischen Methoden in den Französischunterricht importiert (z.B. bei fächerübergreifendem Arbeiten mit geographischem Schwerpunkt das Durchführen von Interviews, das Erstellen einer Karte). Geeignete Methoden, die sich universell im fachübergreifenden Französischunterricht einsetzen lassen, beziehen

sich demnach hauptsächlich auf die sprachliche Arbeit und Vorbereitung der Schülerinnen und Schüler.
Da der fachübergreifende Unterricht besondere sprachliche Anforderungen an die Lernenden stellt, beispielsweise durch den Umgang mit authentischen, zum Teil sprachlich komplexen Texten, der Verwendung neuen, fachspezifischen Vokabulars, sollten hinsichtlich der sprachlichen Gestaltung des Unterrichts geeignete methodische Maßnahmen gewählt und mit den Schülern gezielt geübt werden (cf. Krechel 1999: 2).

Methoden für die Sprachmittlung

- Reaktivierung sprachlichen Vorwissens durch **Mindmaps**, **Wortschatzübungen**;
- Erstellung von und Umgang mit zweisprachigen **Redemittellisten** zu
  - fach- und themenspezifischem Vokabular;
  - fachspezifischen Arbeitsmitteln und Arbeitsweisen (z.B. Umgang mit Karten, Karikaturen, Durchführung von Experimenten oder Befragungen);
  - sprachlichen Formen des Klassenzimmerdiskurses;
- Umgang mit dem **zweisprachigen Wörterbuch**;
- Einführung notwendiger **grammatischer Phänomene** (rezeptive Ebene);
- Institutionalisierung der **Rolle des Sprachberaters** *(conseiller linguistique)*, die von Schülern zum Beispiel in Gruppenarbeitsphasen übernommen wird; diese ist besonders wichtig, wenn mehrere Sprachen im fachübergreifenden Unterricht verwendet werden, dann können jeweils Spezialisten(-gruppen) für einzelne Sprachen bestimmt werden.

Methoden für den Umgang mit authentischem Sprachmaterial

- **Techniken zur Erschließung** unbekannten Vokabulars *(Inferieren von Wortbedeutungen)*;
- **Lesetechniken** *(scanning, skimming)*;
- Techniken des ***note-taking*** und ***note-making***;
- **Visualisierungstechniken**.

Methoden für die Organisation der Lernsituation

Auch was die Organisation der Lernsituation betrifft, gibt es bestimmte Methoden, die sich besonders für den Einsatz im fachübergreifenden Unterricht eignen. Dazu gehören:

- jegliche Formen der **Gruppenarbeit**, wobei sowohl nach inhaltlichen Schwerpunkten, verschiedenen Fachperspektiven, aber auch nach Sprachen differenziert werden kann;

- das **Gruppenpuzzle**, das sich als spezielle Form der Gruppenarbeit mit einem hohen Grad an Selbstständigkeit und Selbsttätigkeit der Schülerinnen und Schüler besonders für das fachübergreifende Arbeiten eignet; die Lernenden bilden hierbei zunächst „Expertenteams“ zur Erarbeitung verschiedener Sachverhalte, um später ihre Ergebnisse in gemischten Gruppen an die Mitschüler anderer Teams weiterzugeben;
- das **Stationenlernen**, bei dem, wie bei der Gruppenarbeit, die Möglichkeit zur Differenzierung nach Sprache und Inhalt besteht, die Lernenden arbeiten jedoch individuell oder im Tandem.

Diesen Methoden ist gemeinsam, dass der **Ergebnissicherung, -zusammenführung** bzw. **Präsentation** eine besondere Bedeutung zukommt. Auch hier bieten sich verschiedene Formen an:

- Durchführung einer **Podiumsdiskussion** oder **Talkshow**: diese Form der Ergebnispräsentation kommt dem Anspruch der authentischen Kommunikation im fremdsprachlichen fachübergreifenden Unterricht nach und eignet sich bei thematisch kontrovers zu diskutierenden Inhalten;
- Präsentation im **Marktplatz-Verfahren** bzw. **Organisation eines virtuellen Museumsbesuches**: hierbei wird vorrangig der Erstellung von visuellen Arbeitsergebnissen, der Anfertigung von Texten etc. Rechnung getragen, die für die gesamte Lerngruppe ausgestellt und gleichzeitig sprachlich präsentiert werden;
- Erarbeitung und Vorführung eines **szenischen Spiels**: auch diese Form der Ergebnispräsentation eignet sich gut für Inhalte, bei denen verschiedene Perspektiven aufeinandertreffen und diese somit durch verschiedenen Rollen/Persönlichkeiten repräsentiert werden können;
- Aufnahme eines **Videos** oder einer **Hörsendung**, z.B. in Kombination mit der Durchführung einer Podiumsdiskussion, Talkshow oder eines szenischen Spiels;
- Erstellung einer **Projektzeitung**, welche den Vorteil hat, dass sie auch für andere, nicht beteiligte Lerngruppen zugänglich gemacht werden kann.

Beispiel aus der Unterrichtspraxis

Projektorientiertes Arbeiten: *Faisons une émission de radio !*

Ein Radioprojekt in der Sekundarstufe I (2./3. Lernjahr)

Nachfolgend soll gezeigt werden, wie – ausgehend von dem traditionellen Unterricht der Mittelstufe – **Handlungsorientierung** einbezogen und als **projektorientierte Arbeit** weitergeführt wird. Es handelt sich um ein Fachprojekt im Normalstundenplan.

Dieses Radioprojekt kann im zweiten bzw. dritten Lernjahr mit Französisch als zweiter Fremdsprache durchgeführt werden. Durch die Authentizität der angewendeten Arbeitsmaterialien und den Inhalt des Projekts (der den Interessen der Schülerinnen und Schüler entsprechen sollte) werden die Lernenden stark motiviert, das Französische zu gebrauchen. Ohne Berücksichtigung der Aufnahmezeit der Radiosendungen sollte man insgesamt ca. sieben Unterrichtsstunden für das Projekt einplanen.

Anbindung an den Unterricht

Durch die Vorbereitung einer Radiosendung durch und für Jugendliche mit dem Interview eines Sängers bzw. einer Sängerin orientiert sich das Projekt an den Interessen der Beteiligten (der alltägliche Umgang mit dem Radio, das Interesse an Pop-Stars). Im Sinne eines besseren Kennenlernens der französischen Musikszene und der Auseinandersetzung mit französischen Originaldokumenten sollen authentische Materialien eingesetzt werden, wie das Hören einer authentischen Aufnahme einer französischen Radiosendung für Jugendliche oder das Lesen von französischen Musikzeitschriften. Im zweiten Lernjahr werden unterschiedliche Fragestellungen (*qui est-ce qui, qui est-ce que, qu'est-ce qui, qu'est-ce que* und andere Fragewörter) eingeführt. Die Einübung oder Wiederholung dieses grammatikalischen Schwerpunktes lässt sich durch die Vorbereitung des Interviews eines Stars mit diesem Projekt wunderbar verbinden.

Das Ziel einer solchen projektorientierten Arbeitsphase entspricht außerdem der praktischen Umsetzung des Gelernten (Vorbereitung und Simulation einer Radiosendung mit Interview = Handlungsorientierung) in der Anfertigung einer Radiosendung (= Produktorientierung).

Mögliche Durchführung des Projekts

Wichtig ist es, den oben genannten grammatikalischen Schwerpunkt eingeführt zu haben. Falls das Thema „Radiosendung“ oder „Pop-Star“ in dem Lehrwerk vorkommt, kann man das Projekt im Anschluss daran beginnen. Dies ist einfacher, um den nötigen Wortschatz einzuführen.

Zu Beginn ist es sinnvoll, eine vorbereitende Hausaufgabe zu geben: Selbstständig sollen die Schülerinnen und Schüler verschiedene französische Jugend-Radiosendungen im Internet hören, um einen ersten Eindruck zu bekommen. Sie sollen sich Notizen über den Inhalt (soweit sie ihn verstehen können) und die Musikrichtung dieser Sendungen machen, sie können eventuell auch angeben, welche Stars sie gehört haben (soweit sie ihnen bekannt sind). Im Unterricht werden die Lernenden gefragt, worin eine authentische Radiosendung für Jugendliche besteht. Sie sollten aus eigener

Erfahrung als Zuhörer deutscher und französischer Sendungen in der Lage sein, einige Vorschläge zu machen, die dann anhand eines authentischen französischen Hördokuments (z. B. Teil der Aufnahme einer Radiosendung von Europe 2 mit Hörverstehensaufgabe) bestätigt und ergänzt und in einem Cluster festgehalten werden.

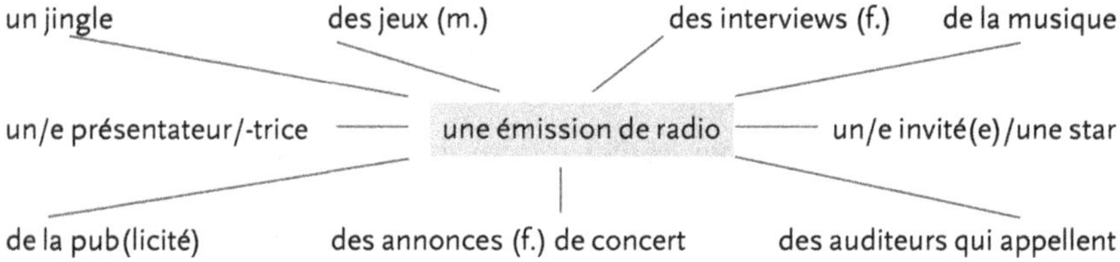

Auf der Grundlage authentischer Sendungen wird der Inhalt des Produkts gleichzeitig von den Schülerinnen und Schülern und von der Lehrkraft festgelegt. Der Schwerpunkt liegt auf dem Interview eines Pop-Stars unter Berücksichtigung der Einübung und Festigung des neuen grammatikalischen Phänomens.

französische Jugend-Radiosendungen im Internet:
http://www.europe2.fr
http://www.funradio.fr
http://www.novaplanet.com
http://www.rfm.fr
http://www.skyrock.com

Die Grundlage der Interviews (d. h. die Informationsquelle) bilden ebenfalls authentische Dokumente: französische Jugendzeitschriften mit ihren Schwerpunkten auf einzelnen Musikrichtungen, um die verschiedenen Geschmacksrichtungen in der Lerngruppe zu berücksichtigen (Lernerorientierung). Anhand der Wahl einer dieser Zeitschriften können die Gruppen für die Erarbeitung des Projekts gebildet werden (maximal fünf Schüler pro Gruppe). Sie sollen sich dann für einen Star aus der französischen Musikszene in dieser Zeitschrift entscheiden.

französische Jugendzeitschriften:
Generation Tweenager
Salut
Star Ac mag
Star flash
Planète R&B
Radikal – le magazine du mouvement hip-hop
Rock one
Toutchanson

In der nächsten Stunde sollten die Gruppen selbstständig die Vorbereitung der Sendung planen, das heißt auch eigenständig die Teilaufgaben für die Vorbereitung unter den Gruppenmitgliedern verteilen. Dies sollte möglichst nach Interesse und nach Kompetenz geschehen (= Binnendifferenzierung und Schülerorientierung – dabei wird das Weltwissen der Schüler bewusst mit einbezogen). Wer über gute Lese- und Schreibkompetenz verfügt, sollte sich eher um das Interview kümmern; wer eher kreativ ist, soll sich mit dem Erstellen des Spiels oder der Werbung beschäftigen; wer musikalisch ist, kann auch ein Jingle für die Sendung erfinden, und wer technisch begabt ist, kann sich um die Aufnahme kümmern. Die unterschiedlichen Rollen für die Simulation der Sendung sollten ebenso nach dem Grad der sprachlichen Fertigkeit verteilt werden (der Sprechanteil des Moderators ist z.B. viel höher als der eines Anrufers). Weitere drei Stunden sollten den Lernenden zur Verfügung gestellt werden, um eigenständig und arbeitsteilig an der Vorbereitung der Sendung zu arbeiten. Die Arbeit wird jeweils selbstständig zu Hause weitergeführt, sodass die Lehrkraft in den Stunden als Beraterin wirkt.
In der nächsten und letzten Stunde im Klassenverband vor der Aufnahme sollen die jeweiligen Gruppen die einzelnen Teile der Sendung zusammenfügen, um ein fertiges Konzept für die Aufnahme zu haben. Ebenfalls sollte der Verlauf der Sendung und die Rollenverteilung besprochen und festgehalten werden. Man kann also sehen, dass diese Methode zweifellos selbstverantwortliches Lernen, Teamfähigkeit und Planungskompetenz u.a. fördert.
Jede Gruppe fertigt im Anschluss eine Aufnahme dieser Radiosendungssimulation mit privaten technischen Mitteln an. Es ist natürlich sinnvoll, im Voraus abzusprechen, ob diese technische Möglichkeit in jeder Gruppe überhaupt vorhanden ist oder ob sie in der Schule den Schülerinnen und Schülern zur Verfügung steht.

Bewertung

Die letzte Phase des Projekts in der Klasse (2 Stunden) ist die gemeinsame Bewertung der fertigen Produkte unter Berücksichtigung der von den Schülern benannten Kriterien. Dies erfolgt mithilfe der nebenstehenden Bewertungstabelle, die jeder Schüler in der Klasse beim Zuhören der aufgenommenen Sendungen ausfüllt. Aufgrund des Anspruchs auf Lernerautonomie und Schülerorientierung ist es ratsam, diese Bewertungskriterien im Unterricht zu entwickeln und festzuhalten. So sind die Beurteilungskriterien für die Lernenden transparent. Am Schluss werden die Tabellen ausgewertet (anhand der Ergebnisse entscheiden sich die Schülerinnen und Schüler für die beste Sendung und nummerieren sie von 1 – die Beste – bis 5 – die Schlechteste). Jeder soll seine Entscheidung für die beste Sendung erläutern und begründen.

Critères	Groupe 1		Groupe 2		Groupe 3		Groupe 4		Groupe 5	
Nom de l'émission/ de la radio	*Aku 4*		*Les vedettes*		*Radio expression*		*Petite FM*		…	
	+	–	+	–	+	–	+	–	+	–
Le contenu : ■ Présentation de l'émission ■ interview ■ appel d'un auditeur ■ jingle ■ publicité ■ musique ■ en plus ?										
La langue : ■ formulation correcte des questions ? ■ En général, seulement quelques fautes ?										
Quelles fautes ?										
La présentation : ■ naturelle, spontanée (il ne faut pas lire !) ■ prononciation correcte ■ facile à comprendre (clair, pas trop vite)										
Ce qui me plaît beaucoup										
Ce qui ne me plaît pas du tout										

Beispiel für eine Bewertungstabelle, wie sie im Unterricht entstanden ist

Webcode: FM163120-028

Fazit

Während der Erprobung und Durchführung des gesamten Projekts in einer Klasse 8 war eine große Motivation bei den Schülerinnen und Schülern zu erkennen: Die Arbeit mit authentischen Dokumenten, das Kennenlernen

eines „echten“ französischen Pop-Stars und die kreative Auseinandersetzung mit der Realisierung der Sendungssimulation brachten die gesamte Lerngruppe zum aktiven Handeln und damit wurde jedem die Möglichkeit gegeben, sich an dem Spracherwerbprozess aktiv zu beteiligen (unter Berücksichtigung des eigenen Interesses). Die Produkte zeigten insgesamt ein Höchstmaß an Kreativität und teilweise sehr gute sprachliche Ergebnisse (mit großem Bemühen um authentische Wirkung).
Es lässt sich feststellen, dass die Anwendung der Methode des projektorientierten Arbeitens im Französischunterricht einen Beitrag zur Förderung unterschiedlicher Kompetenzen leistet, die für alle Fächer relevant sind, nämlich **Selbstständigkeit** (bei der Organisation, der Wahl der Aufgaben und Übernahme der Verantwortung für eine Aufgabe), **Projekt- und Zeitmanagement** (die Arbeit muss in einem vorgegebenen Zeitrahmen geplant, koordiniert und beendet werden), **Teamfähigkeit** (durch die arbeitsteilige Gruppenarbeit), **Sprach- und Kommunikationskompetenz** (in der Fremdsprache), **Kreativität** (auch Mut zum Risiko, zum Umsetzen und Bewerten).

Diese Methode orientiert sich insofern an pädagogischen und didaktischen Leitlinien, auf deren Grundlage auch die Kernlehrpläne für das Fach Französisch konzipiert wurden. Im Bereich der **Sprachkompetenz** fördert dieses Projekt insbesondere das prozedurale Sprachwissen: In der Planung wird die **Lese-** (Artikel aus den Zeitschriften) **und Schreibkompetenz** (schriftliche Vorbereitung der Sendung mit dem Interview, der Werbung) gefördert, das **monologische und dialogische Sprechen** werden in der Umsetzung bzw. Aufnahme der Radiosendung besonders geübt. Die Förderung der **Hörkompetenz** bei dem Einstieg des Projekts (authentische Radiosendungen) und bei der Bewertung spielt dabei ebenfalls eine wesentliche Rolle.

Tipps und Literatur

LEUPOLD, EYNAR (1999): „Projektorientiertes Arbeiten im Französischunterricht“, in: *Der fremdsprachliche Unterricht Französisch*, Heft-Nr. 41, S. 4–9.
Dieser **Grundlagenartikel** begründet fundiert, warum Projektarbeit verstärkt in den laufenden Unterricht integriert werden sollte.

BOHNSACK, KERSTIN/ELKE STURZEBECHER-THERMANN (1999): « L’émotion et la passion pour le sport » (1. Lernjahr), in: *Der fremdsprachliche Unterricht Französisch*, Heft-Nr. 41, S. 10–15.
Die Autorinnen beschreiben ein **schülernahes und handlungsorientiertes Projekt**, das „französische Realität“ in das Klassenzimmer bringt.

De Florio-Hansen, Inez (1999): „Das Lerntagebuch als Projekt", in: *Der fremdsprachliche Unterricht Französisch*, Heft-Nr. 41, S. 16–21.
Erfahrungen mit dem *journal d'apprentissage : le français et moi* (8.–10. Schuljahr). Das **Lerntagebuch** regt Schülerinnen und Schüler an, regelmäßig über ihre Lernprozesse zu reflektieren und gibt den Unterrichtenden die Möglichkeit, Einblicke in die subjektiven Lernerfahrungen ihrer Schüler zu erhalten.

Wessin, Susan (1999): « Littérature et culture des jeunes » (9. Schuljahr), in: *Der fremdsprachliche Unterricht Französisch*, Heft-Nr. 41, S. 22–26.
Die Autorin stellt ein Projekt vor, das den Unterricht über ein Schuljahr hinweg begleitet. Ausgangspunkt ist die Lektüre von Marie Aude-Murail, *Le défi de Serge T.* als Grundlage und Auslöser für projektorientiertes Arbeiten und Beitrag zur Förderung interkultureller Lern- und Kommunikationsprozesse. Der Versuch, eine zurückhaltende Lerngruppe mit authentischer Fremdsprache – auch in direktem Kontakt mit der Jugendbuchautorin – zu konfrontieren und sie zu eigenem **Sprach-Handeln** zu motivieren (cf. http://www.on-luebeck.de/~swessin/murail).

Leitzgen, Günter (1999): „Sophie et le Clochard: Schülerinnen und Schüler schreiben einen Kriminalroman" (11. Schuljahr), in: *Der fremdsprachliche Unterricht Französisch*, Heft-Nr. 41, S. 27–30.
Der Autor berichtet von einem **Schreibprojekt**, in dem die Schülerinnen und Schüler unter Anleitung gemeinsam eine Geschichte verfassen.

Wilkening, Monika (1999): „Offener Projektunterricht zu „l'Individu et la Société" (Sekundarstufe II), in: *Der fremdsprachliche Unterricht Französisch*, Heft-Nr. 41, S. 31–34.
Zu einem vorgegebenen Oberthema bearbeiten Schülerinnen und Schüler selbstgesuchte Unterthemen. Das Projekt wird von einem **Arbeitsprozessbericht** begleitet.

Alix, Christian (1999): „Arbeit am Fremden und Eigenen – Lernraum internationale Schulkooperation" (Sek. I und II), in: *Der fremdsprachliche Unterricht Französisch*, Heft-Nr. 41, S. 35–41.
Zwei Projektbeispiele machen deutlich, wie die Öffnung des Klassenzimmers hin zu „fremden Orten" (**Kooperationsprojekte**) Sichtweisen und Perspektiven verändern kann.

À PLUS! (2008–2010) Entraînement 1+2/3/4+5: Biliguale Module.

Brinkmöller-Becker, Heinrich (Hrsg.)(2000): Fächerübergreifender Unterricht in der Sekundarstufe II. Cornelsen Verlag Scriptor. Berlin.

Freudenstein, Reinhold (2002): „Über die Schwierigkeit, Fremdsprachen fächerübergreifend zu unterrichten", in: *Fächerübergreifender Unterricht: Anregungen, Reflexionen, Erfahrungen; Sonderheft: Praxis Fremdsprachenunterricht 2002*, Pädagogischer Zeitschriftenverlag, S. 2–5.

Frey, Karl (1990): Die Projektmethode. Beltz 7. Auflage. Weinheim und Basel.

KIEWEG, WERNER (1998): „Project work – Projektarbeit – Projektunterricht", in: *Fremdsprachenunterricht*, Heft-Nr. 6, S. 405–409.

KRECHEL, H.-L. (1999): „Sprach- und Textarbeit im Rahmen von flexiblen bilingualen Modulen", in: *ZfIFSU*, 44. Jg., Heft-Nr. 2, S. 23–31.

KRECHEL, H.-L. (Hrsg.) (2005): Mehrsprachiger Fachunterricht in den Ländern Europas. Gunther Narr Verlag: Tübingen.

LEUPOLD, EYNAR (2002): Französisch unterrichten. Grundlagen – Methoden – Anregungen. Kallmeyer. Seelze-Velber.

MOEGLING, KLAUS (1998): Fächerübergreifender Unterricht – Wege ganzheitlichen Lernens in der Schule. Klinkhardt. Bad Heilbronn.

Richtlinien und Lehrpläne Französisch für die Sekundarstufe II, Gymnasium/Gesamtschule. Hrsg. v. Ministerium für Schule und Weiterbildung, Wissenschaft und Forschung des Landes NRW. Ritterbach. Frechen 1999.

RÜSCHOFF, BERND/WOLFF, DIETER (1999): Fremdsprachenlernen in der Wissensgesellschaft. Zum Einsatz der neuen Technologien in Schule und Unterricht. Hueber. Ismaning.

SIEVERS, THOMAS (2003): Fachprojekte für die Sekundarstufe 1. 34 Beispiele erprobter fächerübergreifender Projekte. Westermann Schulbuchverlag. Braunschweig.

WITZENBACHER, KURT (1985): Handlungsorientierter Unterricht in der Hauptschule. Proegel. München.

WOLTERS, ANGELIKA (2004): „Projekt- und Fächerübergreifender Unterricht", in: Bovet G./Huwendiek, V. (Hrsg.): Leitfaden Schulpraxis. Cornelsen Verlag Scriptor. Berlin, S. 123–149.

Internet

- www.lis-uni-bremen.de/wis/fup
  Vorstellung von Projekten im Französischunterricht, die in den letzten Jahren in Schulen und Fortbildungsveranstaltungen in Bremen entstanden sind.
- http://lernen.bildung.hessen.de/bilingual/franz
  Links des Hessischen Bildungsservers zu verschiedenen fachübergreifenden Projekten des Französisch- bzw. Fremdsprachenunterrichts, z. B. *Interkulturelles Lernen im Sport, Kevin tout seul à Paris, Königskinder, Une journée scolaire.*
- www.schule-bw.de/unterricht/faecher
  Anregungen und Projektbeispiele zum Thema Theater im Französischunterricht, auch in Kombination mit Austauschprojekten.
- www.schulweb.de
  Verschiedene Schulen stellen Projekte aus dem Französischunterricht vor, z. B. *Interaktiver Roman, Internet-Projekt, Marie-Aude Murail: Le défi de Serge.*
- www.zum.de/Faecher
  Projektunterricht in der Schule: Hilfe für den Projektunterricht, Geschichte des Projektunterrichts, Projektorientierung.
- www.schulministerium.nrw.de/BP/Unterricht/Faecher/BilingualerUnterricht/BilingualeModule

11 Aufbau eines Methodenrepertoires

Vorschläge für einen schülerorientierten Französischunterricht am Beispiel einer Gesamtschule

von Jochen Momberg

An der Frage, was guter Unterricht ist, wie Lehrer und Schüler gemeinsam guten Unterricht machen können, welche Rolle Methoden bei dieser Frage spielen und wie der Spagat zwischen geforderten Leistungen und den heren Zielen der Handlungsorientierung, Methodenpluralität und Förderung der Schülerautonomie gelingen kann, setzt dieser Artikel an.
Anhand zweier von mir zusammengestellten Methodenmix-Konzepten für Gruppen in der Sekundarstufe I und II, die fortlaufend mit meinen Schülerinnen und Schülern erprobt und weiterentwickelt werden, möchte ich darstellen, wie eine Verbindung mehrerer Methodenansätze, die sich der Schüleraktivierung verpflichtet fühlen, im Fremdsprachenunterricht aussehen können.
Ziel dieses Kapitels ist die Reflexion der eigenen Unterrichtspraxis, des Abgleichs mit den eigenen Methoden und Vorgehensweisen; Eigene Zusammenstellungen von *méthodes préférées* sind eindeutig erwünscht.
In der Einarbeitung dieser Methoden, ihrer Erprobung, Evaluierung und Verbesserung liegt meines Erachtens eine der entscheidenden Aufgaben für Unterrichtsgestaltung und damit für die geforderte Qualitätsentwicklung und -sicherung.

Das persönliche Methodenrepertoire

Erster Schritt: *Mes Méthodes préférées* in der Sekundarstufe I

Der Fremdsprachenunterricht beginnt mit der Frage: „Wie lerne ich am besten?" und macht folgende Vorschläge:

Mes méthodes préférées/Meine Lieblingsmethoden

© Jochen.Momberg@web.de

Cher toi ! Lieber du!
Herzlichen Glückwunsch, willkommen, bienvenue, welcome, gut, dass du Französisch gewählt hast! Auf diesem Blatt möchte ich dir meine „Lieblingsvorgehensweisen“ in meinem Französischunterricht kurz vorstellen! Dies ist für dich **SEHR WICHTIG**, da es sehr viel Zeit und Energie spart! Alle diese Vorgehensweisen dienen dazu, den Unterricht zu verbessern, dir das Sprachenlernen zu erleichtern und dir bei deinem Erfolg beim Lernen zu helfen! Bon courage, viel Erfolg!
Dein Jochen Momberg

Du brauchst:

- 3 DIN-A4-Hefte, liniert ohne Rand
- 1 Ordner (dick) für zwei Löcher
- 1 farbiges Register für den Ordner/Trennblätter
- Natürlich dein Französischbuch (bei uns Réalités NEU) und etwas zu schreiben, malen, kleben.

Die Hefte werden von dir **doppelt** genutzt und zwar folgendermaßen:
Du benutzt dein Heft von **zwei** Seiten (Vorderseite/umdrehen/Rückseite)

Vorne **Vokabelheft**	Hinten **Testheft für Vokabeltest**
Vorne **Hausaufgabenheft**	Hinten **Grammatik**
Vorne **Übungsheft**	Hinten **Lieder**

Am Ende eines jeden Schuljahrs ordnest du deine verschiedenen Dinge in deinen Ordner unter die folgenden Oberbegriffe, die du auf die Trennblätter geschrieben hast:

A. Méthodes/Methoden	E. Exercices/Übungen
B. Vocabulaire/Vokabeln	F. Chansons/Lieder
C. Tests	G. Divers/Verschiedenes
D. Grammaire/Grammatik	

So hast du nach der Sekundarstufe I einen tollen Ordner, in dem du alles zum Thema Französisch eingeordnet hast! Für den Ordner, den du natürlich möglichst originell beschriften und bemalen darfst, bekommst du in jedem Halbjahr eine **Note!**

Webcode: FM163120-029

Vokabeltest

In jeder Woche, in jeder Doppelstunde, wird ein Vokabeltest geschrieben, und zwar nach folgenden Regeln:

In jeder Woche bereiten zwei von euch (keine Sorge, jeder kommt dran!) einen Vokabeltest aus **sieben Ausdrücken, Wörtern, Verben, Konjugationen, Sätzen** vor. Ihr sucht das aus, was ihr für richtig und wichtig haltet, aus dem Vokabular, aus der Rubrik *Qu'est-ce qu'on dit ?* oder *Repères* oder den im Unterricht gelernten Wörtern.

Alle anderen schreiben den Test in das Testheft (das ist die Rückseite des Vokabelheftes), bis auf die Tester der letzten Woche: Sie stehen hinter den weggeklappten Tafeln und schreiben den Test an die Tafel!

Während der Lehrer bzw. die Lehrerin mit der Klasse die Lösungen hinter der Klapptafel bespricht, korrigieren die beiden Experten in Windeseile die Testhefte nach folgendem Schema:

7 richtig Note 1,
6 richtig 2,
5 richtig 3,
4 richtig 4,
3+2 richtig 5,
1+0 richtig 6.

Alles klar? Die Tafelschreiber erhalten einen Lampenfieberbonus.

Gleichzeitig schauen die beiden Schüler im Vokabelheft nach, ob alle Vokabeln eingetragen sind, was vielleicht erklärt, warum die Note manchmal nicht gut ist! So gibt es jede Woche für jeden von euch zwei Noten, die in eine Liste eingetragen werden und im Laufe des Jahres kommt jeder und jede mehrmals dran.

Die Vorteile dieses Vorgehens sind klar:
Ihr dürft endlich auch einmal Lehrer sein, die Freunde (manchmal) ärgern, durch das Korrigieren lernt ihr die Vokabeln sehr gut, die Angst vor Tests wird weniger, weil wir jede Woche einen machen. Gleichzeitig merkt ihr rechtzeitig, was ihr noch nicht könnt! Ich kann während des Tests herumgehen und mich besser um euch kümmern.

Webcode: FM163120-029

Aussprache und Lesen

Ihr habt sicher schon die abenteuerlichsten Sachen gehört, wie schwierig die französische Aussprache ist. Das stimmt insofern, als dass die Worte anders geschrieben werden als sie ausgesprochen werden. Um dies zu üben, nutzen wir einen einfachen Trick:
Du hast doch bestimmt noch einen alten Kassettenrekorder mit Mikro, einen Walkman oder vielleicht einen MP3-Player mit Aufnahmefunktion. **Eine regelmäßige Hausaufgabe besteht darin, einmal in der Woche einen Text oder ein Lied auf Kassette (oder MP3-Player) aufzunehmen.**
Ihr sprecht den Lektionstext auf das Medium, ich sammele regelmäßig einige Kassetten ein, oder ihr leiht mir kurz den MP3-Player zum Aufladen oder zum Anhören. Ich höre mir eure schönen Stimmen an und verbessere (vielleicht) ein bisschen. Für uns alle fallen langweilige Leseübungen in der Stunde weg und zur Belohnung gibt es, wenn ihr den Text beherrscht, einen **Vorlesewettbewerb.**
Wer es schafft, den geübten Text fehlerfrei von Anfang bis zum Ende zu lesen, ohne einen Fehler zu machen, hat freie Auswahl in der Mensa (bis zu einem bestimmten Betrag natürlich ;-)). Alle Zuhörer werden höllisch aufpassen und werden bei dem kleinsten Lesefehler sofort klopfen. *C'est la vie,* so ist das Leben!
Zum Üben der Aussprache werden wir viel singen, und zwar alles – vom Kinderlied bis zum aktuellen Schlager. Nur wer schlechter singt als ich, braucht nicht mitzusingen (und das will was heißen, trotz Stimmbruch).

Schüleraustausch

So sollt ihr auf unseren **Schüleraustausch mit Mortagne sur Sèvre** vorbereitet werden. Das Collège Olivier Messiaen ist seit langem unser Austauschpartner und im 9. Schuljahr werden wir über Paris dort hinfahren. Im gleichen Jahr nehmt ihr eure Partnerinnen und Partner auf. Da der Bus sehr teuer ist, fangt bitte früh an, zu sparen! Dabei werden wir Briefe und E-Mails schreiben und mithilfe des Programms *Tele Tandem* (http://www.tele-tandem.org) den Austausch vor- und nachbereiten.

Klassenarbeiten

Klassenarbeiten sind dazu da, zu gucken, was ihr schon könnt und wie gut. Wir werden sie gemeinsam vorbereiten, sodass ihr sie locker und erfolgreich meistern könnt, möglichst ohne Angst und Panik.

Webcode: FM163120-029

Grammatik

Dabei zeigt ihr, wie gut euer Verstehen (Hören und Lesen) und euer Schreiben schon ist. Grammatik hilft uns, die Sprache leichter zu lernen. Ihr müsst sie mir erklären. Dieses Prinzip heißt **Lernen durch Lehren** (http://www.ldl.de) und ist klasse! Um zu zeigen, wie gut ihr geworden seit, möchte ich, dass ihr das beweist, indem ihr an Wettbewerben teilnehmt (und gewinnt) und das französische Sprachdiplom ***DELF*** besteht, damit ihr bei späteren Bewerbungen noch bessere Chancen habt.

Schulbibliothek, Infothek, Internet

Natürlich werden wir auch unsere Schulbibliothek und die Infothek sowie das Internet gut nutzen. Bitte schickt mir eure E-Mail-Adresse, wenn ihr eine habt. Schaut schon mal in der Infothek, welche tollen Kinder- und Jugendbücher und französischen Comics wir haben.

Sitzordnung

Da ich besonders am Anfang der Einzige bin, der Französisch sprechen kann, möchte ich, dass die **Sitzordnung so ist, dass mich alle direkt sehen können.** Das Umstellen der Tische und Stühle auf Zeit üben wir ein, es ist es wert.
Natürlich werden wir im Unterricht neben Einzel- auch Partner- und Gruppenarbeit machen, aber das ist kein Problem mit den Tischen.
Nach jeder Klassenarbeit werden alle Schüler umgesetzt, diejenigen mit leichten Schwierigkeiten (z. B. Aufmerksamkeit; gutes Zuhören; sehen, was an der Tafel steht; Schüchternheit usw.) haben das Vorrecht, **in der ersten Reihe zu sitzen**, um so alles besser mitzukriegen. Die Schülerinnen und Schüler in den hinteren Reihen haben ein Handicap, sie müssen natürlich umso besser aufpassen, da sie nicht alles so gut mitkriegen!

Wenn du **gute Ideen und Verbesserungen** für unseren Unterricht hast, her damit, **sofort ausprobieren**! Ich freue mich auf die Zusammenarbeit mit euch!

Bon courage et bonne chance !
Euer Jochen Momberg

DELF
Um den Schülerinnen und Schülern zu zeigen, was sie schon können, und um sie durch regelmäßige Teilnahme an Wettbewerben zu trainieren, „nötige" ich möglichst viele meiner Schüler, an verschiedenen externen Prüfungen teilzunehmen.
Die Durchführung und Begleitung von DELF-Prüfungen ist eine Erfolgsgeschichte mit großer Motivationskraft. In AGs und im Unterricht werden die Schüler auf die mündliche und schriftliche Prüfung vorbereitet (die Vorbereitung auf das Examen ist integrierter Bestandteil des Lehrwerks *Réalités* – mit einer DELF-Musterprüfung auf der CD mit Vorschlägen zur Leistungsmessung (Momberg 2003: 10).
Die Erfolgsquote ist hoch, die Tatsache, dass die Lernenden ein zunehmend bekannter werdendes und anerkanntes Diplom als zusätzlichen Trumpf bei Bewerbungen aller Art vorweisen können, ist ein weiterer Vorteil. Auch die Tatsache an sich, sich der Situation einer Fremdprüfung vor unbekannten Prüfern in einem unbekannten Gebäude auszusetzen, hat einen sehr hohen Erfahrungs- und Trainingswert.

Bundesfremdsprachenwettbewerb, *Prix des jeunes lycéens*, Internetwettbewerb zum deutsch-französischen Tag
Diese und andere Wettbewerbe sind ausgezeichnete Möglichkeiten für die Schülerinnen und Schüler, sich zu messen und ihre Fähigkeiten, aber auch ihre Defizite zu erfahren.
Die Erfahrungen sind durchaus ansprechend, wobei die Frage nach der Machbarkeit und der Belastung durchaus angebracht ist. Hier sind die Fachkonferenzen gefragt, um die Lasten gerecht zu verteilen. Meiner Meinung nach benötigen auch die Lehrer Erfahrung mit den Wettbewerben, das bedeutet, dass ab der dritten Teilnahme (des Lehrers) strukturelle Hürden umschifft werden können.

Schulbibliothek/Infothek/Internet/Cinéma de midi
Wir haben das Glück, über ein kleines CDI zu verfügen, durchaus mit Frankreich vergleichbar, genannt Mediothek/Infothek sowie einer Medienassistentin, die sich hervorragend um alles kümmert. In diesem Raum stehen unseren Schülerinnen und Schülern acht Rechner zur Verfügung, mithilfe einer Aufsicht können sie während des Unterrichts in diesen Raum kommen und recherchieren.

Durch jahrelanges regelmäßiges Einkaufen von Jugendliteratur und BD während des Schüleraustauschs durch die Schülerinnen und Schüler (in der *FNAC* gibt es sehr gute Führer zu aktueller Jugendliteratur) und mithilfe des Fördervereins haben wir eine schöne Sammlung von interessanter Literatur gesammelt. Dies ist sehr attraktiv und macht Lust auf Lektüre.

Die *Instituts Français* verleihen mobile Bibliotheken, in manchen Ländern bereisen Bibliobusse die Schulen, das *Institut Français* in Mainz hat ein sehr gutes *Comité de lecture* zu aktueller Jugendliteratur. Über die *Instituts Français* besteht die Möglichkeit, ein *France-Mobile* einzuladen, was stets eine positive Stimmung für das Fach verbreitet.

Unter dem Schlagwort *Selbstständiges Lernen in der gymnasialen Oberstufe* (SELGO, http://www.selgo.de) werden von den Verlagen Klett und Cornelsen für eine Reihe von Fächern Module erarbeitet, die den Schülerinnen und Schülern ein zunehmend selbstständiges Arbeiten per Internet ermöglichen.
Dieses Medium nutze ich zur Dokumentation unserer Arbeit, das heißt, Protokolle und sämtliche Materialien werden dort abgelegt und sind speziell in der Oberstufe oder für *DELF* verfügbar.

Bei der Arbeit mit Fremdsprachenassistenten hatten wir einen Kinoclub als zusätzlichen Anreiz, fremdsprachliche Filme zu sehen. Mithilfe von Schülerinnen und Schülern wird in der Mittagspause unserer Ganztagsschule jetzt ein unregelmäßiges *Cinéma de midi* ausprobiert. *À suivre.*

Der zweite Schritt: *Mes Méthodes préférées* bis (Austausch/Oberstufe)

Mes Méthodes préférées bis hat sich aus den Notwendigkeiten des Schüleraustauschs in der 9. Jahrgangsstufe und auch aus denen der Oberstufe entwickelt. Viele Anregungen sind aus dem Schulreformprojekt *Schule und Co* der Bertelsmann Stiftung und der Kreise Herford und Leverkusen entstanden (cf. http://www.schule-und-co.de).

Folgende Lernorte oder Zeitpunkte bieten sich für dieses Arrangement an:

- **Projektarbeit** mit Gruppen in der Sekundarstufe I;
- **Schüleraustausch** in den Sekundarstufen I und II: Der Schüleraustausch ist einer der Ursprünge dieser Methode – es ist in hohem Maße entlastend und für alle Beteiligten angenehm, mit festen Gruppen zu reisen. Seit einigen Jahren führen wir im 11. Jahrgang Fahrten auf den Spuren von Nestor Burma und Amélie Poulain durch (cf. http://www.rges.de → Unterrichtsprojekte → Parisfahrt 2004; cf. Momberg 2004: 292);
- **neue Kurse in der Oberstufe:** Zu Beginn der Oberstufe werden die Karten neu gemischt, Schülerinnen und Schüler verschiedener Kurse und Schulformen kommen zusammen und sollen für sie oft enorme Anforderungen erfüllen. Der fachliche und soziale Druck ist hoch. Dabei bieten feste Arbeitsgruppen eine angenehme Entlastung.

Dies sind die Blätter, die die Schülerinnen und Schüler der Oberstufe bekommen:

Willkommen, bienvenue, welcome !

Vous avez choisi le français comme langue étrangère à la Oberstufe et je vous en félicite ! Pour notre travail en commun, je vous propose les méthodes suivantes et je suis sûr que vous aurez beaucoup de succès en suivant les conseils indiqués.

« Groupes de Patrie » « Homegroups » « Heimatgruppen »
Je veux que vous formiez, pour un temps limité, des groupes de six (6) personnes. Vous allez changer regulièrement de rôles, pour que chacun ait l'occasion de jouer chaque personnage. Merci !
À présent, tirez au sort les différents responsables de votre groupe :

Le/La responsable de groupe (RG [ergé])
Il ou elle est en contact direct avec moi, il sait ce qu'il y a à faire (ou ne pas faire), le/la RG a un petit bloc-notes où il/elle note toutes les choses importantes que je lui dis.
Il/Elle est **responsable** des autres, car c'est lui ou elle qui se fait gronder; il/elle a donc le droit de vous dire ce qu'il faut faire.

Le/La dessinateur/-trice/photographe/caméraman a un appareil photo (numérique) (prêté), est responsable des films et du chargement des cartes sur l'ordinateur, il/elle prend toujours des photos de tout ce qui est important durant nos cours, dessine ou tourne des films. Il/elle peut demander de l' aide aux autres élèves du groupe.

L'internaute (un fou/une folle d'Internet) fait de la recherche sur Internet, apprend aux autres comment faire, envoie des mails, achète des tickets par Internet, fait des réservations, etc.

Le/La bon/ne à tout faire/documentaliste est la personne responsable de tout : il/elle cherche de la craie, le magnétoscope, fait les courses, regarde si quelqu'un a oublié quelque chose, cherche des prospectus, garde toujours un exemplaire en plus, range tout. Il/elle peut demander de l'aide/donner l'ordre de nettoyer la classe/le tableau/le sol ou de fermer les fenêtres après le cours.

Le/La responsable du temps et de l'argent (maître du temps) a un rôle très important pour le succès des groupes. Souvent notre temps est limité, un bon rythme nous aide beaucoup. Le responsable du temps veille à ce qu'il n'y ait pas trop de stress à la fin, il/elle a le droit d'arrêter les bavardages et de gronder les membres du groupe qui ne travaillent pas.

Le « metteur d'ambiance » aide le groupe à travailler dans une bonne ambiance. Il/elle connaît les dates d'anniversaires des élèves, prépare de belles surprises au groupe (des fleurs, des petits cadeaux sympas fabriqués maison, etc.) Il/elle met de l'ambiance et il/elle arrête les râleurs, il/elle est à l'écoute des autres quand l'ambiance est mauvaise et essaie de remonter le moral.
Voici les cartes pour procéder au tirage au sort.

Webcode: FM163120-030

Die Originale können Sie auf der Homepage der Schule herunterladen (cf. http://www.rges.de → Sprachen → Meine Lieblingsmethoden).

Remarques sur le travail de __________ du groupe __________

Comme **responsable de groupe (RG [ergé])** : Bien : Ça va : Mieux faire : Notes : | | | | | | |∅ =	Comme **dessinateur/-trice/ photographe/caméraman** : Bien : Ça va : Mieux faire : Notes : | | | | | | |∅ =
Comme **internaute** : Bien : Ça va : Mieux faire : Notes : | | | | | | |∅ =	Comme **bon/ne à tout faire/ documentaliste** : Bien : Ça va : Mieux faire : Notes : | | | | | | |∅ =
Comme **responsable du temps/ de l'argent** : Bien : Ça va : Mieux faire : Notes : | | | | | | |∅ =	Comme **« metteur d'ambiance »** : Bien : Ça va : Mieux faire : Notes : | | | | | | |∅ =

Webcode: FM163120-031

Une année scolaire a environ 40 semaines. Nous allons donc **changer de rôles** toutes les six semaines et chaque membre du groupe doit obligatoirement jouer chaque rôle. C'est à vous de vous entraider ! Quand nous changeons, chaque membre écrit une petite appréciation sur l'autre et donne une « note ». Ces notes compteront pour l'oral. Je vous prie d'être sincère. Merci.

Comment travailler avec les groupes ?
Les responsables de groupes sont en contact avec moi, le professeur. Chaque responsable a un bloc-notes et note tout ce qu'il y a à faire. Bien sûr, je travaille aussi avec les autres responsables, p.e. j'appelle les internautes ou les « metteurs d'ambiance ».

Premier exercice : vous avez 15 minutes pour choisir un nom et un slogan pour votre groupe, le dessinateur dessine un logo pour vous, le documentaliste me fait une liste des membres du groupe, les metteurs d'ambiance viennent me voir. Bravo !

Pour bien apprendre une langue, il faut apprendre beaucoup de mots et surtout, il faut s'entraîner. Dans vos groupes, vous devez vous entraider, **faire des exercices ensemble**, vous poser des questions, vous corriger, rigoler, vous amuser, bref apprendre !

Nous ne parlons que français en cours, sauf pour les explications de grammaire. Si ce n'est pas le cas (et pour vous aider un peu à suivre la règle), le responsable du temps et de l'argent notera quand et où vous avez parlé allemand et vous payerez 1 euro dans notre caisse pour les glaces. Pendant notre séjour à Paris, nous irons manger des glaces chez Berthillon (un très bon glacier) avec cet argent.

Webcode: FM163120-032

Les rituels

Nous avons 3 heures de français par semaine, une heure individuelle et un cours de deux heures.

Apprendre la grammaire ? Enseigner la grammaire !
Pendant les cours individuels, nous allons réviser la grammaire en travaillant avec le cahier « Passerelle » et en nous servant de la **méthode LdL** (Lernen durch Lehren, Apprendre par l'enseignement, http://www.ldl.de). En ce qui me concerne, j'ai appris la grammaire, parce que j'étais obligé d'enseigner et d'expliquer. Quand je dois expliquer quelque chose, je me rends compte de ce que je n'ai pas encore appris ! Je veux profiter de cette méthode pour améliorer vos connaissances de grammaire.
Nous étudierons un chapitre de « Passerelle » en deux semaines.
Cela veut dire que trois personnes de votre groupe expliquent aux trois autres, et l'inverse pour le reste du chapitre la semaine suivante. Les trois élèves qui enseignent corrigent et notent les autres et vice versa la semaine suivante. Vous avez compris ?

La langue, ce sont des mots !
Nous allons lire, écouter et entendre beaucoup de mots, que vous ne connaissez pas encore ou que vous avez oublié. Pour cela nous allons profiter de la 11ième classe pour apprendre systématiquement du vocabulaire.
Vous avez le **dictionnaire** Check it Französisch de Bertelsmann à votre disposition.
Je vous « oblige » à regarder une page par jour cinq fois dans la semaine (= 5 pages par semaine) et à noter/marquer/relever **chaque jour les 25 mots** (minimum) les plus importants de chaque page. Cela vous fait travailler entre 8 à 15 minutes par jour.
Durant les 15 premières minutes de notre cours double, vous ferez un **test de vocabulaire** dans votre groupe sur les cinq pages de la semaine. Deux d'entre vous les prépareront avec 10 expressions/phrases/mots de vos mots préférés et la conjugaison de 4 verbes de votre choix.

Je vous aide régulièrement à corriger et à donner des notes en regardant les tests de vos groupes.

Vive la chanson !
Pour améliorer notre compétence à l'oral et en compréhension, nous **chanterons beaucoup,** d'abord pour notre prononciation, mais aussi pour découvrir une facette très importante de la culture française. Suivant la règle : Seule celui qui chante plus mal que moi a le droit de ne pas chanter ;-).

Organisation
Comme au niveau collège, je vous demande de **travailler avec 3 cahiers** que vous utiliserez des deux côtés :
Un cahier DIN A4 ligné pour le vocabulaire/les tests.
Un cahier DIN A4 ligné pour les devoirs/la grammaire.
Un cahier DIN A4 ligné pour les chansons/les exercices en cours.
En même temps je vous demande de bien vouloir classer vos affaires dans un classeur.

Le programme des trois années avant le bac
Tant qu'elle existe encore :
11ième année : Le but de la onzième année est de vous amener à un même niveau, de vous donner confiance en vous et l'envie d'apprende. Il est normal que vous ayez le sentiment de ne pas bien savoir ceci ou cela, notre but est de changer ce sentiment ! Je vous demande beaucoup de travail, de patience et de courage, mais vous serez satisfaits du résultat et fier de vous !
À la fin du premier semestre, je vous demanderai de participer au **« Bundesfremdsprachen-Wettbewerb »** et de passer une partie du diplôme de langue « DELF ». Cela sera un exercice pour vos futurs examens oraux et vos entretiens d'embauche.
Dans la deuxième partie de l'année, nous allons regarder et **analyser le film** « Le fabuleux destin d'Amélie Poulain » et **lire un roman** de Léo Malet avec le détective privé Nestor Burma.
Les histoires se passent toujours dans un arrondissement de Paris. Aux alentours de la Fête-Dieu (Fronleichnam), nous partirons à Paris pendant quatre jours pour suivre leurs traces et **découvrir Paris**. Sur le site de notre école (http://www.rges.de) vous pouvez regarder les aventures du groupe de l'année 2003/2004. À vous d'y ajouter vos expériences.
12ième année : La douzième année est celle de votre qualification pour le bac. En Rhénanie du Nord Westphalie, le bac central nous force à nous préparer le mieux possible aux examens.
Nous travaillerons surtout à la **production de textes.**
Vous écrirez des résumés, des analyses de textes (chansons, films, nouvelles).
Vous ferez des **présentations d'auteurs** importants de la littérature francophone de sorte à avoir une impression de la vie littéraire en France.
Nous travaillerons sur des dossiers, nous ferons des lectures et vous vous abonnerez à un journal français (par Internet).
13ième année : Vous préparerez et travaillerez aussi les **aspects de la francophonie** en vue de notre **voyage au Québec,** qui a lieu tous les trois ans. Le prochain voyage sera en octobre 2008.

Ciné-club :
Avec votre aide, nous organisons un ciné-club toutes les deux semaines le jeudi soir et regardons des films en version originale en français et en anglais.

SELGO :
Nous avons la chance de participer au projet SELGO (Selbstständiges Lernen in der gymnasialen Oberstufe) et j'aimerais bien profiter des possibilités de ce programme (http://www.selgo.de; prénom point (.) nom, mot de passe pour le début 123456).
Toutes ces idées ne sont que des propositions et j'aimerais bien que vous m'aidiez à améliorer la qualité des nos cours. Merci beaucoup d'avance !

Sincèrement Jochen Momberg

Fazit
Sie haben praktische Beispiele von subjektiv erfolgreichen Methodenkonzepten gelesen. Meine Schülerinnen und Schüler haben eine sehr eigene und kritische Meinung dazu.

Die nahe Zukunft wird eine Fülle an Herausforderungen für Schülerinnen und Schüler, Lehrende und Eltern bringen: Ich hoffe, dass wir sie gemeinsam meistern. Unter http://www.rges.de finden Sie die Homepage unserer Schule, auf der sie weiterführende Anregungen und Tipps finden. Hier können Sie auch die Ergebnisse einiger unserer Aktivitäten anschauen und die für Schülerinnen und Schüler bestimmten Seiten dieses Artikels (cf. Sprachen → Meine Lieblingsmethoden) herunterladen.

Tipps und Literatur

1. Pädagogik und Allgemeine Didaktik (Schwerpunkt Methoden)

Brüning, Ludger/Saum, Tobias (2006): Erfolgreich durch Kooperatives Lernen. Strategien zur Schüleraktivierung. Neue Deutsche Schule Verlag. Essen.

Bundeszentrale für politische Bildung/Möckel, Iris/Scholz, Lothar (2004): Methoden-Kiste. Bundeszentrale für politische Bildung. Bonn, Bestell-Nr. 5.340, http: www.bpb.de.

Gudjons, Herbert (2003): Frontalunterricht – neu entdeckt. Integration in offene Unterrichtsformen. Klinkhardt. Bad Heilbrunn.

Heuermann, Alfons/Krützkamp, Marita (2003): Selbst-, Methoden- und Sozialkompetenz. Bausteine für die Sekundarstufe II. Cornelsen Verlag Scriptor. Berlin.

Hugenschmidt, Bettina/Technau, Anne (2003): Methoden schnell zur Hand. 58 schüler- u. handlungsorientierte Unterrichtsmethoden. Ernst Klett. Stuttgart.

Klippert, Heinz (1994): Methoden-Training. Übungsbausteine für den Unterricht. Beltz Verlag. Weinheim und Basel.

Mattes, Wolfgang (2002): Methoden für den Unterricht. 75 kompakte Übersichten für Lehrende und Lernende. Schöningh Verlag. Paderborn.

Mattes, Wolfgang (2006): Routiniert planen – effizient unterrichten. Schöningh Verlag. Paderborn.

Meyer, Hilbert (1980): Leitfaden zur Unterrichtsvorbereitung. Cornelsen Verlag Scriptor. Frankfurt/M.

Meyer, Hilbert (1987): Unterrichtsmethoden. Bd. 1: Theorieband. Bd. 2: Praxisband. Cornelsen Verlag Scriptor. Frankfurt/M.

Meyer, Hilbert (2004): Was ist guter Unterricht? Cornelsen Verlag Scriptor. Berlin, Kurzfassung in: *Références*, Nr. 22, Herbst/Winter 2004, http://www.cornelsen.de/teachweb/1.c.173247.de.

Miller, Reinhold (2004): „Erfolgreich unterrichten", in: ders.: 99 Schritte zum professionellen Lehrer. Kallmeyersche Verlagsbuchhandlung. Seelze-Velber, S. 148–221.

Muller, François (2004): Manuel de survie à l'usage de l'enseignant (même débutant). L'Etudiant. Paris.

PARADIES, LIANE/WESTER, FRANZ/GREVING, JOHANNES (2010): Individualisieren im Unterricht. Cornelsen Scriptor. Berlin.

PETERSSEN, WILHELM H. (1997): „Methoden-Lexikon“, in: Lernmethoden – Lehrmethoden. Wege zur Selbständigkeit. *Friedrich Jahresheft*, Heft-Nr. XV/1997, S. 120–128.

2. Fremdsprachenunterricht, Französischunterricht

BAUSCH, KARL-RICHARD/CHRIST, HERBERT/KRUMM, HANS-JÜRGEN (Hrsg.) (2003): Handbuch Fremdsprachenunterricht, 4. Auflage. A. Francke. Tübingen und Basel.

BUTZKAMM, WOLFGANG (2004): Lust zum Lehren, Lust zum Lernen. Eine neue Methodik für den Fremdsprachenunterricht. A. Francke. Tübingen und Basel.

CUQ, JEAN-PIERRE (2003): Dictionnaire de didactique du français langue étrangère et seconde. Clé International. Paris.

CUQ, JEAN-PIERRE/GRUCA, ISABELLE (2003): Cours de didactique du français langue étrangère et seconde. Presse Universitaire de Grenoble. Grenoble.

GRIESER-KINDEL, CHRISTIN/HENSELER, ROSWITHA/MÖLLER, STEFAN: (2013): Le guide des méthodes. Schöningh. Paderborn.

HALLET, WOLFGANG/KÖNIGS, FRANK G. (Hrsg.) (2010): Handbuch Fremdsprachendidaktik. Kallmeyer. Seelze.

KARBE, U./PIEPHO, H.-E. (2000): Fremdsprachenunterricht von A–Z. Praktisches Begriffswörterbuch. Hueber. Ismaning.

KLEINSCHROTH, R. (2000): Sprachen lernen. Der Schlüssel zur richtigen Technik. Rowohlt Taschenbuch Verlag. Reinbek bei Hamburg.

LEUPOLD, EYNAR (2002): Französisch Unterrichten. Grundlagen, Methoden, Anregungen. Kallmeyer. Seelze-Velber.

MARTIN, JEAN-POL (1994): Vorschlag eines anthropologisch begründeten Curriculums für den Fremdsprachenunterricht. Gunther Narr Verlag. Tübingen.

MOMBERG, JOCHEN (2003): Vorbereiten auf DELF mit *Réalités* kein Problem, http://www.cornelsen.de/teachweb/1.c.173250.de.

MOMBERG, JOCHEN (2004): „‚Amélie Poulain adore Nestor Burma‘. Ein Projekt offenen Unterrichts“, in: *Französisch Heute*, Heft-Nr. 3, S. 292–301.

NIEWELER, ANDREAS et al. (Hrsg.) (2006): Fachdidaktik Französisch. Tradition – Innovation – Praxis. Ernst Klett. Stuttgart.

PIEL, ALEXANDRA (2002): Sprache(n) lernen mit Methode. 170 Sprachspiele für den Deutsch- und Fremdsprachenunterricht. Verlag an der Ruhr. Mühlheim an der Ruhr.

RAMPILLON, UTE (1996): Lerntechniken im Fremdsprachenunterricht. Hueber. München.

ROCHE, JÖRG (2005): Fremdsprachenerwerb Fremdsprachendaktik. Narr Francke Attempto. Tübingen.

SCHIFFLER, LUDGER (1995): Planung des Französisch-Anfangsunterrichts. Einführung für Lehrer in der Ausbildung. Ernst Klett. Stuttgart.

SCHIFFLER, LUDGER (2012). Effektiver Fremdsprachenunterricht. Narr: Tübingen.

SURKAMP, CAROLA (2010) (Hrsg.): Lexikon Fremdsprachendidaktik. Metzler. Stuttgart.

3. Fachzeitschriften

- Le français dans le monde (FdM), Hachette/Larousse, Paris, http://www.fdm.org.
- französisch heute (fh). Informationsblätter für Französischlehrer in Schule und Hochschule.
- Der fremdsprachliche Unterricht Französisch (FUF), Friedrich Verlag, Seelze-Velber.
- Fremdsprachenunterricht (fsu). Zeitschrift für das Lehren und Lernen fremder Sprachen, Pädagogischer Zeitschriftenverlag, Berlin.
- PRAXIS des neusprachlichen Unterrichts (PRAXIS), Cornelsen, Berlin (bis 2003).
- PRAXIS Fremdsprachenunterricht (PRAXIS fsu), Cornelsen, Berlin (ab 2004).
- Zeitschrift für Romanische Sprachen und ihre Didaktik (www.ZRomSD.de).

4. Internet/Recherche

- Das Informationszentrum für Fremdsprachenforschung der Philipps-Universität Marburg (IFS) (http://www.uni-marburg.de/ifs) hat sich auf die Erfassung und Beschreibung von Literatur und Forschungsprojekten aus dem Bereich der Fremdsprachenforschung und -didaktik spezialisiert und erstellt kostenlose exzellente **Literaturrecherchen**. Dies ist einmalig in der Bundesrepublik und sei mit besonderem Nachdruck empfohlen.
- Die besten **Link-Sammlungen** für den Fremdsprachenunterricht sind meines Erachtens folgende drei Sammlungen:
  Jürgen Wagner, http://www.wagner-juergen.de/franz;
  Manfred Overmann, http://www.ph-ludwigsburg.de/franzoesisch/overmann → dort *Le site portail du professeur de français langue étrangère* anklicken.
- Das Deutsch-Französische Jugendwerk (DFJW) hat eine Erfolg versprechende Erweiterung von Schüleraustauschprogrammen im Angebot: *Teletandem*. Es handelt sich um eine **internetbasierte Plattform**, die für eine Vielzahl von kommunikativen gemeinsamen Aktivitäten der Austauschpartner genutzt werden kann (http://www.ofaj.org/pour-une-nouvelle-forme-d-echangescolaire-le-programme-le-tandem).
- Unter http://www.rges.de finden Sie die **Homepage unserer Schule**, dort können Sie die Ergebnisse einiger unserer Aktivitäten anschauen und die für Schülerinnen und Schüler bestimmten Seiten dieses Artikels (z. B. unter Sprachen → Meine Lieblingsmethoden) herunterladen.

Register